建设广东现代化产业体系研究丛书

丛书主编　胡军

优质高效服务

构建现代服务业新体系

顾乃华　等　主编

SPM 南方传媒 | 广东经济出版社
·广州·

图书在版编目（CIP）数据

优质高效服务：构建现代服务业新体系 / 顾乃华等主编. -- 广州：广东经济出版社，2025. 8. --（建设广东现代化产业体系研究丛书）. -- ISBN 978-7-5454-3110-0

Ⅰ. F726. 9

中国国家版本馆 CIP 数据核字第 20251K7D27 号

策　　划：王成刚　刘健华　陈　晔
责任编辑：陈念庄　李　璐　李雨昕
责任校对：陈运苗　李玉娴
责任技编：陆俊帆
封面设计：奇文雲海 CHIVAL design

优质高效服务：构建现代服务业新体系
YOUZHI GAOXIAO FUWU：GOUJIAN XIANDAI FUWUYE XINTIXI
出 版 人：刘卫平
出版发行：广东经济出版社（广州市水荫路 11 号 11 ～ 12 楼）
印　　刷：广州小明数码印刷有限公司
（广州市天河区高普路 83 号 B 栋 C5 号）

开　　本：730 mm×1020 mm　1/16　　**印　　张**：15.25
版　　次：2025 年 8 月第 1 版　　**印　　次**：2025 年 8 月第 1 次
书　　号：ISBN 978-7-5454-3110-0　　**字　　数**：235 千字
定　　价：78.00 元

发行电话：（020）87393830
如发现印装质量问题，请与本社联系，本社负责调换

丛书编委会

总　　序

当前，全球经济格局深度调整，科技革命加速演进，广东作为我国经济发展的前沿阵地，肩负着推动产业转型升级、提升国际竞争力的重任。现代化产业体系是现代化国家的物质技术基础，必须把经济发展的着力点放在实体经济上。只有打造自主可控、安全可靠、竞争力强的现代化产业体系，才能为中国式现代化建立行稳致远的关键支撑。习近平总书记明确要求广东"建设更具国际竞争力的现代化产业体系"，这不仅是对广东的深切期许，更是赋予广东在新时代的重大使命。

广东建设现代化产业体系，有着坚实的产业基础和迫切的现实需求。从基础来看，广东是全球重要的制造业基地，拥有全部31个制造业大类，2024年全省规模以上工业企业实现营业收入19.4万亿元，占全国总量的近1/7，电子信息、汽车、电气机械等15个行业规模位居全国第一，已形成基础雄厚、门类齐全、配套完善的工业体系。然而，随着全球产业链供应链加速重构，贸易保护主义抬头，广东产业发展面临着外部市场不确定性增加、关键核心技术"卡脖子"等严峻挑战，加快产业转型升级迫在眉睫。

产业体系是由相互联系的各个产业构成的有机整体。产业体系内横向或纵向关联越密切，就越能产生"1+1>2"的网络效应，其功能相应就越大，韧性就越强，效率就越高。现代化产业体系是指顺应当前科技革命、消费结构和国际格局变化新趋势，以科技创新为牵引，以实体经济为支撑，以现代金融为保障，以人力资源为基础，新质生产力持续替代传统生产力的产业体系。具有国际竞争力的现代化产业体系是指，与其他国家或地区相比，这个国家或地区的产业体系具有更大的功能、更高的效率和更强的韧性，更能适应科技革命、消费结构和国际格局的变化。

结合时代要求、国家战略和地方特色，广东建设更具国际竞争力的现代化产业体系需要满足四个方面的基本要求：一是顺应科技革命浪潮，以创新驱动“三化”转型。智能化、绿色化、融合化是现代化产业体系的三个基本特征。要紧扣新一轮科技革命和产业变革机遇，将创新作为核心驱动力，聚焦人工智能、大数据等前沿技术突破，以培育新质生产力为关键抓手，推动制造业、服务业等各领域向智能化升级、绿色化转型、融合化发展，通过技术迭代重塑产业形态，提升全要素生产率。二是对接全球分工重构，强化产业体系“三性”根基。完整性、先进性、安全性是现代化产业体系的三个基本要求。要适应全球产业链供应链深度重构趋势，以产业基础高级化、产业链现代化为主线，靶向攻关核心零部件、关键基础材料等“卡脖子”环节，补齐产业链短板。同时，巩固优势产业集群的完整性，提升技术和产品的先进性，增强关键领域自主可控能力，筑牢产业体系的安全屏障。三是立足双循环节点优势，服务国家现代化产业体系建设。依托广东产业体系高度国际化的独特优势，深度融入全球市场，既鼓励企业“走出去”参与全球竞争，又积极“引进来”集聚高端要素，强化作为国内大循环重要支点和国内国际双循环战略链接的功能，高效统筹利用国内国际两个市场、两种资源，提升在全球价值链中的位势。四是深化区域协同融合，构建大湾区产业创新生态系统。积极联动港澳地区，以粤港澳大湾区为核心载体，打破地域壁垒和体制限制，推动珠三角与粤东粤西粤北产业协同，促进创新资源、产业链环节、要素市场跨区域流动，构建“基础研究+技术攻关+成果转化+科技金融+人才支撑”的区域产业创新生态，通过一体化布局实现区域产业优势互补、融合发展，彰显现代化产业体系的地方协同特色。

结合地方特色，广东建设更具国际竞争力的现代化产业体系的主要特征可以概括为“三化三性两特色”。

“三化”是指智能化、绿色化、融合化。第一，智能化是广东现代化产业体系的基本趋势。要支持制造业人工智能链式改造，鼓励人工智能企业开发更多面向制造业的多任务智能体。开放先进技术和应用场景，“大手拉小手”带动中小企业发展。同时，培养“懂行业、懂制造、懂数字化”的复合型人才，提升产业生产效率与智能化水平。第二，绿色化是广东现代化产业体系的鲜明底色。要支持企业应用先进生产工艺和设备，在降碳减污中实现扩绿增长，形成政府引导、市场发力、企业主动的绿色转型新格局。第三，融合化是广东现代化产业体系的牵引力量。针对广东产业门类齐全、产业配套能力完善的特质，推动制造业与服务业融合、数字经济与实体经济融合，以龙头企业为牵引深化链条融合，鼓励一二三产业跨界融合，实现产业体系整体效能提升。

“三性”是指完整性、先进性、安全性。第一，产业体系的“完整性”是广东推进新型工业化的必然趋势。作为区域现代化产业体系，其完整性不仅是指产业门类要相对齐全，更强调重点产业内部即产业链层面的相对完整性，尤其要补齐广东关键中间品和核心部件的配套短板以及促进生产性服务业扩容提质。第二，产业体系的“先进性”是广东增强产业国际竞争力的迫切要求。要加快基础研究投入，强化原始创新能力，瞄准共性技术“爆破点”。依托广深科技创新走廊组建产学研联合体，攻关新材料、工业软件等“卡脖子”技术。同时，鼓励企业加强品牌建设，推动传统产业通过技术突破向产业链高端攀升，实现“价值跃迁”。第三，产业体系的“安全性”是广东应对全球产业链重构的现实需要。产业体系没有绝对安全，只有相对安全。要加大对关键核心技术的研发投入，减少对国外技术的依赖，通过在部分关键产品和核心技术层面建立非对称战略优势，来追求产业体系的自主可控和安全稳定。

“两特色”是指规模化、国际化。第一，规模化是广东建设现代化产业体系的厚重家底。大规模参与国际分工带来的低成本优势在一定时期内仍是广东制造的主要优势。在保持制造业比重基本稳定的基础上，以电子信息、智能装备等优势制造业为核心，推动产业集群横向扩容与纵向深耕，强化产业链上下游协同。支持龙头企业引领中小企业形成规模效应，利用产业园区集聚降低综合成本，将规模优势转化为技术迭代速度与市场议价能力的提升。第二，国际化是广东建设现代化产业体系的显著特色。要以品牌全球化为核心，推动家电、电子等优势产业从“产品出海”向“品牌出海”升级，通过海外展会、本土化营销强化品牌认知。企业要依托“一带一路”节点布局海外生产基地，结合当地资源禀赋实现研发、制造、销售本地化，同时通过参股、并购全球优质企业整合技术与渠道，逐步构建自主可控的全球价值链，提升产业链在全球分工体系中的主导权。

从现代化产业体系的建设内容来看，广东应构建“领头雁型”现代化产业体系，需以“四梁八柱”为框架，强化工业、农业、服务业与基础设施的结构性关联、融合性互动，形成以创新为内核、“主干+两翼+底座+尾翼”协同支撑的整体架构。一是要发挥科技创新作为“雁头”的引擎带动作用。通过科技创新突破引领新质生产力培育，推动科技创新与产业创新深度融合，既为传统产业升级注入“智改数转”动力，也为战略性新兴产业和未来产业开辟赛道，更通过技术溢出效应带动农业、服务业、基础设施向现代化跃迁。二是要把现代化工业作为现代化产业体系的“主干”与“两翼”。以战略性支柱产业为“主干”，巩固电子信息、汽车制造、智能家电等万亿级产业集群优势，通过技术改造推动传统产业高端化、智能化升级，筑牢产业根基；以战略性新兴产业和未来产业为“两翼”，聚焦新能源、生物医药、低空经济、量子科技等领域，加大研发投入和场景培育，形成新的增长引擎。工业内部通过“主干”为“两翼”提供产业链配套支撑，“两翼”反哺“主干”实现技术迭代，形成动态升级的工业生态。三是要通过现代化服务业筑牢“底座”实现协同赋能。以生产性服务业为核心“底座”，强化研发设计、现代物流、金融科技、工业互联网等对工业、农业的全链条服务，提升产业协同效率；生活性服务业聚焦品质升级，满足城乡居民需求，反哺消费对产业的拉动作用。服务业通过“黏合剂”作用，促进工农业要素流动、技术共享和市场联通，实现“产业服务化、服务产业化”。四是要通过现代化农业夯实基础与延伸价值。以科技赋能农业现代化，发展智慧农业、设施农业，稳定粮食和重要农产品供给，同时推动农业与加工、文旅、电商等产业融合，延伸产业链价值链。农业既为工业提供绿色原料，又通过消费需求牵引服务业升级，成为产业体系的基础支撑。五是要通过现代化基础设施强化“尾翼”支撑保障。构建“硬基建+软基建”双轮驱动的基础设施体系：硬基建聚焦新型基础设施（如5G、数据中心、智能交通）与传统基建升级，打通产业跨区域联通的物理通道；软基建侧重标准体系、要素市场、营商环境等制度建设，降低产业协同成本。基础设施作为“尾翼”，既为工农业、服务业提供空间和技术支撑，又通过互联互通放大“主干+两翼+底座”的协同效应。

当前及今后一个时期，广东将处于建设更具国际竞争力的现代化产业体系的关键时期。“建设广东现代化产业体系研究丛书”立足新时代广东聚力推动高质量发展的背景，聚焦广东现代化产业体系建设主题，融产业理论研究、政策分析与实地调研于一体。丛书运用理论分析、调研数据论证、比较研究及案例剖析等社会科学方法，系统梳理广东产业体系的产业链基础、发展现状、演化脉络与核心特征，明确其发展方向，并从中观与微观层面深入探讨七大关键产业的建设现状、市场规模、主体构成、实现条件及实施路径。同时，丛书凝练国内外产业发展经验，力求全面且有重点地呈现广东现代化产业体系建设的最新研究成果，针对“卡脖子”难题提出可行对策，为地方政府经济部门落实高质量发展目标、制定产业政策，以及企业投资决策提供实践指引。

本丛书以“广东现代化产业体系建设”为战略主线，围绕现代化产业体系的“四梁八柱”，形成现代服务业、战略性新兴产业、传统优势产业、现代农业、数字经济、产业链韧性、现代化基础设施等七大专题研究板块。各分册在内容上既各有侧重，又相互呼应，共同构建起从产业链、创新链到服务链、要素链的系统化研究框架。丛书整体架构力求理论研究与政策分析相结合、宏观战略与微观案例相统一，为广东建设更具国际竞争力的现代化产业体系提供系统化研究成果与实践指引。各分册主题和内容安排大体如下：

第一册《优质高效服务：构建现代服务业新体系》由暨南大学副校长顾乃华研究员主编。本册聚焦现代服务业的高质量发展路径，结合生产性服务业、消费性服务业与公共服务业发展实际，系统分析现代服务业对制造业转型的赋能机制与国际竞争力提升策略，提出服务型经济的结构优化和质量提升方案。

第二册《新增长极：推进战略性新兴产业融合集群发展》由暨南大学产业经济研究院院长陶锋研究员主编。本册聚焦战略性新兴产业融合集群发展，通过整体评估广东战略性新兴产业融合集群发展现状与问题，深入探究了制度创新、生态构建、韧性提升和创新环境优化等多维因素如何驱动融合集群演进，并通过对广东新能源汽车、人工智能、生物医药三大战略性新兴产业集群的深度案例剖析，为广东锻造新质生产力增长极提供实施路径与战略样本。

第三册《经济新生态：培育数字产业融合与集群发展》由暨南大学产业经济研究院副院长李杰研究员主编。本册聚焦数字技术驱动的新型产业生态，探讨电子信息制造、工业机器人、数字创意产业等数字经济核心领域的产业融合路径，提出数字赋能实体经济的政策建议与实践案例，描绘广东数字经济发展蓝图。

第四册《稳链：打造安全发展的产业链》由暨南大学产业经济研究院余壮雄研究员主编。本册聚焦产业链安全与自主可控发展战略，探讨全球产业链重构背景下广东关键领域“补链、延链、强链”策略，提出产业链韧性建设、供应链多元化布局和风险防控体系的优化路径，全面提升广东产业链体系的稳定性与运行效率。

第五册《创新突围：推动传统产业转型升级》由暨南大学经济学院杨亚平教授主编。本册围绕传统制造业的转型升级与创新突破，深入剖析在新一轮科技革命和产业变革背景下广东家电、纺织服装、食品饮料、建筑材料等重点产业面临的结构性挑战，提出数字化转型、绿色化改造、智能化提升、跨界融合等系统解决方案，推动广东传统产业迈向高端化、智能化、绿色化和融合化。

第六册《乡村振兴：加快农业现代化》由暨南大学产业经济研究院燕志雄副研究员主编。本册聚焦国家乡村振兴战略，详细剖析了全球农业发达国家的农业发展模式以及中国代表性地区的农业现代化发展概况。深入探究了技术创新、模式创新、渠道创新和产业链组织创新等因素如何推动农业现代化进程，并进一步解析了广东种业、渔业等产业案例的现代化实践，为广东农业高质量发展和乡村振兴提供可复制的经验与案例参考。

第七册《硬核力：建设现代化基础设施》由暨南大学产业经济研究院潘珊副研究员和张红副研究员主编。本册聚焦现代基础设施的硬核支撑作用，系统梳理了广东传统基础设施、信息基础设施、创新基础设施和融合基础设施的发展和趋势，提出进一步推动现代化基础设施同信息技术深度融合的发展路径，在融合创新中加快形成新质生产力，全面提升广东现代化产业体系的承载力与发展韧性。

本丛书的研究团队主要来自暨南大学产业经济研究院，同时整合学校经管学院优势力量。始有暨南，便有商科。根据2023软科世界一流学科排名，暨南大学经济学科中国内地排名并列第12；2023ESI全球排名，暨南大学经济学与商学稳居前1%。产业经济研究院是暨南大学国家重点学科“产业经济学”的所在单位，拥有华南地区最早的博士点，建有华南地区第一个应用经济学博士后流动站。学院秉承“顶天立地”的学术传统，坚持“学科交叉研究、产业精英培养、新型智库建设”三位一体，致力成为全国产业经济领域领先的学术单位和卓越智库。近年来，全职教师获批国家自然科学基金重点项目、教育部重大攻关项目、国家社会科学基金重大项目和重点项目项等国家级项目，在国内外重要期刊发表了一批有影响力的研究成果。同时，学院积极对接国家重大战略，深度服务于粤港澳大湾区产业转型升级，在产业竞争力、产业发展规划、产业政策与企业发展战略等领域承担各类横向课题200多项。研究成果成为地方政府决策的重要依据，或被以政府文件形式发布。学院现已形成“科研课题、政策辅导、项目把关、干部培训”四位一体决策咨询服务体系，深度嵌入政府部门决策过程，在广东省及主要地市历次产业发展战略转换和产业转型升级中，发挥着不可或缺的政府政策辅导和决策顾问作用。

本丛书的顺利出版，离不开广东经济出版社的鼎力支持与精心组织。作为国内具有重要影响力的专业出版机构，广东经济出版社始终坚持“立足学术前沿、服务经济社会发展”的出版理念，在选题策划、内容统筹、质量把控等方面展现出卓越的专业能力与独到的战略眼光。在丛书的策划与出版过程中，出版社秉承严谨务实的学术态度与高水准的专业精神，从框架设计、内容整合、审稿论证到版式编排、封面设计等每一个细节，都给予了我们极具建设性的意见和全方位的支持。特别要感谢出版社编辑团队，他们以丰富的出版经验、深厚的专业素养和高效的工作作风，全程投入丛书的编辑加工之中。无论是在文本精修、逻辑校对，还是在版式细节、整体美学呈现方面，编辑团队都倾注了大量心血和智慧，对书稿进行了耐心、细致而精准的打磨与校订，确保了丛书的学术深度、政策价值和出版品质达到最佳状态。正是由于广东经济出版社的高度重视与倾力协作，才使得“建设广东现代化产业体系研究丛书”能够以更加完整、成熟与高质量的面貌呈现在广大读者和研究者面前。

由于研究时间和精力有限，本丛书仍难免存在不足与疏漏。我们深知，广东现代化产业体系建设是一个持续演进、动态优化的复杂过程，政策导向、技术变革与全球竞争格局的不断变化，都可能带来新的研究视角和问题挑战。因此，本丛书的成果更应被视为一次阶段性的探索与学术积累。编者期望，通过本丛书能够为相关研究与实践提供有益的参考与启发，推动更多深入的思考与探讨。恳请读者批评指正，以便我们在后续研究与修订中不断完善！

胡　军
暨南大学

Preface

序

党的二十大报告强调，构建优质高效的服务业新体系，推动现代服务业同先进制造业、现代农业深度融合。在现代化建设新征程上，党和国家指明了新时代服务业发展的基本方向，对服务业提出了新的使命要求。现代化的服务业是新经济、新动能成长的“助推器”，也是构建现代化产业体系的重要支撑。构建优质高效的服务业新体系既是提升产业链供应链附加值、技术含量的迫切需要，也是满足人民不断升级的高品质、多样化需求的必然要求。发展优质高效、现代化的服务业，不是要撇开现行服务业体系另起炉灶，而是要按照构建新发展格局的新要求，聚焦服务业发展实践中面临的新情况、新问题，打通束缚现代服务业发展的堵点卡点，加快形成有利于经济高质量发展的现代服务业体系。要紧紧抓住全球产业结构和布局调整的新机遇，瞄准建设现代化产业体系的新需求，顺应向服务经济转变的趋势，主动求变，把握好主要矛盾和次要矛盾，开辟新领域、制胜新赛道。

2022年，中共广东省委十三届二次全会首次明确提出“制造业当家”。制造业是经济发展的“压舱石”，制造业的高质量发展离不开优质高效、现代化的服务业的支撑。为此，广东必须深刻理解中国式现代化的内涵要义，要以党的二十大精神为指引，从全面、辩证、联系的视角出发，充分认识构建优质高效的服务业新体系的艰巨性和复杂性，既要构建供需适配的服务业新体系，优化供求链接和要素匹配机制，更加注重质量、标准、品牌，满足产业升级的需求和人民高品质、多样化的生活需要，又要以制度型开放为重点，充分利用两个市场的资源，发挥对外开放平台的引领带动作用，引导支持服务业在畅通国民经济循环与推进高水平对外开放中更深层次融入世界经济、实现更大作为。

现代服务业发展研究是一项体系化工程。本书在谋篇布局上将现代服务业发展研究分为理论篇、总体篇、行业篇，每个篇章贯穿产业发展现状、揭示问题、综合研判与发展路径等环节。一是理论篇，主要阐述了现代服务业的内涵，以及探究现代服务业的发展意义、发展趋势、发展路径与发展模式。二是总体篇，共分为三章，首先从历史逻辑、理论逻辑、实践逻辑的演变中，回顾改革开放40多年以来广东省现代服务业的发展历程，考察其发展脉络，并系统梳理了影响广东省现代服务业稳定发展的深层次因素与瓶颈制约，然后在借鉴国内外现代服务业发展经验的基础上，进一步明晰广东省现代服务业发展的重点目标、主攻方向、实施路径。三是行业篇，共分为四章，围绕生产性服务业、消费性服务业、公共服务业三大领域，分别论述其发展现状与问题、面临的新形势新趋势，进而系统阐述广东省现代服务业的主要任务及发展路径，并顺应产业融合发展的新趋势，在现代化产业体系建设新征程中，进一步提出推动现代服务业同先进制造业深度融合的发展路径，在融合创新中加快形成新质生产力，以“新”力量带动“新”提升。

Contents
目录

理论篇

第一章　现代服务业发展概述 / 2

第一节　现代服务业的概念 / 2
第二节　现代服务业的发展意义 / 5
第三节　现代服务业的发展趋势 / 10
第四节　现代服务业的发展路径 / 13
第五节　现代服务业的发展模式 / 22

总体篇

第二章　广东省现代服务业发展现状 / 28

第一节　广东省现代服务业的发展意义 / 28
第二节　广东省现代服务业的发展历程 / 31
第三节　广东省现代服务业发展存在的问题 / 48

第三章　国内外现代服务业发展经验 / 53

第一节　国外现代服务业发展经验 / 53

第二节　国内现代服务业发展经验 / 62

第三节　现代服务业高质量发展启示 / 71

第四章　广东省现代服务业发展思路与对策 / 74

第一节　广东省现代服务业发展思路 / 74

第二节　广东省现代服务业发展重点领域 / 77

第三节　广东省现代服务业发展空间布局 / 89

第四节　广东省现代服务业发展对策 / 92

［行业篇］

第五章　广东省生产性服务业发展研究 / 104

第一节　广东省生产性服务业发展现状 / 104

第二节　广东省生产性服务业发展问题 / 113

第三节　广东省生产性服务业高质量发展空间布局 / 120

第四节　广东省生产性服务业发展趋势研判 / 124

第五节　广东省生产性服务业发展对策建议 / 127

第六章 广东省消费性服务业发展研究 / 137

第一节 发展消费性服务业的意义 / 138

第二节 广东省消费性服务业发展现状 / 141

第三节 广东省消费性服务业发展问题 / 145

第四节 广东省消费性服务业发展趋势研判 / 151

第五节 广东省消费性服务业发展对策建议 / 157

第七章 广东省公共服务业发展研究 / 163

第一节 广东省公共服务业发展现状 / 164

第二节 广东省公共服务业就业人口分布 / 172

第三节 广东省公共服务业发展问题 / 180

第四节 广东省公共服务业发展趋势研判 / 181

第五节 广东省公共服务业发展对策建议 / 186

第八章 广东省现代服务业与先进制造业融合发展研究 / 193

第一节 广东省现代服务业与先进制造业融合发展现状 / 194

第二节 广东省现代服务业与先进制造业融合发展先进经验 / 203

第三节 广东省现代服务业与先进制造业融合发展难点障碍 / 208

第四节 广东省现代服务业与先进制造业融合发展趋势研判 / 212

第五节 广东省现代服务业与先进制造业融合发展对策建议 / 216

参考文献 / 220

后 记 / 225

理论篇

第一章
现代服务业发展概述

在全球化和信息化的大背景下，现代服务业作为经济发展的新引擎，正日益成为推动经济增长、优化产业结构、提升国家竞争力的关键领域。本章将从多个维度对现代服务业进行全面概述：首先界定现代服务业的概念，明确其在当代经济社会中的内涵及特征；随后探讨现代服务业的发展意义，分析其对经济增长、扩大就业、促进产业结构优化、节能减排以及新需求的影响；接着审视现代服务业的发展趋势，包括技术创新、市场需求变化等多方面因素的综合作用；此外还探讨现代服务业的发展路径，旨在揭示现代服务业成长的阶段性特征和规律性逻辑；最后总结现代服务业的发展模式，从中提炼出成功的经验和策略。通过对这些关键点的深入分析，本章旨在为读者提供一个关于现代服务业发展全貌的宏观视角，为后续章节的具体讨论奠定坚实的基础。

第一节　现代服务业的概念

在探索经济发展新动力的过程中，现代服务业以其独特的魅力和潜力，成为研究的热点。本节将深入探讨现代服务业的概念：首先阐述现代服务业的内涵，揭示其在当前经济结构转型中的核心地位和作用；然后分析现代服务业的特征，以勾勒出现代服务业的基本轮廓。

一、现代服务业的内涵

早在1962年，美国学者马克卢普就在他的著作中提出了“现代服务业”这一概念。此后，经济学家辛格曼和布朗宁进一步探讨了服务业的功能分类，提出了与现代服务业相似的概念。通过对国外学者的研究进行梳理，我们可以发现生产性服务业与现代服务业在基本内涵上有着相似之处。例如，汉森在1990年的研究中通过实证分析指出，生产性服务业在美国对人均收入增长、劳动生产率提升和劳动分工扩张起到了关键作用。拜耳斯在1993年的研究中发现，生产性服务业的发展速度与城市的整体经济发展速度密切相关。西方发达国家的经济发展历程表明，随着第三产业的持续繁荣，现代服务业作为推动经济发展的重要力量，在第三产业中的比重不断增加，其增长速度不仅超过了第三产业本身，更远超整体经济增长速度。

与此相比，中国对现代服务业的研究起步较晚。1997年，党的十五大报告首次提出了现代服务业的概念。2000年，《中共中央关于制定国民经济和社会发展第十个五年计划的建议》提出要发展现代服务业，改组改造传统服务业。在此之后，中国学者开始对现代服务业进行系统性研究。2002年，党的十六大报告进一步明确要加快发展现代服务业，提高第三产业在国民经济中的比重。“现代服务业”从此成为中国经济政策中的专有名词。2012年，科学技术部发布的《现代服务业科技发展“十二五”专项规划》指出，现代服务业是建立在新的商业模式、服务方式和管理方法基础上的服务产业，它既包括新兴服务业态，也包括对传统服务业的改造和提升。现代服务业主要以现代科学技术尤其是信息网络技术为支撑。

现代服务业作为社会发展的产物，相比传统服务业具有高科技和低成本的特性。它依托先进技术和知识的普及，满足了快速发展的社会新需求，同时提高了传统服务的质量和创新能力，从而激发公众需求，促进消费，形成良性经济循环。现代服务业的兴起，得益于工业产值的增加、劳动力成本的上涨、经济的持续发展、社会的快速进步以及技术的不断革新。这一行业集中了先进的技术设备和高素质的人才，满足了多样化的市场需求，同时具有环境污染小和资源利用率高的特点。

现代服务业是随着IT（信息技术）和知识经济的发展而兴起的，它利用现代科学技术和现代管理理念，推动生产性服务业向专业化和价值链高端延伸，推动生活性服务业向高品质和多样化升级，并加强公益性基础性服务供给。这一行业具有高技术含量、高人力资本含量和高附加值的特征。

二、现代服务业的特征

现代服务业是全球经济增长的关键驱动力之一，在全球经济中占据越来越重要的地位，现代服务业的发展是技术进步和社会文明的重要标志。现代服务业的特征可以概括为“两新四高”：“两新”指新服务领域和新服务模式；“四高”指高文化品位和高技术含量，高增值服务，高素质、高智力的人力资源结构，高感情体验、高精神享受的消费服务质量。这些因素共同推动了现代服务业的高质量发展。

第一，新服务领域的涌现是现代服务业发展的重要标志。多样化的现代城市和产业需求催生了消费性服务业、生产性服务业以及公共服务业等新型服务领域。这些领域不仅适应了传统市场的需求，还开辟了新的商机。例如，数字化转型的推进带动了数据分析、云服务和AI（人工智能）等服务需求的激增，使得相关服务供应商成为现代服务业的重要组成部分。

第二，新服务模式体现在服务功能的提升和服务模式的变革上。通过服务功能的提升和服务模式的变革，现代服务业不断推出新的服务模式，满足消费者对高效、便捷、个性化服务的需求。现代服务业通过采用最新技术，如信息网络技术，提供更加高效和个性化的服务。例如，远程医疗服务利用先进的通信技术，使患者即使在家中也能接受专业医生的诊断和治疗；互联网金融服务通过在线平台提供贷款、投资、支付等服务，极大地方便了用户的金融活动。

第三，高文化品位和高技术含量意味着现代服务业广泛采用先进技术，提供高品质的服务。高技术含量意味着现代服务业在提供服务的过程中广泛应用先进的科技产品和技术，如云计算、人工智能、物联网等。这些技术的应用不仅提高了服务的效率，也提升了服务的质量。高文化品位则体现了现代服务业在满足物质需求的同时，也注重满足人们对文化生活的追求。例如，艺术展览等服务，丰富了人们的精神世界。

第四，高增值服务是指现代服务业通过提供专业化、定制化的高附加值服务，能够为客户创造更多的价值。例如，管理咨询服务通过为企业提供战略规划、市场分析和人力资源管理等专业服务，能够助力企业提升竞争力和实现可持续发展。

第五，高素质、高智力的人力资源结构是现代服务业发展的前提。现代服务业需要大量的专业人才，他们不仅具有良好的教育背景，还具备专业的技能和丰富的经验。这些人才是现代服务业提供高质量服务的关键，为现代服务业的发展提供了坚实的人才支持。例如，管理咨询行业吸引了大量拥有MBA（工商管理硕士）或相关专业学位的专业人士，他们的专业知识和技能对于提供高质量的咨询服务至关重要。

第六，高感情体验、高精神享受的消费服务质量是为了满足消费者对精神文化生活的追求。现代服务业不仅提供物质层面的服务，更关注精神层面的满足。例如，文化创意服务业通过提供独特的艺术作品和文化体验，满足了人们对精神层面的需求。

综上所述，现代服务业是一个高度复杂和动态发展的领域，它不仅反映了技术进步和社会需求的变化，而且是推动经济增长和提升生活质量的关键因素。随着全球化和信息化的深入发展，现代服务业将在全球经济中扮演越来越重要的角色。未来，我们可以预见，随着新技术的不断涌现和应用，现代服务业将继续创新和发展，为全球经济的繁荣作出更大贡献。

第二节 现代服务业的发展意义

在信息化和经济全球化的今天，现代服务业已成为推动经济增长、扩大就业、优化产业结构、实现节能减排和满足新需求的关键力量。

一、对经济增长的重要贡献

蓬勃发展的现代服务业在全球经济中扮演越来越重要的角色，它不仅提高了服务业在GDP（国内生产总值）中的比重，而且成为推动经济增长的关键支柱。现代服务业的高速增长不仅反映了经济发展的新趋势，也是国家综合实力和竞争力的重要标志。

现代服务业的高速增长，意味着更多的创新服务和高附加值服务进入市场，这些服务往往涉及金融、保险、信息技术、专业咨询、教育、医疗保健等领域。随着这些领域的不断发展和扩张，服务业在GDP中的比重自然而然地提高了。例如，发达国家如美国和日本的服务业占GDP的比重已超过70%，这一比例还在不断上升。现代服务业规模的不断扩大，从多样化和稳定性两方面极大地促进了经济发展。现代服务业的多样化意味着经济不再依赖于某一产业或资源，而是形成了多元化的经济结构，这有助于抵御外部冲击，保持经济的稳定增长。同时，现代服务业的稳定性体现在其对经济周期的抗风险能力上，即使在经济衰退期间，教育、医疗等服务业领域仍能保持相对稳定的增长。现代服务业不仅直接为经济增长贡献了GDP，还间接促进了其他产业的发展。例如，金融服务业的发展，为企业提供了资金融通，促进了企业规模的扩张和技术的创新；信息技术服务业的发展，提高了整个社会的信息化水平和生产效率。

二、扩大就业和提高就业率

现代服务业在全球经济中蓬勃发展，已经成为各国扩大就业和提高就业率的重要领域。随着科技的不断进步，现代服务业的就业人数和占比持续增长。这一趋势不仅解决了社会新增人员的就业问题，而且为从第一、第二产业转移出来的劳动力提供了新的就业机会和收入增长途径。

随着经济的发展和结构的调整，现代服务业在各国经济中的比重不断上升。在许多发达国家，现代服务业已经成为最大的就业部门。现代服务业的发展不仅吸纳了新增劳动力，也为其他产业的转型升级提供了就业缓冲。随着人口的增长和教育水平的提高，社会新增劳动力对就业的需求也在增加。现代服务业的发展为这些新增劳动力提供了就业机会以及多样化的职业发展路径。同时，随着制造业自动化和农业现代化的发展，第一、第二产业的劳动力需求减少。现代服务业的发展为转移的劳动力提供了新的就业机会，帮助他们实现职业转换和技能升级，进一步推动了就业结构的优化和经济的均衡发展。

三、促进产业结构优化

在全球经济发展的背景下，产业结构正在经历深刻的变革，传统的以制造业为主导的经济模式正逐渐向以服务业为核心的模式转变。这种转变不仅反映在服务业占GDP比重的增加上，更体现在服务业对整个经济质量和效率提升的贡献上。现代服务业与制造业的融合是产业结构优化的重要趋势之一。这种融合不仅提高了制造业的附加值，而且促进了传统制造业的转型升级，推动企业从单纯销售产品向提供综合服务和解决方案的方向发展。

现代服务业通过参与制造业的研发和设计环节，为制造业企业注入了新活力。例如，工业设计服务不仅提升了产品的外观和用户体验，还通过创新设计提高了产品的功能性和市场竞争力；管理咨询、市场营销、人力资源等服务的引入，帮助制造业企业优化了管理结构，提高了运营效率。这些服务使得制造业企业能够更加专注于核心竞争力的建设，同时将非核心环节外包给专业服务机构。金融服务为制造业企业提供了多元化的融资渠道，支持企业的发展和创新。除了传统的银行贷款，制造业企业还可以通过股权融资、债券发行、租赁等方式筹集资金，这些都是现代服务业对制造业的支持。

现代服务业的发展使得制造业企业不再局限于单纯的产品销售，许多企业开始转向提供包括产品在内的综合解决方案，如提供完整的生产线设备及其维护服务、培训服务等。制造业企业通过提供售后服务、定制化服务等增值服务，提高了客户的满意度和忠诚度。这些服务不仅增加了企业的收入，也构建了企业与客户之间长期稳定的合作关系。同时，随着消费者对品牌文化和价值观的重视，制造业企业开始通过服务来传递品牌理念。例如，通过文化营销、品牌体验店等方式，让消费者在享受服务的同时，也能感受到品牌的独特魅力。

智能制造与服务的深度融合将成为发展的重要方向。物联网、大数据、人工智能等技术的发展，将提高制造业的智能化水平。现代服务业在这一过程中发挥着重要的作用，如提供远程监控服务、预测性维护服务等。面对环境保护和可持续发展的要求，制造业企业开始寻求与服务业的合作，如通过循环经济模式，将废弃产品回收再利用，提供绿色制造服务。此外，全球化服务网络的构建将使制造业企业能够满足不同地区客户的需求，提供标准化和本地化的服务。

四、实现结构性节能减排

现代服务业的发展对于实现结构性节能减排具有重要意义。它通过减少对实物资源的需求和对生态环境的破坏，促进经济发展方式从粗放型向集约型转变。现代服务业的发展不仅提供了一种更为清洁、高效的经济增长方式，而且以知识为主要投入要素，其高技术含量、高人力资本含量和高附加值的特征，在资源节约和环境保护方面发挥着至关重要的作用。

随着全球气候变化和环境问题的日益严峻，结构性节能减排成为各国经济可持续发展的重要战略。传统的工业化经济模式往往伴随着大量的能源消耗和环境污染。相比之下，现代服务业的发展提供了一种更为清洁、高效的经济增长方式。现代服务业的多个领域，如金融、咨询、软件和信息服务等，不需要大量的物质资源，而是通过网络、云平台等形式提供服务，大大减少了对原材料和能源的需求。同时，与传统工业相比，现代服务业的环境影响相对较小。例如，远程办公和在线教育减少了交通出行，从而降低了碳排放；数字化服务减少了纸张的使用，从而减轻了森林资源的压力。

现代服务业的发展推动经济增长模式从物质资源依赖向知识和技术依赖转变，这种转变有助于实现经济的集约化发展，提高资源利用效率。现代服务业的核心是知识和技术。高人力资本的投入使得现代服务业能够提供更加智能化、个性化的服务，而不是依赖于大规模的资源消耗。现代服务业广泛应用信息技术和高新技术，如云计算、大数据、人工智能等，提高了服务效率，降低了能源消耗，减少了环境污染。

在实践中，金融服务通过提供绿色金融产品和服务，如绿色债券、绿色基金等，支持环保项目和可持续发展项目，促进了绿色经济的发展；智慧城市服务通过智能交通、智能建筑和智能能源管理实现了城市节能减排；循环经济服务通过废物回收再利用和资源循环利用减少了资源浪费和环境污染。未来，现代服务业将继续向绿色、低碳的方向发展，推动新技术如清洁能源技术、节能技术等的研发和应用，以实现更高效的资源利用和更小的环境影响。国际合作在现代服务业节能减排中也将发挥更大作用，共同推动全球节能减排。随着技术的进一步创新和与国际合作的加强，现代服务业在全球节能减排中的作用将更加突出。

五、满足经济社会发展新需求

现代服务业在满足经济社会发展的新需求方面起着至关重要的作用。随着互联网、移动支付、大数据等现代信息技术的广泛应用，消费者的购买行为和消费习惯发生了根本性变化。新型消费模式如在线购物、移动支付、即时配送等已成为日常生活的一部分。消费者越来越追求个性化的产品和服务，以及更加便捷、快速的消费体验。现代服务业通过提供定制化服务、一站式购物体验及个性化推荐等方式满足了消费者的新需求。

在中国经济转型升级的背景下，现代服务业迎来了新的发展机遇。随着人均收入的提高和中产阶层的壮大，消费者对高质量服务的需求日益增长，健康、教育、养老、文化娱乐等服务领域展现出巨大的市场潜力。政府对服务业的支持政策也为行业的发展提供了有力保障。

现代服务业不仅改变了消费模式和结构，适应了消费者的新需求，而且成为国民经济持续发展的主要增长点、缓解就业压力的主渠道、提升国民经济素质和运行质量的战略举措，以及实施国民经济可持续发展战略的必要选择。未来，随着技术的不断进步和创新能力的提升，现代服务业将在推动经济社会发展中发挥更加关键的作用。

第三节　现代服务业的发展趋势

随着“十四五”规划的实施，现代服务业呈现出新的发展趋势和变化。这不仅预示着服务业内部的优化升级，而且标志着知识经济的加速发展。

一、结构性变革与知识经济的加速发展

现代服务业的发展正面临深刻的结构性变革。这一变革不仅推动了服务业内部的优化升级，而且加速了知识经济的发展。在全球化的背景下，产业分工的细化对现代服务业提出新要求，尤其是信息服务，它通过提供与商品生产、流通和消费紧密相关的信息处理和分析服务，成为推动现代服务业快速发展的关键力量。同时，随着产业结构的变革和企业组织的创新，信息服务的推动使得企业管理和市场运作方式发生了根本性的变化。这些变化不仅促进了基于专业分工的新兴服务业如业务管理、咨询、广告、研发、会计等领域的独立化发展，而且通过利用先进的信息技术提高了服务业的生产率，加快了现代服务业的知识化和信息化进程。这些进步不仅减少了生产对自然资源的依赖，而且显著增加了社会财富。服务业4.0时代的到来将为现代服务业的智能化发展提供更广阔的空间。新兴技术如大数据、人工智能、物联网等将改变传统的服务交付方式，推动服务业向“无缝服务”的方向演进。此外，收入和人口结构的变化也将推动消费结构的升级，对现代服务业的品质提出更高的要求。这意味着现代服务业不仅需要丰富专业知识和提高专业技能，也需要不断地创新和提高服务效率。现代服务业的发展正处于一个快速变革的时期，这些变革不仅是结构性的，也是深层次的。现代服务业未来将更加依赖知识和信息技术，同时也将更加注重提供专业化和个性化的服务。这些趋势预示着服务业将在推动经济增长和社会财富积累中发挥更加重要的作用。

二、现代服务业与制造业的融合革命

现代服务业与制造业的融合发展正成为全球经济新的增长点。这种融合是一场深刻的产业革命，不仅改变了传统的产业结构，也重塑了企业的商业模式。在这个过程中，现代服务业的角色不再局限于传统的支持和辅助功能，而是成为推动技术创新、提升产品附加值、优化用户体验的关键力量。制造业企业通过整合服务业元素，如数据分析、客户关系管理、售后服务等，能够提供更加全面的解决方案，从而满足客户多样化和个性化的需求。在全球范围内，我们可以看到越来越多的制造业巨头正转型为服务导向的企业。它们不仅提供物理形态的产品，还提供与之相关的一系列服务，如维护、升级、培训和咨询等。这种转型使得企业能够在激烈的市场竞争中脱颖而出，同时也为客户创造了更大的价值。在中国，随着政府对产业升级的大力支持和鼓励，先进制造业与现代服务业的融合发展也显示出强劲的势头。政府明确强调了产业融合的重要性，提出了一系列措施来促进这一过程。这些措施包括加强企业间合作、推广智能制造、发展工业互联网平台等，旨在打破传统产业壁垒，促进技术和信息的流通，从而促进产业创新和推动产业升级。未来，我们将会看到更多基于服务的商业模式出现，这些模式将进一步推动制造业的转型升级。例如，制造业企业可能会提供订阅服务，客户可以根据需求订购产品和服务，而企业则通过持续的服务提供来实现收入的稳定增长。此外，随着数字化和智能化技术的发展，制造业企业能够更好地收集和分析数据，从而提供更加精准和个性化的服务。现代服务业与制造业的融合发展是一个不断演进的过程，要求企业不断创新和满足新的市场需求。这种融合不仅为制造业企业带来了新的增长机会，也为消费者提供了更高质量、更加多样化的产品和服务。

三、新技术应用与创新经济循环

现代服务业在新技术的应用中起着重要的作用，它不仅是新技术的主要使用者，更是新技术导入市场的关键媒介。通过广泛应用和推广新技术，现代服务业为发明者提供了经济激励，加速了创新经济循环。同时，现代服务业的需求和反馈为新技术的研究、开发和优化提供了方向，促进了技术与市场需求的有效对接。现代服务业利用物联网、大数据、云计算和人工智能等新一代信息技术，创新服务内容、模式和方式，为客户提供个性化、网络化、智能化的服务。这些服务提高了现代服务业的附加值和技术含量，推动了绿色经济的发展和分享经济的兴起。在服务过程中，现代服务业促进了各方之间有关技术的沟通和互动，形成了新技术研发和优化的合作模式，推动了运输技术、仓储技术、信息技术等的交叉研发和创新。现代服务业的发展案例研究表明，数字技术赋能实体经济的融合发展是实现高质量发展的重要驱动力。例如，在《数造新实体——数字技术赋能实体经济案例研究（2023年）》蓝皮书中，16个具有行业典型性、先进性的数实融合案例入选。这些案例集中展示了人工智能、大数据、云计算、边缘计算、区块链等数字技术在工业互联网、智慧城市、数字乡村、金融科技、生成式人工智能、网络安全等20余个产业方向上的创新应用，具有行业典型性和代表性。现代服务业已成为带动产业转型升级和公共服务体系建设的新引擎，成为改善民生、促进生产生活方式转变的新支撑。这些趋势和研究表明，现代服务业在全球经济中发挥越来越重要的作用。随着技术的不断进步和创新，现代服务业将继续推动新技术的应用，促进经济高质量发展，为全球经济增长提供新动力。

四、现代服务业向大都市和创新型城市的集聚

现代服务业正向大都市和创新型城市加速集聚，体现了经济全球化和信息技术革命的深入发展。一方面，随着经济服务化的加强，服务业集聚成为城市发展的新特征。另一方面，大都市和创新型城市因其集聚人才、资本、信息和技术等生产要素，成为现代服务业发展的热点地区。在这一过程中，服务业的现代化步伐加快，多层次多业态的服务业集聚区成为高质量发展的增长极。政府在推动服务业集聚发展中扮演着重要角色，通过搭建平台、优化环境、加强规划引导等措施，为服务业创造了良好的发展条件。特别是在大都市和创新型城市，新一代信息技术、高端装备制造、新材料、新能源等

战略性新兴产业与服务业的融合，推动了产业结构升级和经济高质量发展。另外，这些城市通过优化产业布局，吸引和培育相关企业，形成了明显的产业集聚优势。这不仅促进了服务业的现代化，也为制造业提供了强有力的支撑，使得服务业和制造业能够相互促进、共同发展。互联网的发展增强了制造业扩张对大城市生产性服务业的集聚作用，推动了生产性服务业向大城市集聚。而现代服务业向大都市和创新型城市的加速集聚，不仅提升了城市的产业竞争力和经济活力，也为城市居民提供了更加多元化、更高品质的服务，促进了城市的可持续发展和居民生活质量的提高。未来，这一趋势有望继续深化，为全球经济增长注入新动力。

第四节　现代服务业的发展路径

在经济全球化的大潮中，现代服务业的发展路径决定了其能否在竞争中脱颖而出成为推动经济社会发展的新动力。

一、现代服务业创新发展路径

在全球经济格局不断演变的今天，现代服务业以其独特的优势成为驱动经济增长的重要引擎。创新在现代服务业的发展中扮演着核心角色，不仅提高了服务的效率和质量，还促进了服务业结构的优化。特别是在信息技术迅猛发展的背景下，服务业的创新能力成为衡量一个国家或地区经济竞争力的重要指标。

（一）现代服务业科技创新

科技创新是现代服务业发展的重要驱动力。要提高现代服务业的科技研发能力，加大研发投入，推动技术创新，培育创新型服务业企业。现代服务业企业与科研机构的合作对于探索前沿技术至关重要。现代服务业科技创新的关键在于加大科技研发投入，推动技术创新。政府应加大对现代服务业科技研发的支持力度，引导企业增加研发投入，提高创新能力。同时，鼓励现代服务业企业与科研机构、高校等建立紧密的合作关系，共同探索前沿技术，推动技术成果转化。随着信息技术的快速发展，数字化、智能化技术成为推动服务业创新的重要力量。通过推广数字化、智能化技术，可以提高服务业的自动化水平，降低人力成本，提升服务效率和质量。例如，在金融服务、旅游服务等领域，通过引入人工智能、大数据等技术，可以实现个性化推荐、智能客服等功能，提升消费者体验。

（二）服务产品创新

在市场经济的激烈竞争中，服务产品创新已成为企业吸引消费者、满足其多样化需求的关键策略。这种创新不仅体现在开发新服务上，更体现在引入创新的服务理念和探索新的服务模式上。为了在市场竞争中脱颖而出，现代服务业企业正致力于开发差异化的服务。例如，在健康服务领域，开发针对特定人群的健康管理方案，提供个性化的健康咨询服务；在旅游服务领域，开发具有地方特色的旅游产品，满足游客的个性化需求。同时，新的服务模式如共享资源、定制服务和订阅模式，正通过灵活性和个性化的特点，响应消费者需求的变化和技术的进步。这些模式不仅降低了成本、提高了效率，还增强了服务的可访问性和便利性。因此，现代服务业企业正在积极探索和实施这些新模式，以推动行业向更加灵活和个性化的方向发展，从而在全球经济中保持竞争力。

（三）新型服务业态培育

新型服务业态的培育是当前经济发展中的一项重要任务，这不仅需要推动服务业内部的多元化和创新，还需要促进服务业与其他产业的深度融合。在这一过程中，政府和社会各界应共同努力，为创业者提供必要的政策支持和资源，降低创业门槛，鼓励他们探索和进入文化创意、健康养老等多元化的服务业领域。同时，也应当重视新兴服务业的培育，如在线教育、虚拟现实体验等，这些领域的发展不仅能拓宽现代服务业的发展空间，还能提升整个行业的附加值和竞争力。此外，服务业的转型升级还需要对传统服务业从业人员进行系统的培训，提高他们的服务水平，同时推广现代服务业管理理念，以适应新的市场需求。在推动多元化业态发展的同时，跨界融合也成为新型服务业态发展的重要途径，如将现代服务业与制造业、农业等其他产业相结合，实现资源共享、优势互补，从而推动整个经济的创新和发展。通过这些措施，可以培育出具有跨界能力的人才，提高服务业的创新能力和竞争力，为经济高质量发展提供强有力的支持。

（四）现代服务业管理创新

在日益激烈的市场竞争中，现代服务业管理创新成为实现高质量服务和确保企业持续竞争力的关键所在。这一创新要求企业紧跟时代步伐，不断引入和实践先进的管理方法，以全面提升运营效率和服务质量。现代服务业管理创新体现在对管理模式的持续更新上。随着市场环境和技术的发展，传统的管理模式已经难以满足现代企业的需求。企业需要不断探索和实践新的管理模式，以适应市场变化和客户需求。这种创新也要求对绩效评估体系进行革新，建立全面、科学、合理的评估机制，以便更准确地反映企业的运营情况，及时发现并解决问题。创新人才和团队的培养是现代服务业管理创新不可或缺的一环。具有创新精神的人才是企业创新发展的核心力量，而高效的团队协作则是实现创新目标的重要保障。企业需要积极培养具有创新精神的人才，鼓励团队内部的协作和交流，共同推动企业的创新发展。为了激发创新活力，建立有效的激励机制至关重要。通过表彰和奖励在创新中作出突出贡献的人才和团队，可以激发全体员工的创新热情，形成积极向上的创新氛围。这种激励机制不仅能够提升员工的创新动力，而且能够吸引更多的优秀人才加入，共同推动企业的创新发展。优化服务流程和关注用户体验也是现代服务业管理创新的重要方面。企业需要不断改进服务流程，提高服务效率和质量，以满足用户的期望和需求。同时，建立用户反馈机制，及时收集和分析用户反馈，了解用户的需求和意见，为现代服务的持续改进提供有力支持。

二、现代服务业融合发展路径

在当今经济全球化和产业变革的背景下，现代服务业作为经济增长的重要引擎，正呈现出与多个产业深度融合的趋势。这种融合趋势不仅推动了服务业自身的创新发展，还为传统产业的转型升级注入了新活力。

（一）现代服务业与制造业的融合

随着制造业从生产型向服务型转变的趋势日益明显，现代服务业与制造业的融合已经成为推动经济增长的新引擎。智能制造和定制化生产等不仅增加了制造业的价值，还为服务业带来了新的市场机遇。例如，制造业企业利用物联网和云计算技术，对生产过程进行远程监控和数据分析，可以实施更精准、更高效的管理。这些技术应用不仅提升了生产效率，还带来了新的服务模式。同时，制造业企业与服务业企业的合作也在加深，双方利用各自的专业能力和市场资源，共同研发满足市场需求的创新产品。这种跨界合作不仅促进了技术的共享和快速应用，还有助于整合产业链，实现资源的优化配置和高效利用，从而降低成本并提升市场竞争力。人才的培养和交流对于服务业与制造业的融合至关重要。通过加强服务业与制造业从业人员的专业培训和技能交流，提升他们的专业素质和综合能力，能够为两大行业的融合发展提供坚实的人才基础。服务业与制造业的融合是一个多方位、深层次的过程，这一过程需要技术合作、产业链整合以及人才培养与交流等多个方面的共同努力，以实现双方的相互促进和共同发展。

（二）现代服务业与农业的融合

现代服务业与农业的深度融合，为农村经济注入了新活力并为农民创造了更多就业机会。农村旅游和农产品加工等服务的兴起，不仅促进了农业现代化，也推动了现代服务业与农业的协同进步。深化这一融合，关键在于加强农业基础设施建设，提升农业生产效率，同时发展农村旅游和休闲农业以增加农民收入。此外，农业科技与现代服务业的结合，特别是农业物流和农村电商的发展，为农产品销售提供了便捷高效的渠道，增强了农产品的市场竞争力。这些措施共同推动了农业与现代服务业的相互促进和共同发展，为构建现代化经济体系奠定了坚实的基础。通过改善农田水利和交通基础设施，发展农村旅游和休闲农业，以及推进农业科技与现代服务业的紧密结合，可以提高农业生产效率和扩大农产品市场前景。这不仅为农民提供了稳定的收入来源，也为农村经济的多元化发展打下了坚实的基础。

（三）现代服务业与信息技术的融合

信息技术的飞速发展已经成为服务业创新的重要推动力，催生了在线教育、远程医疗等新兴服务模式。这些模式不仅彻底改变了现代服务业的运作方式，还极大地提升了用户的服务体验。现代服务业与信息技术的融合，特别是与大数据和云计算的结合，使现代服务业走向了数据驱动的发展道路。企业可以利用大数据分析来精准把握市场需求和用户行为，从而优化服务流程并提升效率。深化现代服务业与信息技术的融合，关键在于加强信息技术的研发与应用，确保新技术能够在现代服务业中得到广泛应用；同时，需要加强数据资源的整合与共享，以提高数据的使用效率；此外，还必须加强人才的引进与培养，以提升现代服务业从业人员的信息素养和技术能力，为现代服务业与信息技术的融合提供坚实的人才支持。这些措施将共同推动现代服务业与信息技术的相互促进和共同发展，为现代服务业的未来开辟新的可能性。

（四）现代服务业与文化创意产业的融合

现代服务业与文化创意产业的融合正成为推动现代服务业向多元化和个性化发展的重要力量。文化创意产业凭借丰富的创意和深厚的文化底蕴，为现代服务业带来了新的生机与活力。在旅游业中，文化创意的融入使得旅游产品和服务更具特色和吸引力；在餐饮业中，文化元素的引入让菜品和餐厅设计更富有创意和独特性。这种融合不仅提升了现代服务业的文化价值和市场附加值，而且促进了现代服务业与文化创意产业的协同发展。为了深化这种融合，需要从提升文化创意产业的创新能力和竞争力入手，加强现代服务业与文化创意产业之间的合作与交流，尤其是在产品开发和市场营销等领域。同时，还需致力于人才的培养和引进，以提升现代服务业从业人员的文化素质和创新能力。建立区域服务业合作机制对于促进区域现代服务业的均衡发展至关重要，这不仅需要区域间实现合作与协调，还需要进行资源共享和优势互补，以实现服务资源的最优配置和高效利用。加快形成区域现代服务业集群，可以促进现代服务业企业在特定区域的集聚，形成强大的产业链，这将降低企业成本，提高服务效率和质量，并吸引更多的投资和创新技术，从而推动区域经济的持续健康发展。

（五）现代服务业的区域融合

现代服务业的区域融合是实现均衡发展的关键，通过建立合作机制和资源共享平台，促进了跨区域的项目合作，如物流配送和区域旅游，进而构建起一个紧密相连的区域现代服务业共同体。这种融合不仅加强了区域内企业间的联系，还推动了现代服务业集群的形成，使企业在特定区域集聚，形成产业链，从而提升了区域现代服务业的竞争力。同时，这一过程还推动城乡服务业的均衡发展，推动城市现代服务业向农村延伸，加快缩小城乡差距。为了加快区域现代服务业集群的发展，需要加强区域规划和产业布局，加大政策支持和资金投入力度，并培育龙头企业，让其引领并带动整个集群的发展。这将为区域经济的多元化和高质量发展奠定基础。

三、现代服务业国际化发展路径

在全球化日益加深的今天，现代服务业作为推动全球经济增长的重要动力，其国际化发展路径至关重要。现代服务业的国际化不仅涉及市场的拓展和资源的优化配置，更包括服务品质、管理水平和国际市场规划能力的全面提升。

（一）扩大现代服务业对外开放

现代服务业的对外开放不仅是其国际化发展的基石，而且在全球贸易自由化和投资便利化的大背景下显得尤为重要。要吸引外国投资者，关键在于优化外资政策和降低准入门槛，同时简化审批流程，以提供一个更加便捷高效的投资环境。加强国际合作与交流，建立合作机制，将有助于经验分享和跨国企业间的战略合作，从而进一步拓展现代服务业的国际化道路。政府可以采取多种措施，如设立开放试验区，放宽特定领域的外资持股比例限制，优化营商环境，以及增强行业协会和中介机构的作用，推动本土服务业企业与国际市场的接轨。这些都是扩大现代服务业对外开放的有效途径。

（二）拓展国际市场

现代服务业在全球经济中的地位日益凸显，其国际市场的拓展已成为企业国际化战略的核心。随着现代服务贸易在国际贸易中的比重不断上升，探索新型服务贸易模式，如跨境电子商务和在线服务，已成为降低交易成本、提高效率的有效途径，这些新模式可以为现代服务业企业开辟更广阔的国际市场。为了进一步促进现代服务业的国际化，建立国际服务业合作平台至关重要，比如举办国际展会和交流会议，政府层面也要提供支持，如税收优惠和融资支持。这些都是激励企业走向国际市场、拓展海外业务的重要举措。

（三）提升现代服务业国际竞争力

提升现代服务业在全球市场中的竞争力是确保其国际化成功的关键。在这一过程中，构建具有国际影响力的品牌至关重要，这不仅需要通过持续创新、保证高质量服务和优化用户体验来实现，还需要有效的品牌推广和宣传以提高全球认知度。此外，现代服务业企业还必须提升跨国经营的能力，包括跨文化沟通能力和国际市场开拓能力。政府在这方面可以发挥重要作用，通过提供专业培训和引进国际人才，支持企业提升在国际舞台上的运营能力。

（四）遵守国际标准与规则

遵守国际标准与规则是现代服务业开拓国际化道路的准则，这不仅是适应全球市场竞争需要的必要条件，也是推动现代服务业与国际接轨的关键。为了提升现代服务业的国际竞争力，积极参与国际现代服务业标准的制定至关重要。这不仅能保护国内服务业的利益，还能促进国内服务业标准的国际化。此外，加强企业国际标准和服务质量认证体系的建设是确保服务质量的重要措施。通过构建有效的认证体系，现代服务业企业可以获得国际认证，从而提升服务质量和市场竞争力。政府可以制定支持性政策，鼓励和协助企业参与国际认证，确保国内现代服务业在全球市场中的竞争优势。

（五）加强国际人才培养与交流

加强国际人才培养与交流是推动现代服务业国际化的核心动力。为了达成现代服务业的国际化发展目标，建立一个全面的国际现代服务业人才培养体系至关重要，这个体系应包括国际化课程的设置和对现代服务业人才参与国际培训项目的鼓励。此外，通过与其他国家建立合作机制和国际现代服务业人才交流平台，可以加强国际人才之间的交流与合作，从而推动现代服务业的全球化进程。高等教育机构可以通过开设相关专业和课程来培养具有国际视野和跨文化沟通能力的专业人才，而企业则可以通过引进海外优秀人才和加强国际合作来提高自身的国际化水平。

四、现代服务业可持续发展路径

在现代服务业迅速发展的同时，也必须认识到可持续发展对于行业未来的重要性。随着全球对环境保护和社会包容性增长的日益关注，现代服务业的可持续发展路径变得尤为关键。

（一）推广绿色服务业理念

在推广绿色服务业理念的过程中，宣传教育发挥着关键作用。通过多样化的渠道如媒体和网络，可以有效传播绿色服务业理念，提升公众的认识。社交媒体、线上研讨会和公开课程等形式的普及活动，对于教育公众和培养具备绿色理念的现代服务业人才至关重要。同时，制定绿色服务业标准和评价体系对于引导企业走向绿色发展同样重要。这些标准和体系能帮助企业明确绿色经营的方向，鼓励企业遵循绿色标准。加强监管和执法，通过定期检查和评估确保企业遵循绿色标准，是促进行业绿色转型的关键。政府和相关机构应当持续监督，确保绿色标准得到有效实施，推动现代服务业的可持续发展。

（二）鼓励现代服务业企业采用绿色技术和建立绿色管理模式

随着全球对环境保护和可持续发展的呼声日益高涨，现代服务业企业采用绿色技术和建立绿色管理模式已成为行业发展的重要趋势。这一转变不仅体现了企业对环境责任的担当，更是企业提升市场竞争力、实现长期可持续发展的关键战略。推广绿色技术意味着现代服务业企业在节能减排和资源循环利用方面迈出了实质性的步伐。通过引入电动交通工具、节能设备和智能管理系统，现代服务业企业能够显著减少碳排放和能源消耗，为减缓全球气候变化作出贡献。同时，这些绿色技术的应用还能有效降低企业的运营成本，提升经营效率，从而实现经济效益与环境效益的双赢。为了推动绿色技术在服务业中的广泛应用，需要加强对绿色技术的研发和推广。政府可以制定相关政策，支持致力于绿色技术创新的项目，促进绿色技术的创新和应用。同时，现代服务业企业也应积极寻求与绿色技术供应商的合作，共同推动绿色技术在行业内的普及和发展。除了技术革新，建立绿色管理模式同样重要。通过制定绿色发展战略、执行绿色采购政策和开展绿色营销活动，现代服务业企业能够将环保理念融入企业文化和日常管理中。这种绿色管理模式的建立，有助于企业在运营的每一个环节都实践绿色理念，形成绿色发展的长效机制。为了增强员工的绿色意识和参与度，现代服务业企业还应建立绿色激励机制和制定员工培训计划。通过设立绿色奖项、提供绿色培训课程和组织绿色公益活动等方式，企业可以激发员工的环保热情和创新精神，为企业的绿色发展注入源源不断的动力。

（三）培育低碳服务业企业

低碳服务业企业的培育是实现产业结构向低碳、环保方向转型的关键。发展绿色建筑、清洁能源和环保治理等领域，不仅能有效减少环境污染，还能推动经济的可持续增长。例如，绿色建筑企业通过使用节能材料和设计，能显著降低建筑能耗和碳排放；清洁能源企业通过利用太阳能、风能等可再生能源，替代化石能源，能够减少温室气体排放。同时，为满足消费者对绿色、环保、健康的需求，鼓励企业开发低碳产品和服务至关重要。这不仅能为消费者提供更多绿色选择，还有助于引导他们形成绿色消费习惯，从而推动绿色市场的发展。例如，低碳交通工具、绿色食品、环保家居产品的推广，可以鼓励消费者采用更环保的生活方式，共同促进社会绿色转型。

（四）发展循环经济和建立低碳服务体系

发展循环经济和建立低碳服务体系是适应全球绿色发展趋势的必然选择。在这一过程中，推动资源的循环利用至关重要，这不仅包括加强废弃物的分类、回收和再利用，还包括利用现代信息技术提升回收效率。例如，通过移动应用和在线平台，可以有效促进废弃物的回收和交易；鼓励企业采用可再生材料和生产生态友好产品；通过政策激励和税收优惠等措施，减少资源消耗和环境污染。此外，建立低碳服务体系是减少服务业碳排放、提升市场竞争力的关键。这意味着在服务设计、实施和管理的每个环节都要考虑环境影响，要优化服务流程，提高服务效率，并采用低碳技术和材料。通过加强国际交流和合作，企业可以学习国际先进的经验和技术，快速适应全球绿色发展趋势，为构建可持续发展的未来作出贡献。

（五）促进现代服务业的包容性增长

现代服务业的包容性增长是确保所有社会成员都能从现代服务业发展中受益的关键。这要求现代服务业特别关注弱势群体如老年人、残疾人和贫困人群的需求，并通过提供定制化和个性化的服务来提高他们的生活质量。企业可以通过优惠价格和慈善捐赠等方式为这些群体提供支持和帮助。同时，应推动现代服务业向农村和贫困地区延伸。这不仅需要政策的引导和市场机制的支持，还需要加强基础设施建设和人才培养，提高这些地区的服务水平。此外，为了让更多人共享现代服务业的发展成果，需要建立健全的公共服务体系，提高服务质量和效率，同时加强监管，防止市场垄断和不正当竞争，保护消费者权益。政府可以通过税收优惠等措施，激励企业为低收入群体开发适用的产品和服务，从而推动现代服务业的包容性增长。

第五节　现代服务业的发展模式

随着经济全球化和科技革命的不断深入，现代服务业的发展模式也在不断演变。本节将详细探讨现代服务业的四种主要发展模式：科技驱动模式、跨界融合模式、生态圈构建模式和定制化服务模式。

一、科技驱动模式

科技驱动模式不仅是现代服务业发展的核心，也是推动整个经济向数字化、智能化转型的关键因素。这一模式通过集成创新、平台化经营和数据驱动决策，为现代服务业带来了前所未有的发展机遇。

集成创新是科技驱动模式的重要特征。在集成创新下，现代服务业通过融合最新的科技，如物联网、云计算、大数据和人工智能，能够提供更加高效、精准的服务。例如，智能物流系统能够实时追踪货物流动，优化库存管理，而智能健康监测系统则能够为用户提供个性化的健康建议和医疗服务。平台化经营是现代服务业扩大影响力和市场份额的有效途径。通过构建在线平台，企业能够连接更广泛的用户和服务提供商，形成有机整体。这些平台不仅提供了一个交易的场所，还通过分析用户数据优化了企业的服务供给，从而提升用户体验。数据驱动决策是科技驱动模式下的另一个关键点。企业通过收集和分析大量数据，能够更好地理解市场趋势和消费者需求，从而作出更加精准的业务决策。这种基于数据的决策过程，使服务变得更加个性化，同时也提高了运营效率。随着科技的不断进步，未来的服务业将更加注重用户体验和服务质量。服务业利用虚拟现实（VR）和增强现实（AR）技术，能够提供沉浸式的用户体验，如虚拟旅游和远程教育。同时，通过利用机器学习和人工智能，服务业能够提供更加精细化和个性化的服务，满足用户的特定需求。

科技驱动模式为现代服务业提供了无限的可能性，它不仅能够提升服务效率和质量，还能够创造全新的服务模式和业态，为用户带来更加丰富和便捷的服务体验。

二、跨界融合模式

跨界融合模式的发展，正是现代服务业创新发展的生动写照。这一模式通过打破传统行业壁垒，促进了不同领域的资源共享和技术融合，为消费者带来了更加丰富多彩的服务体验。在这个过程中，企业不仅能够通过整合众多优势资源来创造新的价值，还能够通过协同合作来提高服务效率和质量，从而推动整个行业的进步和发展。

以文化旅游产业为例，这种跨界融合不仅使旅游产品更具文化内涵，也为地方文化的保护和传播提供了新的途径。通过数字化技术，如虚拟现实和增强现实，历史文化遗产得以在虚拟空间中重现，让游客能沉浸式地体验到地方文化的魅力。在制造业与现代服务业的融合方面，信息技术的广泛应用使得传统制造业企业能够向服务业领域拓展，提供从设计、研发到售后的全链条服务。这不仅提升了制造业的附加值，也为消费者提供了更为完善和个性化的服务。同时，现代服务业企业还能够通过技术手段，如物联网和云计算，为制造业提供更为高效和精准的辅助服务。随着新技术的不断涌现，跨界融合模式将进一步推动服务业的创新发展。大数据和人工智能技术的应用，将使企业能够更好地理解消费者需求，提供更为精准的个性化服务。区块链技术的引入，则能够提高服务交易的透明度和安全性。这些技术的融合应用，不仅能够为消费者带来更高水平的服务体验，也将推动现代服务业的可持续发展，为经济增长注入新动力。

跨界融合模式是现代服务业发展的重要趋势，它通过整合不同行业的资源和技术，推动服务内容和形态的创新，为消费者提供了更加丰富和高质量的服务体验。未来，这一模式将继续深化，推动服务业向更高质量、更高效率的方向发展，为经济社会的全面进步提供强大支撑。

三、生态圈构建模式

生态圈构建模式在现代服务业中的应用，展现了一种全新的发展理念，它不仅仅是一种商业模式的创新，更是一种社会经济发展的全面革新。这一模式通过构建一个多元化、开放性的服务生态系统，促进了产业链上下游的紧密合作，实现了资源共享、信息互通和利益共赢。

政府的角色在这一模式中尤为关键。政府可以通过制定优惠政策、提供资金支持、优化创业环境等措施，吸引和培育创新型企业和高素质人才。这些措施不仅可以加速现代服务业的创新步伐，而且能为整个经济的转型升级提供强有力的支持。在“双碳”目标的推动下，绿色服务业成为发展的新方向。现代服务业的绿色转型，不仅响应了全球环保的号召，也为现代服务业与先进制造业的深度融合提供了新的契机。这种融合有助于形成现代服务业集群，打造区域性服务经济高地，促进地方经济的全面发展。技术创新是生态圈构建模式的另一个重要支撑。通过引入国外知名品牌服务机构，推动总部企业落户，以及加强产业间互动互补，为重点行业提供了高质量发展的新路径。

未来，生态圈构建模式将继续推动现代服务业的创新发展。随着数字化、生态性、社会性、规则性、人文性等关键词的深入人心，服务业将更加注重生态环境保护，推动线上线下服务的融合发展，建立更加完善的规则体系，以及更加注重人文关怀。这将使现代服务业成为经济增长的新动能，为实现高质量发展注入新活力。

四、定制化服务模式

定制化服务模式在现代服务业的发展中确实如同一颗璀璨的明珠，它以消费者为中心，提供了一种全新的服务体验。这种模式不仅满足了消费者对服务品质和体验的高要求，而且体现了现代服务业向个性化、精准化发展的趋势。在这一模式下，企业通过深入了解消费者的需求和偏好，提供量身定制的服务方案，让消费者获得独一无二的服务体验。

在旅游市场中，定制化服务模式的应用尤为广泛。旅游业从业人员不仅能根据消费者的具体需求定制旅游行程，还能提供专属的导游服务、私人定制的餐饮服务，甚至能定制个性化的旅行纪念品。这种高度个性化的服务大幅提升了消费者的满意度和忠诚度，同时也为旅游企业创造了更高的附加值。除了旅游行业，定制化服务模式也在教育、医疗等多个领域得到了应用。教育机构可以根据学生的能力和兴趣提供个性化的学习计划，医疗机构则可以根据患者的健康状况提供个性化的治疗方案。这些都是定制化服务模式在不同领域的具体体现。科技的发展，特别是大数据和人工智能技术的应用，使得定制化服务模式的实施变得更加高效和精准。企业通过分析消费者的行为数据，可以更好地预测其需求，从而提供更符合其期望的服务。这些技术的应用也使得服务的提供更加便捷和及时，进一步提升了消费者的体验感。

随着消费者需求的不断升级和科技的不断进步，定制化服务模式将会得到更加广泛的应用和发展。这不仅能为消费者带来更加满意的服务体验，也能为现代服务业企业提供新的增长点和竞争优势。定制化服务模式的发展，将推动现代服务业向更高质量、更高效率的方向发展，为经济社会的全面进步提供强大支撑。

总体篇

第二章 广东省现代服务业发展现状

2023年是全面贯彻党的二十大精神的开局之年，也是三年新冠疫情防控转段后经济恢复发展的一年。习近平总书记亲临广东视察，对广东锚定强国建设、民族复兴目标寄予殷切期望。围绕高质量发展这个首要任务和构建新发展格局这个战略任务，在全面深化改革、扩大高水平对外开放、提升科技自立自强能力、建设现代化产业体系、促进城乡区域协调发展等方面，广东继续走在全国前列。

广东坚持以习近平新时代中国特色社会主义思想为指导，深入贯彻习近平总书记对广东系列重要讲话和重要指示精神，坚决贯彻党中央决策部署，认真落实国务院工作安排，在省委的正确领导下，在省人大及其常委会、省政协的监督支持下，完整、准确、全面贯彻新发展理念，服务和融入新发展格局，守正创新、苦干实干，推动经济社会发展取得新成效。

本章使用的广东省相关数据来自历年的广东统计年鉴和广东省国民经济和社会发展统计公报，使用的全国数据来自历年的中国统计年鉴。

第一节　广东省现代服务业的发展意义

随着全球产业结构的逐步优化升级，高价值含量的现代服务业开始崭露头角，替代了原先较低价值含量的传统工业。这体现了产业结构的自然演变，也标志着一个国家由工业化中期向更高级别的工业化阶段平稳过渡。广东省的经济发展历程证明，第三产业的快速发展不仅是全球产业发展趋势的体现，也是广东省经济转型升级的必然选择，它将成为推动经济增长的关键力量。

一、高质量发展的必然选择

1978—2023年，广东省经历了显著的经济增长，地区生产总值年均增速达到11.4%。但自2008年金融危机以来，地区生产总值增速开始逐步放缓，尤其是2012年后，增速降至个位数。这标志着广东省经济进入了中高速增长期或次高速增长期，经济发展进入新常态。广东省经济增速放缓主要有三方面原因：一是经济规模扩大。随着经济总量的不断增长，维持原有高速增长的难度也增加。二是成本与资源限制。经济发展所面临的成本、资源和环境约束日益凸显，传统的粗放型增长模式已不可持续。三是经济结构调整。金融危机后，中国经济进入了增速换挡期和结构调整期。

为了应对这些挑战并维持经济健康发展，广东省必须适应时代的新趋势，充分利用自身优势，采取有效的手段和途径来发展新质生产力。经济发展的关键在于转变发展方式，推动经济转型升级，提高经济增长的质量和效益，从而提升整体竞争力。在这一背景下，加速发展现代服务业成为广东省的重要战略之一，原因如下：一是现代服务业可以提升劳动生产率。现代服务业拥有较高的劳动生产率，其快速发展有助于提升整体劳动生产率，从而促进经济增长。二是现代服务业可以支持工业发展。现代服务业的发展不仅为工业部门提供了必要的生产性服务，促进了工业与现代服务业的协调发展，提升了工业部门的竞争力，而且拉动了经济增长。三是现代服务业可以促进低碳经济发展。现代服务业对能源和原材料的消耗相对较低，有助于推动低碳经济的发展，缓解环境污染等问题。

二、新型城镇化的必要途径

以人为核心的新型城镇化有序推进，为现代服务业发展创造了巨大空间。随着《广东省国土空间规划（2021—2035年）》和广东省五大都市圈发展规划的出台，现代城镇化的有序推进将为现代服务业发展创造巨大空间。

这一趋势将有效地吸引人口和资源向城市集聚，从而提升生活性服务业的需求，并进一步推动现代服务业的发展。

现代服务业是服务业的重点和核心。历史进程和经济发展规律表明，服务业的焦点随着社会发展的不同阶段而变化。在初级产品生产阶段，传统生活性服务业如住宿和餐饮业占主导地位。随着工业化的推进，与制造业相关的生产性服务业如商业和通信行业迅猛增长。在工业化中期，金融、保险和流通服务业的发展显著，这意味着随着制造业的成熟，与之相关的服务业也开始迅速扩张。这些服务业的增长不仅支持了工业生产，还促进了经济的多元化和复杂化。金融和保险服务业为企业提供了必要的资金和风险管理工具，而流通服务业则优化了商品的分销和供应链管理，提高了整体市场效率。在工业化中后期，服务业结构快速调整，新兴服务业态如广告业、咨询业、房地产业、旅游业和娱乐业迅速崛起，与生产性服务业相互促进。进入后工业化时代，金融、保险和商务服务业继续扩张，而科研、信息技术和教育等知识密集型服务业成为主导力量，展现出广阔的发展前景和巨大潜力。对于广东省而言，当前及未来的发展重心应当聚焦现代服务业，以此作为推动经济增长的主要引擎。

三、产业融合的必由之路

在当今经济发展的大背景下，产业融合已成为一种不可逆的趋势。尤其是在广东省，制造业正在经历一个至关重要的转型升级阶段。互联网技术的深入渗透，给传统服务业带来了前所未有的变革。诸如电子商务、远程教育、虚拟旅游体验、数字金融服务等新兴商业模式，正成为推动经济增长的新动力。在这一转型过程中，广东省的制造业，无论原先属于哪一类型，都拥有巨大的转型潜力。制造业正从传统的生产导向型向服务导向型转变，这一转变使得对生产性服务业的需求不断增加。市场分工日益精细，制造过程中的多个环节，包括资金筹集、产品研发、设计创新、信息技术支持、物流管理、专业咨询、客户服务和财务管理等，正逐渐被外包给专业服务提供商。这种制造业与服务业的深度融合，不仅加速了服务业的发展，也为制造业提供了新的升级动力。在这一转型升级过程中，广东省正在逐步构建一个更加精细化和专业化的产业结构，为经济的未来发展打下坚实的基础。

第二节　广东省现代服务业的发展历程

党的二十大报告明确要求构建优质高效的服务业新体系。这就需要引导和支持现代服务业加快提质扩容、优化结构和完善功能，通过增加有效供给，提升效率和品质，统筹增强产业竞争力和国际竞争力，夯实现代服务业对经济社会高质量发展的引领支撑能力。近年来，广东省推出一系列改革举措，促进现代服务业发展壮大，不断扩大服务业规模，优化结构，普惠民生，实现从高速发展向高质量发展的平稳转变。

一、1978—2000年：潮起南粤，先行一步

从改革开放初期到20世纪末，广东省经济快速发展，2000年广东省地区生产总值达到1.08万亿元，继续保持全国首位，1978—2000年地区生产总值年均增速达13.97%。2000年广东省人均地区生产总值达12817元，折合1548美元。

1978—2000年，广东省服务业取得了长足进步。随着国民经济的快速发展，服务业不断壮大。服务业增加值从1978年的43.92亿元增加到2000年的4755.4亿元，连续增长22年，按可比价格计算年均增长15.24%，高于同期地区生产总值约1.27个百分点，人均服务业增加值从1978年的87元提升到2000年的5527元。服务业增加值占地区生产总值的比重从1978年的23.6%提升到2000年的44.2%，提高了20.6个百分点。

从服务业增加值占地区生产总值的比重发展过程看，1978年到2000年呈现一种波段上升的趋势。第一波上升从1978年的23.6%到1981年的26.1%，在1982年回落后又继续第二波上升；第二波上升的时间比第一波长，幅度比第一波大，从1982年的25.4%一直上升到1991年的36.7%，随后进入为期两年的

下降期；第三波上升，从1993年的34.8%到2000年的44.2%（见图2-1）。

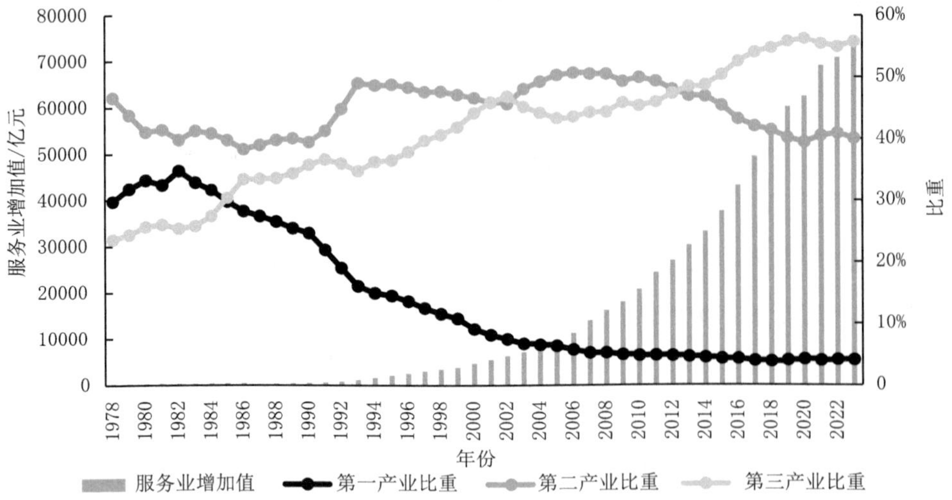

图2-1　1978—2023年广东省服务业增加值及三次产业比重

改革开放以来，服务业对经济的推动力不断提升，对经济增长起到了“稳定器”的作用。改革开放后，第二产业对经济增长的年均贡献率由1979—1980年的34.95%提升到“八五”时期的最高水平63.55%，成为经济增长的主要动力，随后一直到“九五”时期，其年均贡献率持续保持在60%以上。同一时期，服务业的推动力保持稳定，对地区生产总值增长的年均贡献率一直保持在30%～42%的区间，在“九五”时期达到34.28%，是当时经济增长的次要动力（见表2-1）。

表2-1　不同时期广东省三次产业对地区生产总值增长的年均贡献率

年份	第一产业年均贡献率	第二产业年均贡献率	第三产业年均贡献率
1979—1980	23.11%	34.95%	41.95%
1981—1985（“六五”时期）	19.24%	50.61%	30.15%
1986—1990（“七五”时期）	12.91%	53.08%	34.01%

续表

年份	第一产业 年均贡献率	第二产业 年均贡献率	第三产业 年均贡献率
1991—1995 （“八五”时期）	4.55%	63.55%	31.89%
1996—2000 （“九五”时期）	4.02%	61.70%	34.28%
2001—2005 （“十五”时期）	2.04%	56.48%	41.48%
2006—2010 （“十一五”时期）	1.78%	56.90%	41.31%
2011—2015 （“十二五”时期）	1.75%	46.71%	51.53%
2016—2020 （“十三五”时期）	2.96%	36.11%	60.92%
2021—2023	6.76%	45.91%	47.32%

服务业的快速发展大大提高了整体劳动生产率，促进了经济增长。1978—2000年，第三产业劳动生产率增速最快、增长幅度最大。1978年，广东省三次产业劳动生产率分别为330元/（人·年）、2768元/（人·年）、1536元/（人·年），第一产业劳动生产率最低，第二产业劳动生产率高于第三产业，这种现象一直持续到1984年。1985年，第三产业劳动生产率为3739.98元/（人·年），以微弱的优势第一次超过了第二产业。到了1988年，第二产业再次超过了第三产业，随后在1990年，第三产业第二次超过了第二产业。这种第二产业、第三产业劳动生产率此起彼伏的现象一直持续到2000年。2000年，广东省三次产业劳动生产率分别为6189元/（人·年）、44844元/（人·年）、37129元/（人·年），相比1978年分别提高了17.75倍、15.20倍、23.17倍，服务业在此期间提升的幅度最大（见图2–2）。

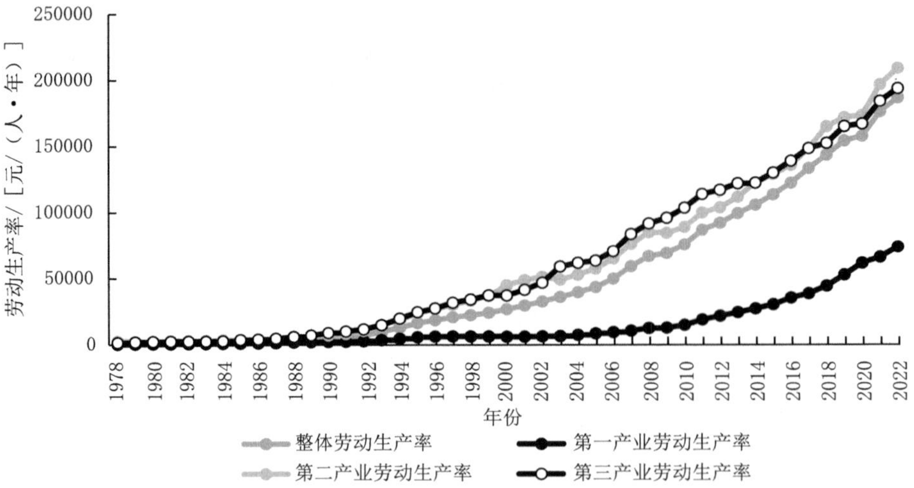

图2-2　1978—2022年广东省整体劳动生产率和三次产业劳动生产率

从三次产业就业人数来看，1978—2000年，服务业就业人员从286万人增加到1281万人，22年增加将近1000万人，平均每年增加就业人员45万人左右。第二产业2000年的就业人员达1115万人，相比1978年的313万人，增加就业人员802万人，仅为同期服务业的80.60%。与此同时，全省就业结构从1978年的73.68：13.75：12.57演变为2000年的40.00：27.90：32.10。2000年，服务业就业人员占全省就业人员的比重首次超过了第二产业，相比1978年提高了19.53个百分点。1978—2022年广东省三次产业就业人数如图2-3所示。

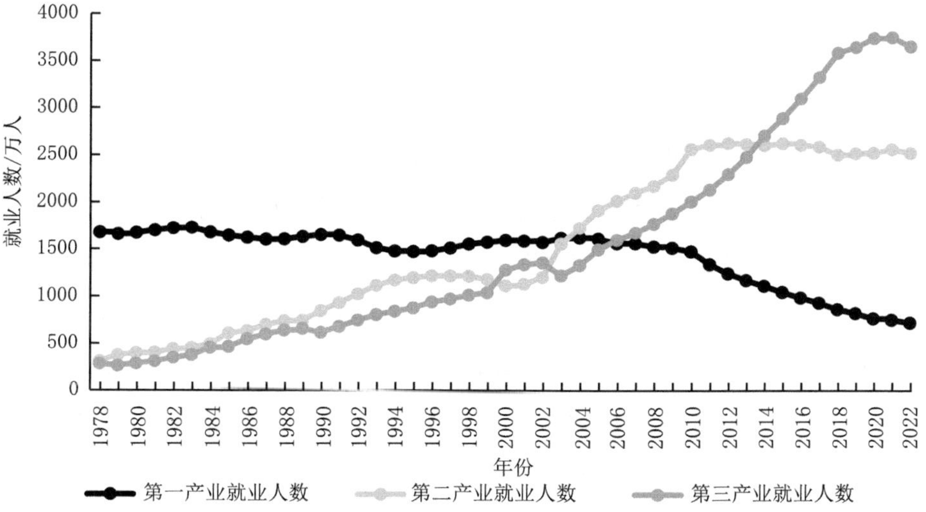

图2-3　1978—2022年广东省三次产业就业人数

二、2001—2010年：急流勇进，高速发展

2001—2010年，特别是中国加入世界贸易组织（WTO）后，广东省进入了高速发展和增长阶段。

（一）2001—2005年（“十五”时期）

“十五”时期，服务业产业规模持续扩大，结构持续改善，质量稳步提升，对国家经济发展的影响日益显著。

1.服务业规模持续增长，对经济社会贡献不断加大。2001—2005年，广东省服务业保持较快增长，其增加值持续领跑全国。这五年，服务业的年均增长率达12.3%，相比“九五”时期提高了0.9个百分点。“十五”时期，广东省工业快速增长，服务业增加值占地区生产总值的比重略有下降，但服务业增加值仍然在国内保持领先地位。在对经济增长的贡献方面，服务业的年均贡献率达到41.48%，相比“九五”时期提高了7.2个百分点。在就业方面，2005年服务业就业人数有1496.9万人，占全省就业人员的29.8%。在“十五”时期，服务业新增就业人员216.1万人，对就业增长的平均贡献率为20.9%，成为吸纳城乡居民就业的重要渠道之一。2005年服务业税收达2248.8亿元，占全省总税收的53.5%，这一比例高出全国平均水平12.5%，服务业已经成为广东省税收收入的重要来源。

2.服务业结构持续优化，现代服务业较快增长。现代商品市场和现代流通方式的推广应用，进一步优化了现代服务业的内部结构，推动了现代服务业的发展。文化、信息服务、金融、保险、旅游等领域成为现代服务业中发展较快的行业。文化产业增加值在“十五”时期以每年约15%的速度增长，文化产业成为广东省服务业中最具发展潜力的领域之一。广东省邮电业务总量由2000年的602.3亿元猛增至2005年的2121.9亿元，年均增长28.6%。保险业方面，2005年广东省保费收入约为499.2亿元，“十五”时期年均增长26.8%，巩固了保费收入全国第一的地位。旅游业也表现出强劲的增长势头，2005年广东省实现旅游总收入为1882.6亿元，居全国首位，“十五”时期年均增长13.1%。交通运输与仓储业、批发零售业和餐饮业等传统服务业改造提升的步伐加快，服务功能得到进一步加强。

3.服务业开放逐步扩大，交流合作更加频繁。根据我国加入WTO的承诺，广东省商业、金融、保险等服务业行业和领域已逐步对外开放，加强对外交流与合作。服务业吸引外资能力稳步增长，外资服务业企业纷纷进入广东省。在CEPA（《内地与香港关于建立更紧密经贸关系的安排》《内地与澳门关于建立更紧密经贸关系的安排》）框架下，广东省对港澳开放的服务业行业扩大到26个，允许港澳居民来粤从事个体工商户零售业务。泛珠三角区域合作稳步推进，积极与其他区域探讨建立区域金融、文化交流等合作机制，稳步推进综合交通运输一体化、无障碍旅游区等建设。

4.服务业投资进一步强化，重大项目顺利完成。2001—2005年，广东省强化对服务业的投资，提升基础设施的建设水平。据统计，广东省服务业固定资产投资累计16347.7亿元，占全社会固定资产投资的64.1%，年均增长10.9%。这一时期，广东省完成了多个在交通、通信和社会事业领域的重大基础设施项目。到2005年底，全省公路密度提升至每百平方千米64千米，高速公路通车里程扩展至3140千米，实现了所有地级市高速公路互联，并与周边省份（海南省除外）建立了高速公路连接。城市轨道交通建设进展较快，继广州地铁1号线、2号线开通后，深圳地铁首期开始运营。全省光缆总长度增加至29万千米，是2000年的4.3倍。广州国际会展中心建成，提升了广东省会展业的硬件水平，也提高了办展层次。广州白云国际机场迁建工程顺利完成，广州白云国际机场成为国内三大航空枢纽之一。广州地区高校新校区初步建成，进一步提高了广东省高等教育的整体水平。

5.体制改革成效初显，市场准入更加规范。2001—2005年，广东省服务业市场组织体系和法治环境得到进一步完善。在我国加入WTO履行对外开放的承诺下，根据《中华人民共和国行政许可法》的有关规定，广东省清理了一批服务业的行政审批项目，逐步规范了服务业市场准入制度。垄断行业的改革和管理得到加强，政企分开初步实现。垄断行业中特大型国有企业改革取得了重要进展，电信、供电、民航等行业按照“政企分开、政资分开”的原则，积极建立现代企业制度。逐步放宽限制性条件，鼓励民营资本和外资进入金融、文化等行业。事业单位管理体制改革取得明显成效，原直属行政机关的一批事业单位转为企业化运作。企事业和机关单位的后勤改革取得重大进展，逐步实现服务社会化、管理企业化的发展目标。市场体系进一步完善，社会征信体系建设初见成效。

（二）2006—2010年（“十一五”时期）

“十一五”时期是广东省全面建设小康社会的关键时期。在这一时期，广东省的服务业“量”“质”齐升，在经济中的作用日益凸显。服务业的快速增长对推动产业结构优化、转变经济增长模式具有极其关键的作用。

1.服务业快速增长，现代服务业蓬勃发展。2006—2010年，广东省服务业增加值年均增长11.7%，对经济增长的年均贡献率达到40.6%，年均拉动地区生产总值增长5个百分点。到2010年，广东省服务业增加值占全省地区生产总值的45%，其中现代服务业增加值占服务业增加值的比重达到54.8%。在广东省地税收入中，服务业所占的比重稳定在65%以上。深圳成为继广州之后广东省第二个服务业占比超过50%的城市，展示出广东省现代服务业蓬勃发展的态势。

2.服务业就业人员增加，就业贡献日益显现。2006—2010年，广东省服务业提供了大量的就业岗位，新增就业人员457.1万人，占全部新增就业人员的62.7%。2010年，全省服务业就业人员达到1954.02万人，占全部就业人员的30%左右，相比2005年有所提高。服务业成为吸纳城乡居民就业的主要渠道。

3.投资力度持续加大，服务业发展水平得到有力提升。2006—2010年，广东省累计完成服务业固定资产投资37409.22亿元，占全省固定资产投资总额的64.1%，年均增长20.2%，比全省固定资产投资年均增长高2.6个百分点。广州珠江新城金融商务区、广东金融高新技术服务区、广东工业设计城等一批项目初步建成并正式启用。广东省现代服务业100强项目经过遴选产生并开工建设，现代服务业发展水平得到有力提升。

4.经贸合作取得新进展，对外开放水平持续提升。2006—2010年，广东省服务业累计新签外商直接投资项目18260个，累计实际使用外资324.52亿美元，占全省实际使用外资总额的35.8%，相比“十五”时期提高了12.4个百分点，年均增长率达25.4%。粤港澳服务业合作加速推进，众多合作规划如《横琴总体发展规划》获得国务院批准。粤港、粤澳之间的合作框架协议签署，进一步明确了三地服务业合作的重点领域。自CEPA实施以来，三地在服务业方面的合作取得新进展。累计新批港澳到粤投资服务业项目16821个，合同利用外资474.27亿美元，实际使用外资232.01亿美元，分别占港澳全部投资的45.0%、40.8%、36.5%。在粤台合作方面，也取得新进展，东莞和汕头成为粤台金融合作试点区。与东盟合作日益紧密，中新广州知识城的设立标志着广州在区域经贸合作中取得重要成果。广州、深圳已列入跨国公司在中国设立总部或分支机构的首选城市范围。

5.体制改革成效显著，服务业发展环境不断优化。根据《珠江三角洲地区改革发展规划纲要（2008—2020年）》，广东省在CEPA框架下积极推进服务业对港澳的开放政策，并在全国范围内率先进行了试点。广东省着力推动金融改革创新综合试验区和全国旅游综合改革示范区的建设。广州和深圳成为国家服务业综合改革试点城市。广东省积极推进文化体制改革，成立了多个文化传媒企业集团。为了优化服务业发展环境，广东省清理并削减了一系列不利于服务业发展的行政法规和审批事项，简化了外商投资服务业的审批程序。这些措施进一步改善了广东省服务业的发展环境。

三、2011—2020年：乘风破浪，奋力前行

2011—2020年，广东省进入了快速增长和发展阶段。广东省服务业不仅在规模上实现了跨越式增长，更在质量和效益上取得了显著提升。

（一）2011—2015年（“十二五”时期）

广东省在“十二五”时期加快转型升级、建设幸福广东，将推动服务业大发展作为重要战略举措。服务业在广东省的发展备受重视，广东省着力优化服务业投资环境，积极推动服务业综合改革试点。这一努力使得服务业规模不断壮大、产业结构持续优化、载体建设取得显著进展、发展环境逐步改善。服务业在经济社会发展中的地位和作用日益提升，有力地推动了产业转型和消费升级，为服务业进一步加快发展打下了良好的基础。

1.服务业对经济拉动作用显著。2011—2015年，广东省地区生产总值增长显著，2015年达到7.28万亿元，占全国总量的10.8%，五年年均增长率为8.5%。人均地区生产总值超过1万美元，达到中高收入国家的平均水平。服务业的快速发展使其成为广东省第一大产业，2010—2015年，广东省服务业增加值增长至36853.47亿元，增长率达到76.9%，年均增速为12%，超过第二产业4个百分点。服务业在广东省地区生产总值中的占比在2013年首次超过第二产业，对经济增长的贡献率高达55.9%，拉动经济增长4.5个百分点，成为推动经济增长的主要动力。2015年，广东省现代服务业增加值占服务业增加值的比重超过50%，显示出现代服务业在整个服务业中的主导地位。2011—2015年，广东省规模以上服务业企业总资产年均增长超过21%，到2015年达到7.42万亿元。税收方面，营业税及附加和应缴增值税的年均增速约为16%。服务业就业人数占全省就业人数的比重也有所提升，从2010年的30%左右增长至2015年的40%左右，反映出产业结构初步向以服务经济为主的方向转变。

2.现代服务业发展质量迅速提高。2011—2015年，广东省现代服务业增长显著，涵盖了信息服务、电子商务、金融、物流、旅游、健康服务、文化创意等多个领域。以互联网为核心的信息服务业迅速发展，推动了一系列新兴

业态的发展，例如网络购物、网上支付、跨境电商、网络广告、在线租车、在线教育和在线旅游等。2015年，广东省限额以上批发零售业通过公共网络实现商品零售额为820亿元，同比增长52.9%；全省跨境电子商务进出口总额达167.3亿元，在全国位居第一；规模以上互联网及相关服务业、软件和信息技术服务业的营业收入分别增长24.1%、18.1%，呈现出良好的增长态势。

3.现代服务业集聚区规模效应显著。为了促进服务业更好发展，广东省利用中心城市、自由贸易试验区和先进制造业基地等资源，成功打造70个省级现代服务业集聚区。这些集聚区以显著的规模效应为特点，成为提升城市功能和优化产业结构的重要载体。在这些集聚区中，广州珠江新城中央商务区、中新广州知识城、广东金融高新技术服务区、松山湖等作为代表，充分体现出集聚区的规模效应，初步实现高端要素的集聚。特别是在2015年，广东自贸试验区地区生产总值增长了40%，全年新设企业超过5.6万家，逐步形成了现代产业新高地和经济增长新极点。

4.服务业改革创新成效显著。2011—2015年，广东省出台了一系列政策措施，以促进服务业的发展，这些政策措施包括《关于进一步促进服务业投资发展的若干意见》《关于加快发展生产性服务业的若干意见》，以及针对旅游业、服务外包、工业设计、广告、云计算、社会养老服务、电子商务、家庭服务、科技服务等具体行业的政策措施。这些政策措施进一步推动了行政审批体制改革，取消和下放了一系列省级行政审批事项，减少了前置审批事项，有效降低了服务业市场准入门槛，为服务业快速发展创造了良好的环境。在粤港澳服务贸易自由化方面，广东省率先基本实现了自由化目标。广东省对港澳开放的服务业类别达到153个，开放率高达95.6%。这一成就标志着广东省在服务贸易自由化方面取得了显著进展，为区域经济合作提供了有力支持。

（二）2016—2020年（“十三五”时期）

在“十三五”时期，广东省深入贯彻落实党中央、国务院决策部署，以创新为驱动力，推动服务业供给侧结构性改革，发展服务业新业态和新模式，培育适应信息经济和创新发展要求的现代服务业体系。这一时期，广东省服务业展现出强劲的发展势头，产业规模不断扩大，结构布局日益优化。改革取得丰硕成果，发展实力显著增强，有效推动全省经济社会的平稳快速发展，为决胜全面建成小康社会提供了坚实的基础。

1.总量规模持续壮大，发展贡献日益增强。在“十三五”时期，广东省服务业增加值由2015年的36853.47亿元增长到2020年的62550.84亿元，年均增长11.2%。广东省服务业增加值继续保持全国第一位。2020年广东省服务业就业人数为3746万人，占全省就业人数的53.2%，比2015年提升9.1个百分点。服务业劳动生产率持续攀升，2020年约为16.70万元/（人·年），比2015年提高28.38%。2016—2020年，服务业对经济增长的年均贡献率为60.92%，对经济增长的年均拉动率为6.04%。

2.产业结构更趋优化，发展质量持续提升。在“十三五”时期，广东省积极推动服务业结构的调整和转型升级，使产业链和价值链进一步向高端攀升，现代化产业体系初步形成。2020年，广东省三次产业比重调整为4.3：39.2：56.5，现代服务业增加值达40492.33亿元，占地区生产总值的比重达36.56%，对地区生产总值的贡献率高达73.2%，创下近年来新高。现代服务业发展较快，特别是现代物流业、电子商务业和健康服务业，以及跨境电商和市场采购贸易等新业态和新模式，在这一时期实现了快速发展。广东省金融业也表现强劲，2020年增加值达9906.99亿元，五年年均增长率为10.1%。广东省服务业规模持续壮大，现代服务业发展继续加快，服务业内部结构更加优化，对经济社会发展的支撑作用进一步增强。2020年广东省现代服务业增加值占服务业增加值的比重达64.74%，较2015年有所提升。这一比例的提升不仅体现了现代服务业在整个服务业中的主导地位，也反映了新兴现代服务产业的快速发展。广东省基本形成高效专业的生产性服务体系和优质全覆盖的生活性服务体系。

3.改革创新取得进展，发展活力加速释放。广东省在创新驱动发展方面取得显著成就，区域创新综合能力连续四年居全国首位。2015—2020年，全省研发经费支出从1800亿元增长至3200亿元，占地区生产总值的比重也由2.41%提升至2.90%。有效发明专利量和PCT（专利合作条约）国际专利申请量均保持全国领先地位，对科技进步的贡献率达到60%，为现代服务业发展提供了坚实的创新支撑。广东省改革开放深入推进，广东自贸试验区累计形成527项制度创新成果，实现国际贸易“单一窗口”全覆盖，促进跨境电商、市场采购贸易等新业态快速发展，进一步推动了服务业的开放和国际合作。在数字经济发展方面，广东省5G基站数累计超过12万座，位居全国第一。5G产业服务链初步形成，5G产业和数字经济的规模均居全国首位，为现代服务业的发展提供了有力支持。

4.公共服务水平不断提升，城乡更好协调发展。随着城乡区域基础设施互联互通和基本公共服务均等化水平的不断提升，现代服务业有效推动城乡区域协调发展，提高了城镇化率和居民生活水平。2020年广东省常住人口城镇化率达到74.2%，相比五年前有所增长，累计1243.32万常住人口在城镇落户。城乡居民收入差距不断缩小，城乡居民人均可支配收入比由2015年的2.6降至2020年的2.5，城乡居民人均消费支出比也从2.3降至2.0，与此同时，城乡社会消费品零售总额比从8.4降至8.3。

5.人民生活质量持续提高，社会服务成效显著。2020年，广东省社会消费品零售总额超过4万亿元；居民人均可支配收入达4.1万元，五年年均实际增长5.5%。城镇新增就业人数累计突破700万人，养老和医疗保险基本实现全覆盖。教育资源得到进一步普及，教育强镇、强县、强市实现全覆盖，公办幼儿园和普惠性民办幼儿园在园幼儿比例提高至86%。医疗服务方面，高水平医院和分级诊疗体系、医联体建设取得积极进展。生态环境质量持续改善，2020年全省地表水达到或好于III类水体的比例达87.3%，空气质量优良天数的比例达92.7%，珠三角地区9市全部建成国家森林城市。

四、2021年至今：永无止境，铿锵向前

“十四五”时期，广东省奋力在全面建设社会主义现代化国家新征程中走在全国前列，创造新的辉煌。

（一）现代服务业成为广东省推动经济增长的主动力

自2021年以来，广东省经济继续保持较快发展，2023年广东省地区生产总值达到13.57万亿元，同比增长4.8%，连续35年居全国第一。2023年广东省人均地区生产总值达10.7万元，折合1.52万美元，广东省已经跨入高收入经济体行列。

服务业随着经济的快速发展而不断壮大，服务业增加值从2020年的62550.84亿元增加到2023年的75695.21亿元，按可比价格计算年均增长4.42%，人均服务业增加值从2020年的49549元提升到2023年的59574元。

现代服务业保持较快增长，对经济贡献作用增强。2020年以来，在传统服务业保持平稳增长的同时，现代服务业继续保持稳定增长，有力地支撑了服务业的稳步发展。广东省现代服务业总量快速提升，现代服务业增加值由2020年的40492.33亿元增至2023年的49190.74亿元，年均增长6.7%。随着现代服务业规模总量逐步扩张，所占经济份额提升，其对广东省经济社会的贡献作用也在增强。

从服务业增加值占地区生产总值的比重发展过程看，从2010年开始，服务业一直保持着较快增长，占地区生产总值的比重攀升到55%左右后一直保持到现在。2020年广东省现代服务业增加值占地区生产总值的比重为36.56%，占服务业增加值的比重为64.74%，到2023年两者比重分别达到36.26%和64.99%，两者比重保持稳定，如图2–4所示。

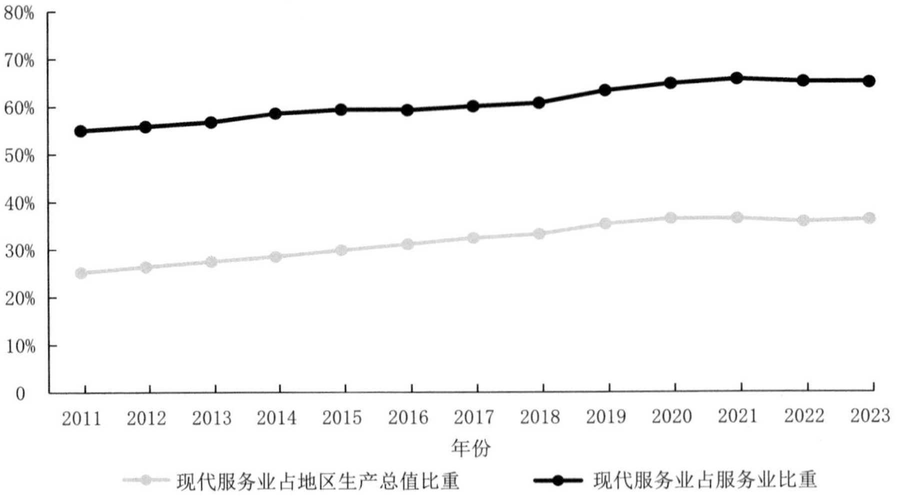

图2-4　2011—2023年广东省现代服务业比重

近年来，广东省服务业对经济增长的推动力不断增强，成为经济增长的稳定因素。尽管2020年受到新冠疫情的冲击，聚集性和接触性服务业受到较大影响，但广东省服务业对经济增长的年均贡献率仍然稳居三次产业之首。此后，在抗击新冠疫情的过程中，广东省服务业展现出强大的发展韧性，2023年对地区生产总值的贡献率进一步增长至55.6%，为广东省经济持续稳定恢复提供了重要支持。

服务业的快速发展显著提高了整体劳动生产率，有效促进了经济增长。2022年，广东省三次产业劳动生产率分别达7.4万元/（人·年）、20.94万元/（人·年）、19.39万元/（人·年），三次产业劳动生产率之比（以第一产业为1）为1：2.83：2.62，第三产业劳动生产率与第二产业相近。产业结构向第三产业和第二产业的调整有利于整体经济增长速度的提高。

（二）现代服务业成为广东省吸纳就业的主渠道

近年来，随着经济步入新常态，广东省经济发展迈入“量”“质”齐升的阶段，而服务业的较快发展，吸纳了大量剩余劳动力，使得整个广东省的就业水平能够保持稳定，为推进转型升级提供了空间。2020—2022年，广东省服务业就业人员从3746万人减少至3658万人。与此同时，广东省就业结构从2020年的10.9：35.9：53.2演变为2022年的10.5：36.6：53.0，基本保持稳定。

随着广东省工业化、城镇化水平的不断提高，服务业就业人员规模快速扩张，服务业逐渐成为吸纳就业的主导产业，2020—2022年服务业吸纳就业人员88万人。

（三）现代服务业成为广东省着力扩大投资的平台

广东省加快推动调结构、转方式、促升级各项政策措施落实，三次产业投资布局更趋优化，服务业投资和利用外资需求逐步加大，吸引投资的能力进一步提升，固定资产投资额稳步提升。同时，服务业对外招商引资力度逐渐加大，实际使用外资金额不断攀升，为广东省现代服务业发展发挥了重要的推动作用。

从服务业固定资产投资增速来看，“十四五”时期由于受到疫情等多种因素的影响，广东省服务业固定资产投资增速放缓并下降，2021—2023年服务业平均增速为-3.33%。分行业来看，下降较多的主要是受房地产宏观调控和疫情影响较大的行业，如金融业、住宿和餐饮业、房地产业、批发和零售业等行业。科学研究和技术服务业、租赁和商务服务业、卫生和社会工作以及教育行业在2021—2023年的平均增速较快，分别为16.43%、10.13%、9.40%、8.00%，如表2-2所示。

表2-2　2021—2023年广东省服务业分行业固定资产投资增速

行业	2023年同比增速	2022年同比增速	2021年同比增速	2021—2023年平均增速
批发和零售业	-7.00%	6.40%	-4.10%	-1.57%
交通运输、仓储和邮政业	-2.70%	-0.60%	4.50%	0.40%
住宿和餐饮业	-19.80%	-21.30%	33.00%	-2.70%
信息传输、软件和信息技术服务业	-2.40%	3.30%	5.00%	1.97%

续表

行业	2023年 同比增速	2022年 同比增速	2021年 同比增速	2021—2023年 平均增速
金融业	-21.10%	2.70%	-5.10%	-7.83%
房地产业	-9.60%	-13.40%	3.90%	-6.37%
租赁和商务服务业	19.90%	-5.50%	16.00%	10.13%
科学研究和技术服务业	-3.40%	11.30%	41.40%	16.43%
水利、环境和公共设施管理业	0.10%	7.50%	-17.50%	-3.30%
居民服务、修理和其他服务业	1.50%	19.90%	-10.50%	3.63%
教育	-0.30%	-14.00%	38.30%	8.00%
卫生和社会工作	-6.20%	29.40%	5.00%	9.40%
文化、体育和娱乐业	16.30%	-10.40%	-3.60%	0.77%
公共管理、社会保障和社会组织	5.80%	23.90%	-19.60%	3.37%

随着外资准入负面清单的持续缩减，自由贸易试验区建设和服务业扩大开放综合试点的深入推进，服务业成为吸收外商投资的热点领域。从服务业实际使用外资金额来看，进入“十四五”时期，由于受到疫情、房地产宏观调控等多种因素叠加国际环境变化的影响，广东省服务业实际使用外资金额以及全部实际使用外资金额双双下降。广东省服务业实际使用外资金额在2021年达到最高的1494.06亿元后，逐年下降到2023年的1064.09亿元，其占全部实际使用外资金额的比重也由2021年的81.2%下降到2023年的66.9%。分行业看，2021—2023年累计实际使用外资金额较高的服务业行业分别是租赁和商务服务业，房地产业，信息传输、软件和信息技术服务业，以及科学研究和技术服务业，分别为1269.57亿元、675.10亿元、617.32亿元、394.51亿

元[①]。这4个服务业行业在此期间累计实际使用外资金额占同期服务业实际使用外资金额的比重超过76%，占同期全部实际使用外资金额的比重超过56%。2016—2023年广东省服务业实际使用外资金额相关数据如图2-5。

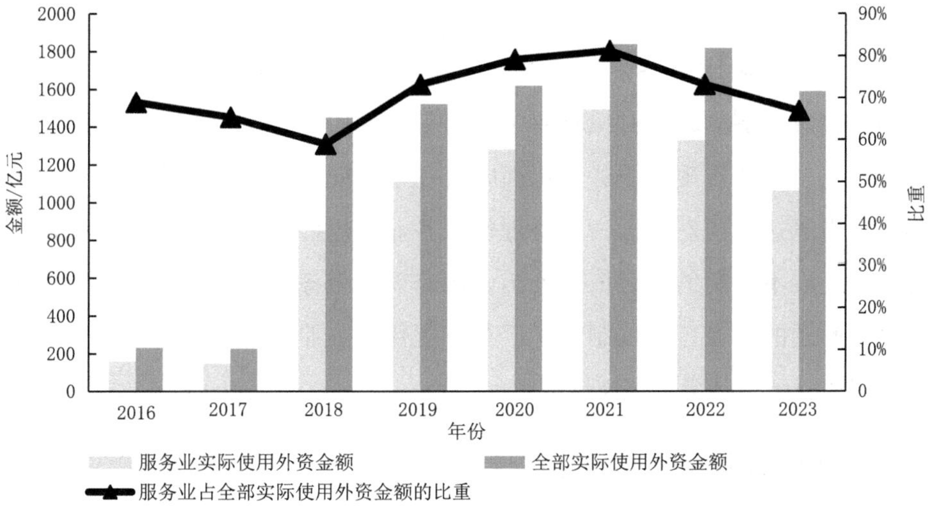

图2-5　2016—2023年广东省服务业实际使用外资金额相关数据

（四）现代服务业成为广东省扩大对外开放的着力点

随着建设粤港澳大湾区、支持深圳建设中国特色社会主义先行示范区以及推进横琴、前海、南沙三大平台建设等重大战略的实施，广东省服务业对外开放程度显著提高，服务贸易规模不断扩大，服务贸易的发展质量和效益不断提升。2020—2022年，广东省服务贸易进出口总额由1235亿美元提高到1585亿美元，增长28.34%。2022年，广东省服务贸易进出口总额占全国服务贸易进出口总额的比重达17.8%。在CEPA框架下，广东省继续加大对香港和澳门服务业的开放力度，推动粤港澳三地人员、货物、资金数据等资源要素高效流动，粤港澳大湾区服务贸易一体化水平和服务能级不断提升。

① 由于科学研究和技术服务业2023年实际使用外资金额尚未公布（截至完稿时），394.51亿元是2021—2022年的累计金额。

第三节　广东省现代服务业发展存在的问题

广东省作为中国经济发展的前沿阵地，其现代服务业的蓬勃发展对于地区乃至国家经济的转型升级具有举足轻重的作用。然而，在迈向高质量发展的道路上，广东省现代服务业仍面临着一系列问题。一是现代服务业的增量和占比尚未达到预期目标，二是现代服务业的内部结构尚未实现最优化，三是区域发展不平衡的问题依然突出，四是现代服务业企业的核心竞争力不强。这些问题的存在，不仅制约了广东省现代服务业的进一步发展，也影响了广东省经济转型升级的整体进程。

一、现代服务业的增量和占比不足

在评估经济发展水平时，服务业至关重要。在先进经济体中，服务业通常占主导地位，这可以通过服务业占同期GDP的比重、服务业就业比例、服务业对经济增长的贡献率以及生产性服务业占服务业的比重来衡量。通常当这些比例达到“四个70%”的标准时，就标志着经济进入服务化或后工业化阶段。

广东省作为中国的经济大省，其服务业发展呈现出独特的双重特点：一是传统服务业过度发展，主要集中在低技能劳动密集型行业；二是现代服务业尚未充分发展，特别是那些存在垄断属性的资本、技术密集型行业。2022年数据显示，广东省只有广州和深圳的服务业占地区生产总值的比重超过60%，并且只有广州的服务业占地区生产总值的比重超过70%。

高质量的产业发展要求产业结构的高级化，特别是高度运用数字信息技术的现代服务业在整个经济中所占的比重需要提高。根据2022年广东省服务业增加值的数据，广东省现代服务业增加值占服务业增加值的比重达到65%，而广东省的三次产业比重分别为4.1%、40.9%、55%。相比之下，2022年，北京市的第三产业比重为83.86%，上海市的第三产业比重为74.12%。从这些数据可以看出，广东省在服务业特别是现代服务业的发展上仍有较大的提升空间。

二、现代服务业的内部结构不够优化

广东省现代服务业在整体规模上呈现出快速增长的趋势，特别是在信息技术、金融服务、商业租赁等行业的发展引人注目。然而，从内部结构来看，存在明显的不平衡。生产性服务业与消费性服务业之间的结构失衡，以及高端生产性服务业的发展薄弱，制约了产业链的完善和城市服务水平的提升。

广东省服务业的就业结构也显示出不平衡，劳动密集型服务行业占比过高，这与广东省服务业的产业结构和广东省人力资源状况密切相关。现代服务业在生产性服务业中的发展相对滞后。与发达国家相比，广东省现代服务业在产业比重上还有一定的差距。

为了促进广东省现代服务业的发展，尤其是高端服务业的发展，提高其在经济中的中间产品投入效率，首先要加快发展生产性服务业。这是广东省实现经济跨越式发展与产业结构转型升级的关键。缺乏高层次的高端服务业人才是广东省服务业发展的另一个瓶颈。金融、信息技术、科学研究和技术服务等领域对专业人才的需求高，而广东省在这方面存在短缺。

三、现代服务业区域发展不平衡

在广东省经济发展中，现代服务业作为一个重要的增长点，其发展水平和区域分布的均衡性对整个省域经济的协调发展具有重要影响。广东省在推动服务业高质量发展方面取得了显著成效，但区域发展不平衡的问题依然突出，特别是珠三角地区与粤东粤西粤北地区之间的发展差距问题依然突出。

广东省在促进服务业发展方面已经作出了一系列努力。例如，广东省人民政府发布了《广东省推动服务贸易高质量发展行动计划（2021—2025年）》，旨在通过优化服务贸易结构、深化服务业对外开放等措施，推动服务业的均衡发展。此外，广东省还积极参与共建“一带一路”，推动新一轮产业有序转移，以及实施“百县千镇万村高质量发展工程”，旨在发展壮大县域经济，推进新型城镇化，强化乡镇联城带村节点功能。然而，尽管有这些政策措施支持，区域发展不平衡的问题仍然存在。从地理区位的分布来看，珠三角地区经济较发达，而省内其他地区在经济总量和社会发展水平上与珠三角地区存在巨大差异。

2022年，珠三角地区的服务业增加值占全省的比重高达83.75%，而东翼、西翼和北部山区的占比加起来也仅为16.25%。这一差异不仅体现在服务业增加值的绝对量上，也体现在人均现代服务业增加值上。这表明珠三角地区的服务业发展水平远高于省内其他地区。这种不平衡不仅影响了区域经济的整体竞争力，也制约了广东省经济的可持续发展。

四、现代服务业企业核心竞争力不够强

广东省作为中国经济的重要引擎，其服务业的发展对整个省乃至国家的经济增长具有重要影响。然而，近年来的情况表明，尽管广东省现代服务业在规模上不断扩大，但在核心竞争力、企业规模、人才素质和创新能力等方面还存在一定的短板。这些问题不仅限制了现代服务业的整体发展，也影响了广东省在全国乃至全球经济中的竞争力。

1.现代服务业企业的核心竞争力不足。广东省现代服务业企业在核心竞争力建设上有所欠缺，业内标杆企业、领军企业较少，在市场中的竞争力和影响力有待加强。本地企业的发展尚显不足，对行业的引领作用不够，这限制了行业内的协同发展和创新发展。

2.高层次人才短缺。广东省在现代服务行业，如金融服务、数据通信、软件开发、科技研发和技术咨询等领域，迫切需要更多高素质人才。现代服务业从业者的技能水平有待提高，许多人仅能从事基础技术性工作。此外，现代服务业人才供给和需求结构匹配度有待提高，传统服务业人才比例偏高，而现代服务业的专业人才相对较少，比例较低。

3.科技创新能力有待提升。广东省在科技创新方面虽有所进步，但仍存在一些不足。尤其是科技金融和高等教育资源建设未能完全跟上经济发展的

步伐。前沿技术企业数量有限，且主要集中在深圳，尚未形成有效的区域辐射效应。广东省需要进一步推动作为现代服务业关键驱动力的人工智能的发展，缩小与京津冀地区和长三角地区在该领域的差距。

4.数字化转型有待加强。虽然许多企业已积极投入数字化转型，但现代服务业在信息化和数字化技术应用方面仍存在明显的不平衡现象，整体水平尚未达到理想状态。一些领先的服务业企业已取得显著的数字化转型成果，但大多数企业仍面临转型的困惑和挑战，水平参差不齐。深入分析后发现，企业间数字信息交流和共享不足是阻碍服务业数字化转型深入发展的主要原因。一是数据孤岛现象普遍。不同企业、不同部门之间存在数据孤岛现象。由于数据标准和格式不统一，以及对数据安全和隐私保护的考虑，企业间的数据共享和交流变得困难重重，这导致了信息资源的浪费和决策效率的降低。二是利益分配机制不明确。在数字化转型过程中，数据已成为重要的生产要素和资产。然而，如何合理分配数据带来的利益，目前尚缺乏明确的规则和机制，这使得企业在数据共享方面缺乏动力。

5.新型服务业的有效指导与市场监管不足。由于现代服务业的特性包括无形性、多样性及不可存储性，管理这一领域的新商业模式和新业态呈现出高度的复杂性。目前，广东省缺乏专门的管理机构来制定标准和进行有效监管。市场对新兴服务行业的具体指导不明确，它主要依靠自身调整，这导致服务行业的新模式和新业态的发展不够清晰和明确，对于行业中的创新型企业和市场新进入者的发展构成障碍。

当前广东省现代服务业发展面临多重困难挑战交织叠加的局面，但也不乏机遇。在加快构建新发展格局和建设现代化经济体系过程中，广东省现代服务业发展将面临新的机遇。第一，新一轮科技革命和产业变革突飞猛进。新一轮科技革命和产业变革进入群体迸发阶段，促进了产业的深度融合，加速了服务内容、业态和商业模式创新，知识密集型服务业比重快速提升。先进技术的突破和应用正在为广东省服务业注入活力，开辟新的发展领域。第二，服务业的投资和贸易全球化为服务业的发展提供了更广阔的空间，使其成为国际产业投资的热点。随着中国经济增长方式的转变，全面深化改革、全方位开放以及法治国家建设，都有助于释放服务业新的动力和活力。居民收入持续提高和消费升级也为服务业的发展带来了广阔的市场需求。第三，国家战略的实施，如“一带一路”建设、粤港澳大湾区建设、深圳综合改革试点、前海建设，以及《区域全面经济伙伴关系协定》（RCEP）的签署，为广东省服务业深度参与全球合作提供了重要机遇，为广东省服务业发展带来更多的制度红利。第四，我国经济稳中向好、长期向好的趋势没有改变，新发展格局的加快形成，预示着内需潜力的充分激发，这将为广东省服务业发展提供强大的内生动力。

第三章
国内外现代服务业发展经验

现代服务业是以现代科学技术特别是信息网络技术为主要支撑，建立在新的商业模式、服务方式和管理方法基础上的服务产业，分为生产性服务业、流通性服务业和消费性服务业三大类。现代服务业在西方发达国家已经成为经济的重要主导力量，提供了大量的就业岗位。现代服务业作为我国经济社会发展的重要组成部分，融通千行百业、牵系千家万户，是经济高质量发展的重要保障，是深化供给侧结构性改革的重要内容，也是经济发展新动能的孵化器。推动现代服务业高质量发展是释放经济增长潜力的重要抓手，更是构建新发展格局的关键力量，有利于加快产业转型升级，提升就业率、促进经济社会协调发展。目前，伦敦、纽约等世界上一些发达城市的服务业增加值占地区生产总值的比重早已超过七成，上海、北京刚达到七成。美国、日本等已经实现以服务业为主导的经济形态，北京、上海、杭州等国内先进城市在现代服务业发展方面也积累了一定的经验。通过对国内外现代服务业发展模式以及经验的梳理分析，能够为广东省现代服务业的发展提供方向指引。

第一节　国外现代服务业发展经验

一、美国：以产业集聚形式促进现代服务业的发展

自20世纪80年代以来，美国现代服务业集群发展的趋势日益明显，并以

中心城市为核心形成多个现代服务业集聚区，集聚了金融、科技中介服务、创意产业等现代服务业。美国现代服务业更是走出了重点发展金融、法律、咨询等现代服务业的纽约模式，以及服务与科技融合创新的“斯坦福+硅谷”模式。美国金融、会计、科学技术研发等生产性服务业的集聚发展，对于其制造业在国际价值链上的高端占位具有重要意义。

一是强化生产性服务业的主导地位，引导产业集聚发展。纽约在发展高新技术产业的同时，注重生产性服务业的主导地位，采取了一系列措施，发展金融、商务服务、文化等现代服务行业。2000年以来，纽约陆续推出两轮四个版本的城市总体规划，推动服务业集群分布。纽约市政府注重结合不同地区的资源禀赋，打造差异化的服务业功能区。例如，曼哈顿下城区侧重发展金融等知识密集型服务业集群，布鲁克林区则侧重发展以批发零售等为主的中低端生产性服务业集聚区。纽约市政府还出台了一系列财税政策支持服务业的集聚发展。例如，对曼哈顿地区符合条件的商务楼宇，给予房地产税和商业租税的减免优惠，并对曼哈顿地区的商业企业和高技术企业实行减征房地产税政策。目前，作对全球金融中心，纽约曼哈顿以金融商务服务业为主导产业的发展模式是现代服务业集群发展的典范，集聚了纽约证券交易所、纽约联邦储备银行等多家国际金融巨头总部。纽约曼哈顿形成了以一个或多个行业领域的核心企业为主导，行业细分领域的其他企业围绕核心企业、围绕价值链上下游及水平方向开展多方位合作的“轮轴式”集聚模式。另外，完善的基础设施为现代服务业的集聚提供了硬支撑。纽约市政府通过制定曼哈顿南部规划，加大对硬件和娱乐文化等设施的建设力度，吸引了大量投资者集聚。总体而言，现代服务业特别是金融业的集聚，为曼哈顿地区其他关联产业的发展提供了金融支持，关联产业的发展又促进了金融业等现代服务业的发展，产业间的良性循环互促使得现代服务业的集聚更加明显。

二是以生产性服务业集聚助力高新技术产业发展。美国的服务业特别是信息技术服务业发展迅速。美国硅谷是全球知名的高科技产业集聚地，被奉为“创新圣地”，孕育了有利于高新技术产业发展的创新生态系统，为高新技术产业研究开发、生产、销售提供各种配套的生产性服务业不断地在硅谷聚集，有力地支撑了美国硅谷高新技术产业集群的发展。美国硅谷的经验主要包括以下几点：首先，硅谷拥有斯坦福大学、加利福尼亚大学伯克利分校、圣塔克拉拉大学及相关研究机构，汇聚的科研机构与高等教育学府为高科技创新活动提供了源源不断的智力和人才支撑。其中，斯坦福大学通过与硅谷产业界开展项目合作，为高新技术产业创新提供了技术和智力支持。其次，硅谷畅通的人才流动机制，吸引了世界各国一流的科技创新人才汇聚。硅谷拥有覆盖企业全生命周期各个阶段的人力资源库，且人才动态流动是硅谷生态网络的优势之一。例如，人才在硅谷与周边科研机构、高等院校之间可以充分流动，斯坦福大学允许学校的研究人员到硅谷的公司兼职，研究人员可以有1～2年的时间离岗创业。最后，硅谷集聚了大量的商业银行等金融机构，以及律师事务所、会计师事务所、行业协会等各种配套专业服务机构，为高新技术产业发展提供了服务支撑。硅谷是美国风险投资活动的中心，斯坦福大学附近的沙丘大街更是汇聚了200多家风险投资机构。风险投资机构与在硅谷集聚的为高新技术企业服务的商业银行互为补充，为硅谷高新技术企业的成长提供了重要的资金保障。例如，为服务本土而诞生的硅谷银行就将服务重点聚焦于技术型和成长型企业，包括为技术型企业提供专利、工艺等无形资产的融资便利服务等。

三是重点发展具有高附加值的高端服务业总部经济。纽约主要通过发展金融、科创、文创等高附加值产业，并充分发挥高盛、Google等龙头企业作用，形成以高端服务业为主导的尖峰产业集聚地。同时，一些包括企业后台管理系统、金融后台服务、金融外包服务等在内的与金融相关联的下游生产性服务业细分领域则在纽约城市外围聚集。纽约周边的城市更是依托纽约强大的现代服务配套，结合自身实际培育了纳米技术、半导体开发、生物医药等产业分工集群，例如享誉全球的哈德逊河“科技谷”、康涅狄格金融镇等产业集聚地。另外，通过建设总部经济、全球资产管理中心等世界平台，提升全球资源配置功能。纽约通过提升国际金融交易服务能力，使纽约八成以上的金融服务业集聚在曼哈顿地区，纽约华尔街更是控制了全球40%的金融资产。纽约发布的《共同的纽约2050：建设强大且公平的城市》提出，要注重引导新一代数字技术、社交网络、智能手机及移动应用软件领域的创业者将新一代技术与金融、文化创意等传统优势现代服务领域相结合，积蓄现代服务业新动能。值得注意的是，全球性金融机构的集聚、非金融性跨国公司总部的集聚，使纽约产生了海量的金融交易数据以及其他各类信息，这些有价值的信息使得纽约成为全球信息供给中心。

二、英国：推动服务业高端化发展

作为世界经济强国，作为一个重要的全球商业中心，英国从一个拥有广泛殖民地的强大国家逐渐转变为一个以现代服务业为主导，注重技术创新驱动和产业高端化发展的国家。2023年，现代服务业是英国最主要的经济支柱，英国服务业就业人口占全国就业总人口的比重为77.5%，服务业总产值占国内生产总值的比重高达63%。

一是以金融带动其他服务业发展。英国在金融服务业领域享誉世界，金融服务业的强大为英国经济作出了巨大的贡献。其中伦敦集聚了国际知名的金融机构、国际保险总部，如世界最大的证券交易所之一——伦敦证券交易所。英国政府对金融系统改革的不断深化为金融业的繁荣发展奠定了重要基础，两次金融改革营造的开放的竞争环境和构建的良好的监管体系对吸引国际投资者和公司具有重要意义。第一次金融改革对内放松管制，对外开放金融服务业，把国内金融机构推向混业竞争，同时引入了国外金融机构，形成了有利于金融业发展的开放竞争的市场环境，恢复了金融市场活力。第一次金融改革后，很多国际金融机构进入英国金融市场，传统的金融监管体制缺陷逐渐暴露，不利于金融效率的提升。于是，英国政府在金融监管方面成立了英国金融服务监管局。为将分散的金融监管职能收拢到英国金融服务监管局，英国政府还出台了《2000年金融服务与市场法》，统一了监管标准，提升了金融监管效率。同时，英国政府还分离了英格兰银行的金融监管职能。第二次金融改革通过成立统一监管机构，为金融业发展奠定了适度的监管基础。英国金融服务业的良好发展与其良好的工业基础、高度发达的服务业，以及显著的产业集聚效应联合推动息息相关。其中，伦敦金融服务业以城市中心为基础，依托伦敦郊区的新兴商务区现代服务配套，构建了多集群发展模式。这种发展模式突出城市中心对金融监管能力、服务配套水平、行政管理协调能力的高要求。另外，英国政府还采取了简化监管程序、鼓励金融创新、保护消费者权益等一系列措施发展金融业。

二是重点发展知识密集型服务业。知识密集型服务业是以知识和技术为主体创造附加值的服务，具有劳动投入素质优、附加值高、创新性强等特点。知识密集型服务业作为现代服务业价值链中最高端、最重要的部分，越来越成为一个国家或地区经济与就业增长的主要贡献者，并成为服务业竞争力的重要体现。当前，以金融服务、计算机和信息服务等为代表的知识密集型服务业总体产出水平占英国GDP的比重超过30%。英国高度发达的计算机和信息服务等高技术服务要素，大大降低了其制造业的生产成本，提高了生产效率。目前，英国金融保险、法律咨询、会计服务和管理咨询等已形成具有国际竞争力的品牌，大幅提升了现代服务业的竞争能力。为支持知识密集型服务业的发展，英国成立了专门的工作小组梳理了相关的法律法规体系，为知识密集型服务业发展过程中出现的知识产权和法律法规等问题的解决提供了重要方向指引，为知识密集型服务业的发展提供了有力的法律保障。知识密集型服务业的发展不仅为自身带来了经济效益，更重要的是对其他相关服务业领域起到了辐射带动作用。在知识密集型服务业的带动下，英国的酒店餐饮业、批发与零售业等劳动密集型服务业也得到了快速发展。另外，英国是世界上第一个将“创意产业”上升为国家战略的国家。英国为推动创意产业发展，还出台了一系列政策。

三是打造完善的营商环境。英国金融业非常发达，开放透明的市场环境、完善的法律体制机制、高度国际化的金融服务，均是外国金融机构选择在英国投资的重要因素。一方面，英国的法律法规体系对于服务业业务的开展具有重要意义。英国相关法律法规的制定和执行，充分考虑了企业的需求和利益，其法律法规体系以普通法为基础，即以判例法为主要依据，具有稳定、成熟、灵活的特点，为商务服务业的业务开展提供了良好的保障。英国拥有自由竞争的市场环境。英国非常重视市场的自由竞争。英国的法律严禁反竞争行为，英国竞争与市场管理局负责实施竞争法以及竞争监管。2023年，英国竞争与市场管理局发布了2023—2024年的年度计划，该局以促进市场竞争和打击不公平竞争行为为手段，为创新企业提供开放的市场准入，推动有竞争力、公平交易的企业持续创新并蓬勃发展。英国竞争政策的核心是反垄断和反垄断政策，且其反垄断政策是基于本国的竞争法规定的，严厉禁止企业占据市场垄断地位，特别是通过不正当行为进行垄断，并防止其他企业进入市场的垄断行为。另一方面，英国拥有优惠的税收政策和良好的信用制度。英国政府通过一系列的税收优惠政策包括大幅减免买房印花税、鼓励购买住房来推动房地产发展，将企业所得税从原来的19%减至12.5%来吸引企业投资。在吸引外资方面，为了更好地推动与全球的贸易和投资联系，英国很早就成立了英国贸易投资总署，并于2016年将其更名为国际贸易部，国际贸易部负责在世界寻找投资者。目前，国际贸易部在北京、上海、广州等中国一线城市均设有办事处。根据世界银行的统计，相较于欧洲其他国家，英国在公司注册方面更具优势。在英国，从注册公司到公司开展经营业务仅需13天（欧洲平均水平32天），且在英国注册公司，注册标准、注册资本门槛均比较低，手续也方便快捷。在支持中小企业创新方面，英国积极创造环境，支持私营部门创新，营造了让优秀研究人员和创新者能够自由创新的环境。英国政府通过实施多种鼓励企业研发的计划，如创新券计划，资助中小企业与科研机构开展合作，使企业获得必要的资源。

三、日本：以科技驱动服务业创新发展

日本作为世界排名靠前的经济体，在服务业和服务贸易发展方面处于领先地位。日本的工业化完成后，其服务经济发展趋势日益凸显，服务业在产业结构中的占比不断上升。日本现代服务业的发展，与政府政策支持、产业跨界融合以及开放的服务业环境息息相关。

一是产业融合发展模式。服务消费需求的多样化和品质化，以及国际需求环境的改变带来了产业跨界融合的需求，现代服务业与制造业的融合发展成为大势所趋。早在1996年，日本就提出了“六次产业”的概念，即通过

产业化、制造业服务化来推动不同产业之间的融合。日本通过一系列政策制度来推动现代服务业的发展，更专业的从业人员、日益规范的市场制度推动日本生产性服务业向更加专业化、现代化的方向发展。近年来，日本制造业企业不断向服务型制造延伸，部分制造业企业为抢占产业链“微笑曲线”两端，自发开展服务化转型；同时，一些服务业龙头企业发挥自身产业链顶端控制优势，建立了与自身发展领域相关的制造业工厂。2018年，日本政府在《制造业白皮书》中明确提出要在制造业领域灵活运用数字技术以获得新的附加价值。例如，日本富士通作为一家从设备制造商起步的电子产品生产企业，为了优化设备产品功能以及信息共享服务，首次推出向客户额外收费的服务类型产品——“PRO-POSE”服务体系。此后，富士通逐渐从专门提供电信设备产品的企业向服务提供商转型。另外，大数据、云计算、物联网等技术的广泛应用，推动日本的服务业逐渐走向数字化、网络化、外包化。

二是网络化的现代服务业集聚发展模式。东京作为国际大都市中的后起之秀，其中央商务区的发展模式采用了老中心区与多个新中心区分层次并进策略，以适应快速城镇化的发展需求。首先，城市发展模式为东京现代服务业集聚发展提供了广阔的空间。东京的每个区都有主导行业，即金融、批发、信息相关产业和专业服务产业，这些服务行业集聚已经成为东京大都市区城市功能转型和集群发展的重要特征，它们使东京的现代服务业集聚区呈现出多样化、多层次、网络化的结构特征。其次，以产品研发和技术创新为特色的生产性服务业集聚发展。在工业转移的背景下，东京出现了一批创新型中小企业，从而稳住了东京主导工业的发展态势。随着日本经济从“贸易立国”逐步向“技术立国”转变，东京“城市型”工业结构以新产品的试制开发、研究为重点，推动“批量生产型工厂”升级为“新产品研究开发型工厂”，使制造业逐步向服务业延伸，实现产业融合，这就是东京现代服务业集聚区形成的主要特点。最后，政府为金融服务业集群发展提供了重要支撑。政府为东京的城市发展制定了框架，将东京定位为全球金融和商务中心，并将东京及其附近地区改造成以知识和信息为基础的产品基地，东京湾地区建立了多个新技术试验区。同时，东京良好的信息技术基础设施为金融、保险、物流等服务业的发展提供了重要条件，从而促进现代服务业迅速发展。东京还吸引大量的科研机构聚集，尤其是那些与东京的发展策略和产品研发关系密切的科学、工程研究部门，为东京服务业集群的发展提供了人才储备。

三是政府的政策支持。日本为支持现代服务业发展采取了一系列措施。日本政府为推动相关高端服务业领域的发展，制定了总体战略并完善了相关行业的法律制度。例如，为推动电子信息产业发展，日本在1994—1996年的战略规划中，从硬件生产到基础设施建设，再到信息产业服务化都作了详尽的谋划。为应对人口老龄化，日本政府积极扶持银发产业，调整产业结构，有力地推动了现代服务业特别是医疗服务业的快速发展。日本政府还通过财政拨款和银行信贷等各种渠道为现代服务业的研发、员工培训和设施提升等方方面面提供了资金支持，同时还积极鼓励大型垄断财团带动中小企业、服务业企业发展，有力地促进了现代服务业的快速发展。在新冠疫情的冲击下，为帮助中小服务业企业渡过难关，日本政府聚焦中小服务业企业的业务维持、业务创新等方面，采用了短期解困与长期激励相结合的政策。短期补助性政策方面，日本政府通过为中小企业提供低息融资贷款，以及发放业务经营、房租、人员雇佣补助金等方式，帮助企业解决疫情导致的短期存在的经营难题。长期激励性政策方面，日本在提供短期补助性政策的基础上，运用财政政策引导制造业、服务业等领域的中小企业进行业务创新，提升生产效益，并引导企业转型升级，以适应本国产业结构变动趋势及全球经济演变规律，为企业长远发展奠定良好基础。例如：设立事业再构筑补助金事务局，专门负责实施“事业再构筑补助金”政策；设立IT导入支援事业局，负责执行“IT导入补助金”政策；等等。

▶ 专栏 日本多措并举激发银发经济潜力

1.设立专门的管理机构。20世纪80年代，厚生劳动省（日本负责医疗卫生和社会保障的部门）成立的“老龄产业室”密切关注老龄市场和老龄产业的发展，为日本养老产业从最初流行的大规模养老房地产发展至中档次的小规模、多功能养老机构奠定了基础。

2.优化保护老年消费者利益的法律体系。为了维护银发经济的市场环境，日本政府在法律上明确界定了金融机构提供老年人产品时的责任和义务。同时，对一些与银发经济相关联行业实施准入限制，厚生劳动省还对养老设施的配套以及护理人员的从业资格等建立了一套严格的审查监督机制。例如，1989年，日本首次开展了“社会福利士”“介护福利士”这两项资格考试。

3.挖掘银发经济消费市场潜力。通过老年津贴制度和延长就业来提高老年人的收入和生活品质；为老年人提供文化、旅游、住宅等服务；大力支持居家养老、机构养老、保健照护等服务发展。

四是开放的服务业发展环境。随着经济全球一体化的演进，跨国投资的不断增多，涉及多方经济利益的会计标准关系到企业的国际竞争力。日本政府为推动现代服务业发展，从20世纪90年代开始，就不断推进会计准则国际化，消除服务业相关的行业进入壁垒，努力与国际市场对接。日本发布的《会计准则理事会中期运营方针》明确了会计准则国际化的方针，自此，日本会计准则国际化趋势不断加快。同时，日本政府制定了新的公司法，降低了公司注册的门槛，进一步放宽了公司经营活动范围，提高了并购的灵活性。随后，日本会计准则理事会与国际会计准则理事会共同签署一项协议，宣布了实现会计准则趋同的方法。另外，日本政府放开了民营企业进入教育、医疗等公共服务领域的限制。在人员流动方面，对相关技术人员居留期限适当延长，积极对接国际互认信息处理技术人员资格等。日本还出台了一系列政策，放宽了外国人从事服务业的条件。例如，面对家政服务业从业者需求快速增长的问题，日本专门制定了外国人从事家政服务业的相关指导方针，对于从事家政服务业的外国人，支付与日本人同等或以上的报酬，雇佣单位必须为从业者提供住宿等。

第二节　国内现代服务业发展经验

一、上海：聚焦服务业开放创新发展

上海作为一座国际大都市，是中国的经济、金融、贸易、航运、科技创新中心。上海充分发挥全球资源集聚优势，已成为全球专业服务业最集聚、功能最完善、人才最丰富的城市之一。

一是培育与城市功能定位相契合的服务业态。上海依托张江高科技园区、闵行经济技术开发区等高能级总部企业，聚焦建设国际金融中心、国际贸易中心、国际航运中心等功能区。例如，以陆家嘴金融贸易区为核心推进金融企业集聚，助力建设国际金融中心；以虹桥商务区以及市中心区域的中央商务区构成商贸服务业的主要载体，为国际贸易中心建设打好现代服务基底。同时，以《上海市贯彻落实国家进一步扩大开放重大举措加快建立开放型经济新体制行动方案》为牵引，大幅放宽银行业、证券业及保险业外资市场准入、外资股比及业务范围限制。依托上海保险交易所、上海证券交易所、上海期货交易所和中国金融期货交易所等金融机构，加强全球资产管理中心建设，推动国际金融合作，以更大力度的开放合作提升上海国际金融中心的能级。

二是推动服务品牌化发展。通过建立一套完整的服务业品牌认证体系，对符合一定条件的服务机构进行品牌认证。经认证的服务机构可以获得政府的支持，进一步促进品牌的发展，让服务品牌推动服务业实现高质量发展。

成立上海品牌国际认证联盟，负责“上海品牌”建设的重要工作。携手国家权威认证机构，成立上海现代服务业标准创新发展中心。另外，完善服务标准，建立一系列服务业行业标准，建立健全服务行业标准体系。发布全国首个现代服务业团体标准编制指南性文件《上海现代服务业团体标准编制指南》。上海还通过标准化建设推动商贸流通提质增效，形成了一批典型经验。例如，上海黄浦区根据《标准体系表编制原则和要求》《服务业组织标准化工作指南》等标准要求，结合黄浦区实际，修订《商业零售、餐饮企业服务质量规范》区级标准，制定《餐饮企业经营管理规范》团体标准，制定《商业零售、餐饮企业首席服务质量官评价规范》区级标准，形成了黄浦区商贸流通标准体系，以标准化建设推动商贸流通高质量发展。上海还打响了“中国品牌日”“上海国际仲裁高峰论坛”“上海国际广告节”“上海知识产权国际论坛”“上海国际碳博会”等节展品牌。

三是推动高端专业服务业集聚发展。全球高端专业服务机构是全球资源配置的参与者和推动者，是提升城市全球资源配置能力的重要支撑。当前，全球服务商已经成为全球城市的“超级联系人”。集聚更多的全球服务商、培育更多的本土全球服务商，已经成为国际大都市竞争的热点，对城市综合实力的提升也具有重要意义。上海大力推动“全球服务商计划”，进一步提升专业服务业的集聚度和发展能级。静安区2019年正式启动“全球服务商计划”，随后相关意见和实施方案陆续出台，如今在整合区域丰富的全球性专业机构资源和推动服务业集聚方面积累了一定的经验。目前，静安区集聚了一批金融、咨询、会计等领域的传统专业服务机构以及高能级的全球服务机构，为现代服务业高质量发展奠定了基础。同时，一批全球服务商不断“走出去”，辐射影响力不断增强，上海服务品牌不断打响。另外，上海注重服务业集聚区的公共平台建设。例如，组建信息服务产业基地联盟、互联网产业投资联盟、工业互联网产业联盟等。

▶ 专栏　静安区聚集全球服务商的主要经验

1.形成全球服务商统计指标和招商名录。围绕集聚全球服务机构的目标，建立全球服务商评估机制。

2.搭建专业平台。顺应全球服务商需求，积极搭建专业服务功能平台，构建上海市专业服务业联盟、全球服务商理事会、国家级人力资源服务业标准化示范区、国家公共检验检测服务平台示范区等平台。

3.政策的大力支持。聚焦重点项目建设，包括苏河湾中心、上海环球金融中心等一批专业服务领域的地标性楼宇等。出台专项扶持政策，安排专项资金支持全球服务商发展壮大。

四是以数字经济赋能服务业高端化。以数字经济赋能现代服务业，是顺应新一轮科技革命和产业变革、推动服务业高质量发展的必然要求。一方面，以数字经济与现代服务业深度融合促进服务业结构优化升级。数字经济的蓬勃发展在一定程度上改变了服务业传统的经营管理方式，催生出一批新兴服务业态。上海以数字经济赋能，不断发展服务业新业态，引进了字节跳动、拼多多、哔哩哔哩等多家总部企业。现代服务业不断向新兴产业领域拓展延伸，例如广告领域，移动互联网、小程序、短视频、抖音直播等新媒体逐渐向创意产业、元宇宙等现代服务业新兴领域拓展。另一方面，以数字经济与现代服务业深度融合扩大市场消费，通过加快丰富商贸、文化、旅游、健康、托育、家政、体育等生活性服务业数字化应用场景以满足多样化、高品质的生活需求。其中，“5G+”“VR+”“AI+”等数字技术的加速迭代，引发了元宇宙等新一代消费热点。另外，以数字技术推进现代服务业与制造业融合发展。上海在全国率先开展服务型制造统计方法与评价指标研究及上海发展服务型制造的重点模式与推进方法研究，建立服务型制造企业数据库，优化服务型制造的发展生态。

二、北京：以改革开放推动服务业高质量发展

2015年5月，北京作为全国首个服务业扩大开放综合试点城市，成为探索服务业对外开放的先行者。2020年，北京成为全国唯一的国家服务业扩大开放综合示范区。从北京现代服务业扩大开放的历程可以看到，历经8年的探索，北京多项全国首创性政策与试点落地实施，在制度创新、机制探索、便利化改革等领域形成一批典型经验和做法，探索出一种覆盖全市的产业开放模式，对全国进一步深化服务业扩大开放具有启示作用（见表3-1）。

表3-1　北京现代服务业扩大开放的历程

时间	内容
2015年5月	国务院批复《北京市服务业扩大开放综合试点总体方案》，同意在北京市开展为期3年的服务业扩大开放综合试点。北京成为全国首个服务业扩大开放综合试点城市
2017年6月	国务院批复《深化改革推进北京市服务业扩大开放综合试点工作方案》，同意北京市在试点期内进一步深化服务业扩大开放综合试点
2019年1月	国务院批复《全面推进北京市服务业扩大开放综合试点工作方案》。在前两轮的基础上，更大范围、更深层次推进第三轮试点工作
2020年8月	国务院批复《深化北京市新一轮服务业扩大开放综合试点建设国家服务业扩大开放综合示范区工作方案》（简称“示范区1.0方案”）。示范区1.0方案提出了打造国家服务业扩大开放综合示范区的总体要求，明确到2025年、2030年的阶段性发展目标。与此同时，《中国（北京）自由贸易试验区总体方案》印发，进一步支持北京从园区开放和产业开放的角度扩大服务业开放的优势
2023年11月	国务院批复《支持北京深化国家服务业扩大开放综合示范区建设工作方案》（简称“示范区2.0方案”）。示范区2.0方案对接国际高标准经贸规则，推出新的试点举措170余项

一是将推动现代服务业开放与城市功能定位相结合。长期以来，北京坚持把推动现代服务业发展作为优化首都功能布局的重要抓手。北京聚焦科学技术、电信、文化教育、金融等现代服务业领域，实施兼顾内外资、准入与准营等方面的高含金量试点举措，为推进更大范围、更宽领域、更深层次的开放作出了良好示范。如在文化服务领域，实施《北京市财政局关于“两

区”建设推进工作措施》、《北京市广播电视局关于服务保障“两区”建设推动新视听改革创新的若干举措》、示范区2.0方案，从促进文物回流的税收政策、网络视听平台领域引进优秀境外影视作品以及优化管理等环节深化改革开放，优化了文化产业发展生态，如表3–2所示。

表3–2 北京文化服务领域的改革开放措施

主要内容	详情
促进中国文物回流相关税收	2021年的《北京市财政局关于“两区”建设推进工作措施》提到，鼓励海外文物回流税收政策，放宽公益性收藏单位进口文物免税政策适用范围。示范区2.0方案再次提到落实支持中国文物回流相关税收政策。这有助于引导更多流散海外的文物通过市场渠道回归祖国
支持网络视听平台领域引进优秀境外影视作品	2022年的《北京市广播电视局关于服务保障“两区”建设推动新视听改革创新的若干举措》提出，支持视听节目服务机构引进优秀境外影视作品，为视听节目服务机构引进的优秀境外影视作品开通作品审核绿色通道，享受“即报即审、审过即发”。示范区2.0方案再次强调支持视听节目服务机构引进优秀境外影视作品。这有助于推动文化领域的国际交流与合作
将外商投资设立演出场所、娱乐场所、互联网上网服务场所的审批权下放至区级	2017年的《深化改革推进北京市服务业扩大开放综合试点工作方案》提到，选择文化娱乐业聚集的特定区域，允许外商投资设立演出场所、娱乐场所，不设投资比例限制。示范区2.0方案再次强调将外商投资设立演出场所、娱乐场所、互联网上网服务场所的审批权下放至区级。这有利于进一步增加文化产业实际使用外资金额
支持外商独资设立经营性职业技能培训机构	示范区1.0方案提到，鼓励外商投资成人类教育培训机构，支持外商投资举办经营性职业技能培训机构。2022年的《北京市营利性外商投资职业技能培训机构办学管理办法》提出将外商投资职业技能培训机构审批权限下放至区级人力资源社会保障行政部门。示范区2.0方案再次强调支持外商独资设立经营性职业技能培训机构

二是主动对标国际，打造制度开放体系。目前，全球现代服务业开放规则加速重构，对外开放面临的国际形势发生深刻变化。自示范区1.0方案发布以来，北京聚焦制度型开放，主动对接国际经贸规则。示范区2.0方案分类梳理、有序对接了《全面与进步跨太平洋伙伴关系协定》（CPTPP）和《数字

经济伙伴关系协定》（DEPA）规则；示范区2.0方案中40%左右的政策举措是针对主动对接国际高标准经贸规则提出的，为稳步推进制度型开放进行了实践探索。例如，在数字经济国际规则构建方面，提出支持北京建设国际信息产业和数字贸易港等。另外，北京还以制度创新为抓手，充分发挥国家服务业扩大开放综合示范区的引领作用，聚焦贸易、投资、知识产权等全环节改革，并推进细分领域政策会诊等“微改革”，构建梯度型制度创新体系。例如，通过全国首创技术转让所得税优惠、高新技术企业认定“报备即批准”服务创新主体，通过全国首推过往资历认可机制等汇聚创新要素。同时，以服务业产业开放和制度创新引导标志性项目平台落地。例如，全国首家外商独资新设券商以及全国首家航空领域碳资产管理公司落地北京，北京还设立了全国首个数据资产登记中心。

三是探索差异化的开放模式。自2013年以来，我国以自贸试验区探索为先导，不断探索产业开放新模式。北京率先担起探索服务业开放发展新模式、新路径的重任，探索以服务业为主导的产业开放模式，推动“产业开放+园区开放”协同开放模式，探索出一条与自身禀赋相适应的特色开放路径，对于全国高水平开放起到了示范引领作用。一方面，以国家服务业扩大开放综合示范区和中国（北京）自由贸易试验区（简称“两区”）建设推动产业开放。北京由过去全国唯一的服务业扩大开放综合试点城市，跨越升级为“两区”开放新高地，其中，国家服务业扩大开放综合示范区聚焦服务业重点领域，是一种在全市范围内没有限定具体区域的开放模式。另一方面，园区开放协同产业开放，立足京津冀协同开放、协同发展，加快重点园区组团发展。重点园区已经成为制度创新的重要载体和示范窗口。

四是优化开放型经济营商环境。全面落实外资准入前国民待遇加负面清单管理制度，吸引高质量外资。在全国范围内首创性推出外资企业网上备案登记“单一窗口、单一表格”等改革举措。为打造自由便利的投资贸易环境，北京在全国率先实现国际贸易“单一窗口”出口退税业务办理，发布实施《中国（北京）自由贸易试验区投资自由便利专项提升方案》，推出便利企业跨境融资、完善合格境外有限合伙人制度、优化在华境外个人薪酬购汇手续等措施。加强知识产权保护与运用，完善知识产权服务体系。印发《关于促进北京市知识产权质押融资服务高质量发展的实施方案》，以专利质押融资助力知识产权变现。出台办理专利申请优先审查推荐的有关规定，明确“初审—复审—评审组会审”审查机制，首创专利侵权纠纷“先行裁驳、另行请求”模式。

三、杭州：产业升级驱动下的制造服务融合模式

杭州作为长三角现代服务业中心，拥有超过1200万常住人口，在现代服务业发展方面具有天然优势。自2005年以来，杭州服务经济加速崛起，培育出电子商务、金融科技等一批新型服务业集群，拥有阿里巴巴、绿城、大华等现代服务业企业，“杭州服务”已成为战略支柱。2023年，杭州地区生产总值正式跨入“2万亿方阵”。其中，现代服务业成为杭州地区生产总值迈入“2万亿方阵”的重要推手。2023年，杭州服务业增加值达1.4万亿元，拉动地区生产总值增长4.9个百分点，对经济增长的贡献率高达89.0%，成为杭州经济回稳的主动力。目前，杭州正致力于打造世界一流的社会主义现代化国际大都市，其现代服务业发展经验能够为广东省高质量发展现代服务业提供有益借鉴。

一是服务型制造助力现代服务业发展。杭州作为国家级服务型制造示范城市，聚焦数字产业服务化、新兴产业服务化，建设了全国首个省级服务型制造区域试点，连续两届高质量承办中国服务型制造大会，形成了具有杭州特色的优势产业。一方面，充分发挥大数据、渠道等优势，通过品牌授权不断向制造环节延伸拓展，积极引导服务型制造业发展。杭州市政府积极向企业、机构等社会各领域普及服务型制造理念，并借助微信公众号、新闻媒体等渠道，以及通过举办峰会、展会等活动，引导企业积极发展服务型制造业。与此同时，积极组织企业培训，向企业推介服务型制造相关优惠政策。另一方面，聚焦新制造业服务链薄弱环节，以服务型制造创新发展推动现代服务业迈向产业链高端。通过发展检验检测、工业设计、科学研发等高端服务业，强化对新制造业服务链的完善。例如，在工业设计领域，通过政策支

持培育高端设计人才，助力工业设计与数字经济、制造业等关联产业的融合创新，进而创造新供给、释放新需求，推动工业设计迈向产业高端。此外，积极构建服务平台，助力提升服务型制造的竞争力。在新物流领域，杭州致力于打造高效的生产性服务业供应链系统服务平台，全方位整合上下游产业链资源，为生产制造业、商贸流通业等行业定制供应链解决方案，为制造业的发展提供助力。截至2023年12月底，杭州已有19家企业（平台、项目）入选国家级服务型制造示范企业（平台、项目）名单，102家企业（平台、项目）入选省级服务型制造示范企业（平台、项目）名单，其中，国家级服务型制造示范企业（平台、项目）数量占浙江省（73家）的26%。

二是"互联网+数字"驱动现代服务业发展。杭州被冠以"数字经济第一城"的美称。在以电子商务、"互联网+大数据"等领域为代表的数字经济的推动下，杭州现代服务业发展迅速。数字经济已经成为助力杭州现代服务业转型发展的新引擎，同时为杭州打造世界一流的社会主义现代化国际大都市写下了有力的注脚。2023年，杭州数字经济核心产业增加值（预计）为5675亿元，占地区生产总值的比重为28.3%，是杭州经济高质量发展的重要动力之一。其中，阿里巴巴、网易等互联网巨头为杭州数字经济的发展提供了强大的支撑。首先，杭州以互联网、信息产业等为依托，强化服务衍生制造，催生了电子商务、网络支付、金融科技、数字内容、数字医疗、智慧物流等一批服务业新业态。例如：网易"严选模式"就利用严选平台收集消费大数据，对消费者的消费偏好精准画像，提前感知消费市场需求变化趋势，对制造业企业端产品生产调整具有重要意义；网易严选还通过品牌授权制造和委托加工等形式，逐步形成原始设计制造商（ODM）模式，现已拥有专业设计师百人团队和近500人的外包设计师团队。其次，杭州利用人工智能及大数据等数字经济技术手段，不断赋能生活性服务业及公共服务业，新业态新模式不断涌现，为杭州现代服务业发展提供了动力。数字赋能生活性服务业领域，以线上服务和线下体验融合推动新零售快速发展，迎来"人在实地游、数据信息在网上汇聚"的数字旅游时代。早在2012年，杭州就开始专注信息技术赋能医疗服务发展，推广一系列智慧医疗应用场景，极大地提高了医疗服务效率，改善了群众的就医体验。数字赋能公共服务业领域，依托“一窗受理”平台，不断完善智慧政务服务，从而实现“数据多跑路、群众少跑腿”。

三是以服务贸易撬动服务业开放格局。党的二十大报告提出，“推动货物贸易优化升级，创新服务贸易发展机制，发展数字贸易，加快建设贸易强国”。杭州作为全国首个跨境电商综合试验区、三轮服务贸易创新发展试点、浙江自贸试验区杭州片区等多个国家试点的所在地，出台了一系列政策促进服务贸易发展，创新数字贸易制度，促进服务贸易业态创新，在地方先行先试，如杭州“数智化”在线商事调解模式入选国务院服务贸易创新发展试点“最佳实践案例”，形成了数字贸易发展的独特生态体系，为服务贸易创新发展贡献了“杭州方案”。首先，以国家顶层设计为引导，在服务贸易发展中总结经验，率先在国内进行立法探索，出台全国首部数字贸易领域地方性法规——《杭州市数字贸易促进条例》（简称《条例》）。《条例》作为首创性、引领性的地方性法规，不仅清晰界定了数字贸易概念，还将数据贸易纳入《条例》中，并专门对举办全球数字贸易博览会作了规定，有力地推动了杭州数字贸易立法进程，引领了国内数字贸易制度创新的风向。其次，积极搭建服务贸易平台。杭州首创的数字外贸服务平台围绕外贸企业的全生命周期各环节设立数字公共服务、数字商业服务、数字展洽、全球大讲堂、全球投资、监测和预警六大板块，帮助企业降低贸易成本和获取全球商机，为全国服务贸易发展提供“杭州经验”。作为全国首个跨境电商综合试验区，杭州大力促进跨境电商自由化、便利化、规范化发展。随着跨境电商快速增长，杭州已经成为跨境电商的创新高地。其中，杭州数字制造的产品和品牌通过跨境电商的数字贸易实现了“买全球、卖全球”。2023年，杭州数字贸易进出口额为3190.7亿元，占全省进出口总额的41.3%。其中，跨境电商出口额为1210.89亿元，数字服务贸易出口额占服务贸易出口额的比重超过70%，远高于全国40%的平均水平。

第三节　现代服务业高质量发展启示

通过分析国内外现代服务业的发展经验可以得到一些启示，这些启示为推动广东省现代服务业高质量发展，构筑高质量的现代服务业体系提供了方向指引。

一、要深化改革、扩大开放

要坚持改革开放。要坚定不移深化改革，充分发挥市场在资源配置中的决定性作用，破除内需增长体制机制障碍，推动资源配置实现效益最大化和效率最优化。要按照构建新发展格局的新要求，坚持现代服务业改革与开放联动发展，深化现代服务业对内对外开放联动发展。要加快培育内需体系，通过增加高质量服务产品供给，推动供需在更高水平上实现良性循环。同时，要利用内需的扩大虹吸全球先进生产要素，倒逼产业转型升级。要坚持高水平开放和市场化改革同频共振，提升国内国际双循环的柔韧性。从制度上、技术上、规则上打通国内循环与国际循环相互融合、相互促进的痛点和堵点，畅通国内国际双循环。要坚持以制度型开放促进现代服务业全面深化改革，进一步激发释放服务市场的活力和创新动力。

要坚定不移地加快服务业开放特别是制度型开放。2018年中央经济工作会议首次提出“推动由商品和要素流动型开放向规则等制度型开放转变”，党的二十大报告也对推进高水平对外开放作出重要部署，强调稳步扩大规则、规制、管理、标准等制度型开放，要求“推动货物贸易优化升级，创新服务贸易发展机制，发展数字贸易，加快建设贸易强国”。这要求我国实施更加积极主动的开放政策，全面对接国际高标准经贸规则，以更高水平开放推动经济高质量发展。目前，我国经济已由高速增长阶段转向高质量发展阶段，广东省经济发展正处于产业结构优化、新旧动能转换的关键时期。这要求全省在服务业高水平开放时要把握全球服务业开放大势，主动对标国际高标准经贸规则，积极拓宽服务业开放领域。要结合自身发展实际，从更大范围、更宽领域、更深层次上把握对外开放内涵。

二、要贯彻新发展理念

要坚持产业融合发展。大数据、云计算、物联网等新一代信息技术不断迭代升级，为先进制造业和现代服务业深度融合找到了最佳契合点，有力地推动了现代服务业创新发展。一方面，要积极抢抓新一代信息技术和带来的产业变革的机遇，把服务业创新发展放在适应把握引领经济发展新常态和贯彻落实新发展理念的位置上，放在以国内大循环为主体、国内国际双循环相互促进的新发展格局下进行统筹谋划、精心设计，以产业融合、科技创新推动现代服务业创新发展，强化自主研发能力和颠覆性的新技术突破，形成“广东服务+广东制造”组合效应。另一方面，要抓住推动先进制造业和现代服务业深度融合这个关键点，充分利用新一轮科技革命和产业变革机遇，瞄准融合化发展方向，借鉴杭州服务型制造经验，聚焦新制造业服务链薄弱环节，引导更多龙头企业转型为以资源整合能力为基础的一揽子综合解决方案提供商。

要聚力引领服务业高端化发展。从国内外现代服务业发展经验可以看出，创新是服务业发展的源源不断的动力，只有聚集起强大的创新力量，才能真正推动广东省实现服务业高质量发展。目前，广东省数字经济增加值、企业数量、就业人数、线上市场配置资源数量等几乎与传统经济并驾齐驱。广东省现代服务业高质量发展要将创新作为内驱动力，瞄准高端化方向，聚焦5G技术、区块链、元宇宙等领域；加快服务业的全面创新，进一步推动云计算、大数据和AI技术在服务业领域的广泛应用，促进服务业商业模式创新，应用和创造更多新技术、新产品。要积极融入全球服务创新链，以创新和高质量发展推动现代服务业向价值链高端延伸。依托广东省装备制造等优势制造，延伸并优化完善相关制造领域上下游服务环节，完善配套的科技、咨询、金融、商务等现代服务业体系，促进主导产业在迈向全球价值链中高端的同时，建立全产业链或区域价值链的主导地位。

三、要推动产业集聚发展

要注重现代服务业集聚区发展与产城联动发展。服务业集聚区具有较强的资源整合、要素集聚和辐射带动能力，是现代服务业发展和产业转型的重要载体。区位优势、完善的基础设施配套、营商环境优势等是现代服务业集聚发展的根本原因。城市发展模式影响现代服务业集聚区的发展方向，现代服务业发展定位、集聚发展模式，如伦敦现代服务业集群多点发展模式，必须与自身发展环境以及产业基础相适应。现代服务业集聚发展要与城市功能相契合。作为城市功能转型的重要推动器，现代服务业集聚离不开产城联动，现代服务业的集聚带动专业服务业等关联产业集聚、人口集中以及产城融合。部分现代服务业集聚发展依托旧城改造或周边大城市的辐射，或是与旧城改造和城市功能转型互促共进，成为高层次城市疏解功能的“接力棒”。

要注重政府统筹规划与政策引导的作用。新发展格局下，现代服务业的持续性发展与政府的规划引导以及政策和资金支持密切相关。对于发展阶段不同的现代服务业集聚区，政府引导对发展初期的现代服务业集聚区发展方向、成熟期的现代服务业集聚区转型方向具有重要意义。广东省可根据省内现代服务业集聚区发展阶段的不同，结合各自集聚发展特点和自身资源禀赋，有针对性地采取税费优惠政策、资金支持政策以及市场开发鼓励等措施，助力现代服务业高质量发展。例如，在推动先进制造业和现代服务业集聚发展方面，试点先行，对于进驻园区经营的企业给予相关优惠政策及便利准入机制，引导优质先进制造业和高端生产性服务业企业空间集聚。

第四章 广东省现代服务业发展思路与对策

构建优质高效的服务业新体系是实现广东省高质量发展的重要途径，不仅为提高广东省产品附加值和竞争力、高质量发展制造业和实体经济提供强大支撑，更有助于广东省更好地服务和融入新发展格局。当前，我国已进入新发展阶段，对服务业增强有效供给能力、发挥引领支撑带动功能，提出了更高层次的要求。广东省应全面立足新发展阶段和新形势，深入学习贯彻习近平总书记视察广东重要讲话、重要指示精神，按照构建新发展格局的新要求，在遵循现代服务业发展规律和趋势的基础上，学习借鉴世界服务业发展的共同经验，锚定高质量发展目标任务，以供给侧结构性改革为契机，以新兴行业、新兴业态为重点，大力培育现代服务业竞争优势，为打造广东省高质量发展的新引擎、打通经济发展循环的“大动脉”和“毛细血管”提供有力支撑，引导现代服务业在现代化经济体系建设中发挥更大的作用。本章在现代服务业发展的基础上，借鉴国内外现代服务业发展经验，提出广东省现代服务业发展思路；结合广东省经济发展基础，明确未来重点发展领域及各城市的重点产业布局；在此基础上提出构建优质高效的服务业新体系的对策和措施，促进广东省在建设现代化产业体系方面走在全国前列。

第一节 广东省现代服务业发展思路

在产业结构转型的关键时期，将优质高效的现代服务业作为支撑制造业发展的重要动力，既是提升现代产业生产效率、质量效益的迫切需要，也是满足广大人民群众高品质、多样化生活需要的必然要求。广东省应着力构建优质高效的服务业新体系，拓展服务消费升级空间，增强内循环发展的内生动力。

一、发展原则

坚持市场导向，发挥市场机制对现代服务业的推动作用。以市场化改革为根本动力，顺应消费升级的新形势新要求，加快构建统一、开放的市场化服务体系，引导人才、技术、信息、数据等高端服务要素流向高成长性与高附加值的产业领域。发挥政府在产业政策、产业引导等方面的调控作用，提升标准、质量，增强品牌竞争优势，更好地满足产业转型、多层次多样化发展的服务需要。

坚持创新驱动，发挥科技对产业提质增效的主导作用。搭建一批服务经济的高质量发展引领区，在科技创新上争做先行试点，深入推行体制机制和政策创新，集聚全球一流创新资源。构建贯通创新链、融入产业链的创新服务体系，拓展数字化应用场景，推动服务业技术创新、业态创新、模式创新，提升科技创新策源功能。

坚持跨界融合，发挥产业耦合对资源配置效率的提升作用。紧跟全球产业跨界融合发展新趋势，以促进产业深度融合发展为目的，推动服务业不同功能板块相融相长、渗透交融，培育新的增长点和发展动力。勇于突破传统产业组织束缚，瞄准融合化、高端化、特色化方向，推动现代服务业与先进制造业、现代农业耦合共生，推进服务业内部渗透融合，提高服务附加值以及供给体系的发展质效。

坚持重点突破，以现代服务业示范引领带动产业整体发展。把握全球产业变革的新机遇，聚焦现代服务业重点领域和关键环节，招引旗舰型、领军型、补短板项目，促进创新链和产业链上下游协同，进一步增强集聚区要素吸附能力，扩大高端生产性服务和高品质多样化消费性服务供给，形成一批功能突出、具有广东优势的行业与领域，推动服务业集聚区实现质效提升。

坚持合作共赢，以更高水平对外开放实现经济发展新境界。主动对接国际高标准，有序拓宽对外开放的范围领域，提高外商投资自由化水平，逐步形成公平竞争、合作共赢的全方位对外开放格局。深度对接国家战略，把握“一带一路”建设等重大发展机遇，统筹利用国内外市场与资源，吸引外资进入重点领域，塑造开放型服务业发展新优势，持续推动服务业朝着更加包容、共赢的方向发展。

二、发展目标

广东省在现代服务业的不断探索中，应按照现代化发展的内在规律，朝着新时代发展目标循序渐进。新的现代化发展预想：现代服务业对经济拉动作用显著，服务业产业能级、产业结构、集聚辐射能力、创新动能、开放水平、服务效率显著提升，数字化、高端化、国际化水平明显提高，消费性服务业服务品质不断提升，高质量制造服务供给引领作用显著增强，推动形成主体功能突出、优质高效、梯次发展的服务业新体系。

一是产业能级持续提升。积极主动服务和融入新发展格局，以粤港澳大湾区为主平台，联合港澳高水平打造开放平台，谋划储备实施一批支撑重大战略的产业项目，深度融入全球产业链，助力形成强大的国内消费市场。现代服务业总量规模保持平稳较快发展，内生发展动力加速激活，综合发展优势进一步彰显。

二是产业结构持续优化。服务业加速向专业化、高端化迈进，法律咨询、科技服务、软件和信息技术等知识密集型服务业占比持续提升。现代服务业逐步向专业化方向延伸发展，制造业服务化发展水平大幅提升，数字与服务业融合度加深。

三是集聚辐射能力增强。着力培育发展一批配套齐全、功能完备、服务专业的重大产业创新平台，建设一批辐射带动能力强的区域消费中心，形成若干营收规模达万亿级、全国领先的服务业高质量发展集聚区，打造规则衔接示范地、高端要素集聚地。产业辐射带动能力不断提升，产业集聚优势加速形成，服务业空间格局进一步优化。

四是创新动能持续增强。构建贯通创新链、融入产业链的服务体系，培育集聚一批国际化、规范化、品牌化的高质量发展领军企业、独角兽企业，以及一批"广东精品"品牌。技术先进型服务业加速发展，工业互联网、区块链、数字孪生等对产业的支撑更为有力，服务业集成创新能力显著提高，新技术与新业态取得新突破。

五是开放水平稳步提高。建设更高水平开放型经济新体制，尝试在金融服务、专业服务、科技研发等领域建立对接国际高标准的市场规则体系。服务业改革环境持续改善，对外开放领域和范围进一步扩大，穗港、穗澳经济合作持续深化，使新兴服务出口占总出口的比重持续提升，在穗投资的世界500强企业数量增加。

第二节　广东省现代服务业发展重点领域

现代服务业主要分为生产性服务业、消费性服务业和公共服务业三大类。广东省应立足于提升现代化理念与思维，奋力培育一批高牵引性、高竞争力的引领型产业，做大做强软件和信息技术服务、现代金融服务、科技服务、贸易服务、节能环保服务、现代物流服务等生产性服务业，优化发展商务服务、文体旅服务、居民修理服务、健康服务等消费性服务业，精准提升公共文化、医疗卫生、普惠照护、现代教育、住房服务等公共服务业，形成与经济发展相适应、与高质量发展同频共振的现代服务业新体系。

一、塑引擎提动能，聚力打造生产性服务业

生产性服务业作为确保生产有序进行的不可或缺的产业，是提高实体经济生产效率、推动经济高质量发展的重要支撑。广东省应聚力发展软件和信息技术服务业、现代金融服务业、科技服务业、贸易服务业、节能环保服务业、现代物流服务业等产业，创新生产性服务业新业态，加快培育万亿级服务业产业集群，释放服务业发展新活力新动能，为推动广东省制造向价值链中高端迈进提供重要支撑。

一是软件和信息技术服务业。软件和信息技术服务业主要是借助通信网

络、大数据、移动互联网等技术，对信息进行收集、生产、处理、加工、存储、运输、检索和利用，并提供信息服务的产业。根据《2017国民经济行业分类注释》，软件和信息技术服务业分为软件开发、集成电路设计、信息系统集成和物联网技术服务、运行维护服务、信息处理和存储支持服务、信息技术咨询服务、数字内容服务、其他信息技术服务业（见图4–1），具有高创新性和高更新频率等特征。广东省应大力发展基础软件、工业软件等，努力在重点领域补齐软件产品与应用解决方案等发展短板，做强智能电网、通信、智能交通、人工智能等特色优势，提升应用系统开发能力以及综合集成能力。夯实生态发展数据应用产业基础，大力推进人工智能、虚拟现实等信息服务新业态，构建自主创新、开放发展、强链补链的产业发展生态。为开发者导入用户、流量、接口等资源，增强自主开源生态对产业发展的支撑能力。面向装备制造、高端制造、智能制造等高精尖技术创新领域，开展软件解决方案的定制化深度应用，以数字化和智能化赋能传统制造业产业链“跨链强链”发展。

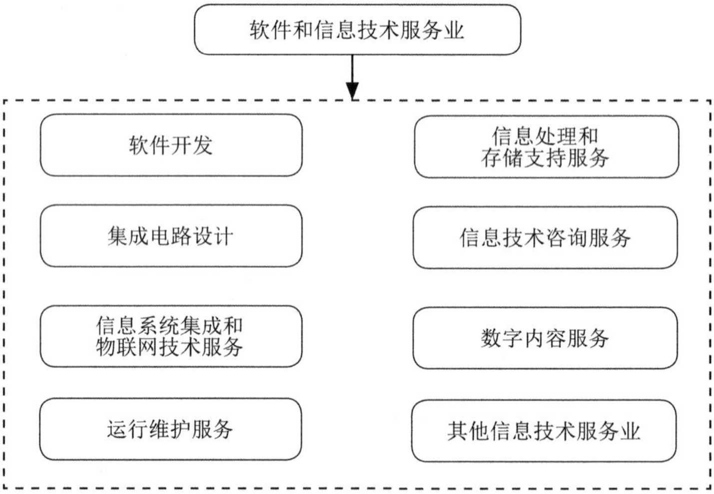

图4–1　软件和信息技术服务业分类

二是现代金融服务业。金融业是现代产业发展的核心力量，是保障制造业可持续发展的关键因素。广东省应适应新质生产力发展的需要和特点，全力发挥金融在资源配置中的“领头羊”作用，以南沙、横琴以及前海为载体，持续完善前海深港现代服务业合作区、广州国际金融城、南沙国际金融岛、横琴粤澳深度合作区等重要平台的建设，深化与港澳金融市场对接、互联互通，提升粤港澳大湾区金融集聚水平。创新金融产品和金融服务，在自贸金融、绿色金融、数字金融、科技金融、供应链金融等领域精准发力（见图4–2），丰富投贷联动、债贷组合、权益融资等业务，提升金融服务实体经济能力。建立多层次资本要素交易市场，深化广东股权交易中心、深圳证券交易所、广州期货交易所等一系列重大金融平台建设，完善普惠贷款风险补偿机制。着力引进境内外特别是港澳地区的债券、票据、资产管理、外汇等领域大型外资金融机构，使其在广东省设立区域总部或功能性总部，助推粤港澳大湾区金融合作业务集聚发展。以数字化转型为契机，积极推进国家区块链创新应用等试点，打造数字人民币流通的典型示范应用场景，创新线上反向保理业务、线上融资等数字金融模式，推动粤港澳三地金融市场互联互通。拓宽科技型企业跨境融资渠道，持续完善跨境人民币业务配套产品服务体系，加快开展合格境外有限合伙人（QFLP）试点，探索公募不动产投资信托基金（REITs）、投贷联动等新型融资服务模式，鼓励设立REITs区域交易中心。

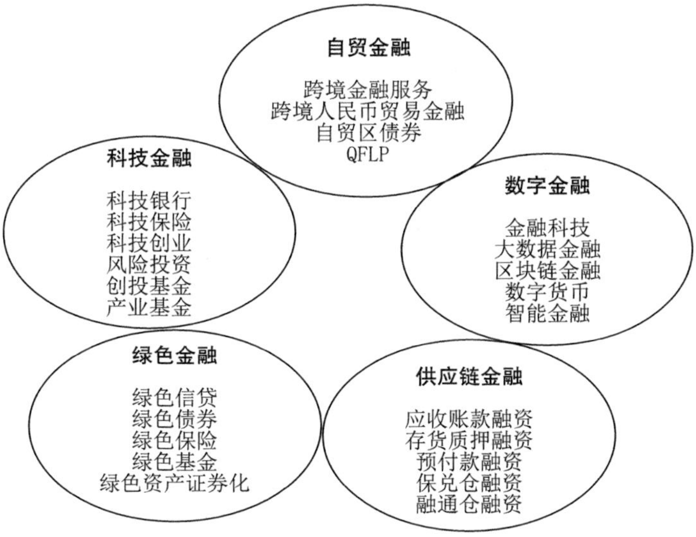

图4–2　现代金融服务业主要分类

三是科技服务业。科技服务业是以运用现代科学知识、技术等创新手段为主体，提供智力服务的新兴行业，包含研究开发、技术转移、检验检测认证、科技咨询、科技金融、科学技术普及等专业科技服务和综合科技服务（见图4–3）。广东省应以发展科技延伸服务为重点，围绕智能制造与新能源汽车、超高清视频显示、先进材料等主导产业，支持各市（园区）建设一批功能特色鲜明、集聚能力较强的科技服务业集聚区和特色基地，打造集群化“创新矩阵”。推动科技服务机构规范有序发展，构建分阶段、递进式企业梯度培育机制，加快形成一批具有国际水准、服务功能强大、支撑作用凸显的科技服务市场主体，支持和引进在全球具有影响力的科技服务业企业。建设一批具有国际竞争力、突破性技术成果的工程实验室和工程技术开发中心，引导科研院所、产业创新中心与企业联合建设创新平台，加速产学研合作，推动重大原创科技成果转移转化。以研究开发、检验检测认证等知识流程服务业为重点，通过消化、吸收、创新，壮大科技服务业新兴业态。聚力发展技术转移、科技咨询等综合性科技成果转化服务业，促进科技服务与制造业转型联动发展、高效融合。

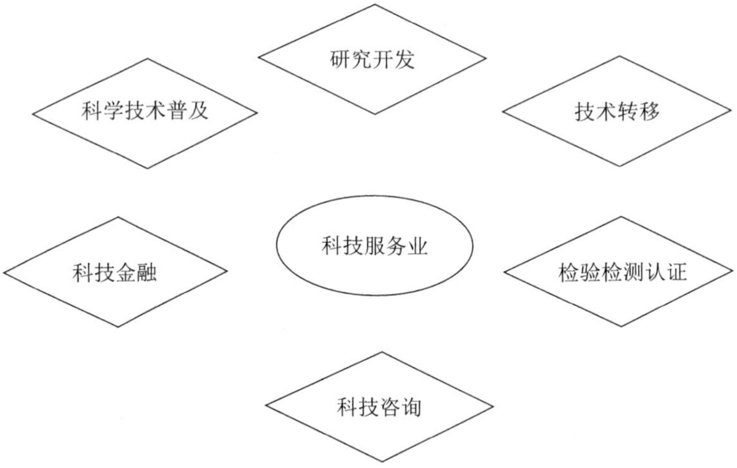

图4–3　科技服务业分类

四是贸易服务业。广东省作为改革开放的前沿阵地，在对外开放进一步扩大的情况下，要依托横琴粤澳深度合作区、前海深港现代服务业合作区，深化服务贸易改革，大力发展创意设计、会计税务、法律咨询等高附加值服务业；加快发展数字贸易、专业服务贸易、跨境电商等新兴服务商贸业态；积极培育新消费新供给，构建创新能力强、特色化突出、互联互通的现代贸易服务体系。深入推动运输服务贸易、文化贸易等传统贸易服务业向高技术、高品质、高效益升级发展，推进线上线下贯通融合发展，高标准建成一批流通新平台，推动粤港澳大湾区建设成为全球贸易数字化领航区。深化数字赋能、业态融合，鼓励运用新一代信息技术来加快促进贸易磋商、执行等关键贸易节点的数字化改造。高水平办好中国进出口商品交易会（简称“广交会”）、中国国际高新技术成果交易会（简称“高交会”）、中国（深圳）国际文化产业博览交易会（简称“文博会”）等展会，在广州、深圳探索内地与港澳跨境会展模式，全面提升粤港澳大湾区贸易服务业的发展质量和效益。探索建设服务贸易创新发展试点城市，主动对标国际先进水平，依托广州、深圳等国家级服务外包示范城市，围绕现代金融、知识产权服务、文化艺术等领域，主动参与相关国际、国家与行业标准的制定，推进粤港澳大湾区贸易服务业全环节改革开放。

五是节能环保服务业。节能环保服务业作为为发展绿色经济、循环经济提供服务的基础性行业，是广东省抢占未来竞争制高点的战略性新兴产业。节能环保服务业主要分为先进环保行业和资源循环利用行业，其中，先进环保行业主要是通过节能环保技术与服务从后端减少污染物排放，资源循环利用行业主要是通过发展循环经济，以废弃物精细管理、有效回收等为路径，提高资源利用效率（见图4-4）。随着能源资源约束日益加剧，广东省应以减污降碳为重点战略方向，服务于绿色发展的重大需求，重点发展资源循环利用、先进环保等领域，大力发展工业、建筑、交通等领域综合能源服务，优化完善节能环保服务体系。规范发展仪器仪表制造业、通用设备制造业、金属制品制造业等领域，深入推进重点园区环境风险与损害评价、信用评价等规划环境评价建设。健全节能环保法规和标准，在污水处理、工业污染治理等重点领域，加快发展生态环境保护与修复、区域碳排放权交易、绿色认证等专业化、社会化新兴环保服务。在能源审计、“节能医生”诊断的基础上，对症开出相应的“节能处方”。

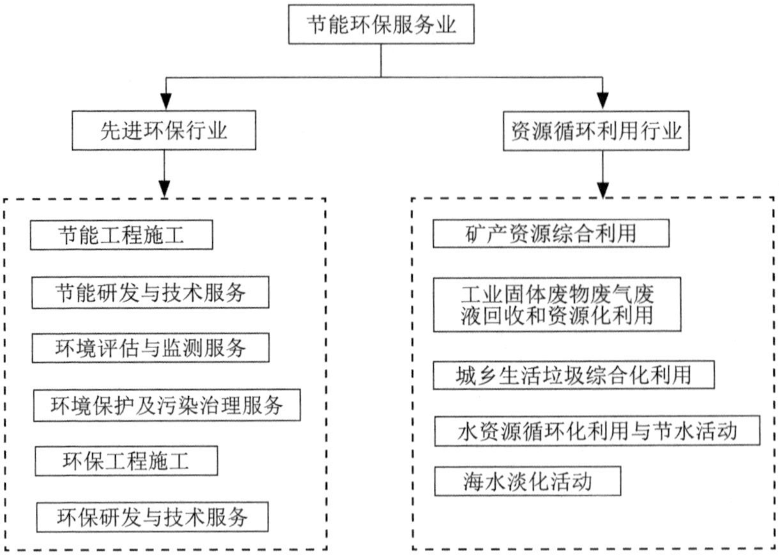

图4-4　节能环保服务业分类

六是现代物流服务业。现代物流服务业是借助大数据中心、控制中心、数据终端等信息平台，将运输、仓储、装卸、加工等方面有机结合，为制造业、社会消费品零售、电子商务、商贸等行业提供服务的产业（见图4-5）。随着冷链物流、电商物流、保税物流等新兴业态的出现以及智慧物流的发展，广东省应加强综合性物流信息平台建设，优化物流企业供应链管理服务，完善数据采集、认证、查询、溯源等功能，提高物流企业运输工具利用效率，推进交通运输、仓储和邮政业深度融合发展，实现货物“可视、可测、可监控、可响应”。围绕先进制造业细分领域、特定场景，培育发展高品质、精细化定制物流，强化制造业供应链支撑作用，探索“物流+跨境电商”“多式联运+现代商贸”融合业态。加快优化航空物流，依托广州白云国际机场、深圳宝安国际机场等枢纽机场，推动空港物流与冷链物流等联动发展、协同创新，推进航空物流枢纽快递、冷链、医药、危险品等应急物资储备设施建设，集聚发展航空物流产业。积极培育发展第三方、社会化大型物流企业，鼓励其通过兼并重组等方式优化整合资源。提供线边物流、供应链一体化服务、跨境物流等物流运输解决方案，提升物流企业组织化、规模化运营能力。鼓励和引导物流企业为装备制造、新材料等新兴制造产业量身定制物流解决方案以及供应链管理库存方案，推广企业“零库存”管理模式，提升产业链供应链现代化水平。

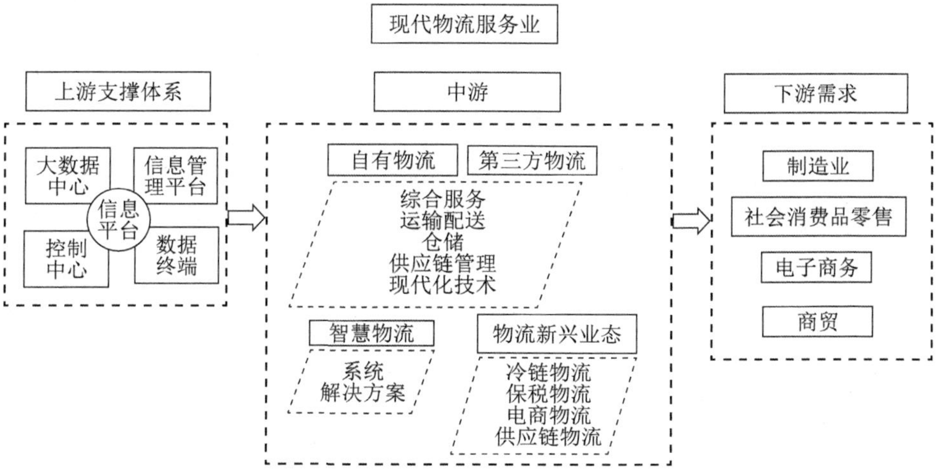

图4-5　现代物流服务业上中下游

二、锻长板强实力，全面做强消费性服务业

消费性服务业是指直接向消费者提供精神和物质消费产品、持续改善人民生活的行业。消费性服务业可以通过创造消费、引导消费激发国内大循环发展动力。广东省应把消费性服务业作为扩大市场内需的主要抓手，围绕商务服务业、文体旅服务业、居民修理服务业、健康服务业等优势领域，增加优质服务供给，在提升省内服务标准水平的同时提高服务供给质量和效率，推动广东省服务业向高质量和高标准发展。

一是商务服务业。商务服务业作为经济发展引擎之一，是链接市场主体、提升市场竞争力的主要支撑，主要包含法律服务、咨询与调查、广告、人力资源服务等行业。广东省应大力发展商务服务业，推进一刻钟便民生活圈试点项目建设，补齐社区商业设施短板，推进“互联网+社区商业”数字化升级。依托城市商业体、大型文旅景区等载体打造一批集文化创意、度假休闲、观光体验、会议餐饮于一体的商业综合体、文化科技主题体验园、高品位步行街，建设国家级、区域性的开放型商务服务业集成创新高地。坚持对标一流、突出特色，以高标准、高起点优化布局城市商圈，重点建设一批与国际接轨的高品位步行街，推进已有商圈提档升级，做旺步行街、商业街等商圈的夜间经济集聚区，打造具有影响力与辐射力的地标性商圈。利用广东省的优势培育演艺、艺术等领域新型文化消费模式，以时尚、国际化为导向，打造更具互动性、沉浸式的消费新体验。利用"一核一带一区"、深汕特别合作区、深圳都市圈和自贸试验区的战略机遇，集聚统筹地缘相近、文脉相承的区域优势，协同打造集合资源检索、跨区域信息互通、创新服务共享等功能的广东省消费门户网站，形成集"食、游、购、娱"于一体的新型商业模式。

二是文体旅服务业。文体旅服务业是经济高质量发展的内核支撑，把文体旅服务业融入服务业发展格局是拉动内需、改善民生福祉的必然要求。广东省应以岭南文化为基石，依托港澳的国际化资源，发展壮大数字音乐、文艺创作、电子竞技、数字创意等优势产业，培育发展无人机、智能可穿戴设备等文化新业态。围绕调结构、转动能、提质量的要求，推动文化传统产业转型，加速文化新兴产业培育，构建文化载体平台，培养未来文化产业生力军，着力打造各具特色、互通共融的现代文化产业发展体系。整合粤港澳三地创新资源，引导数字技术融入艺术创作、工业设计等领域。借鉴国际优秀的文旅景点管理经验，着力推动文化和旅游深度融合，把历史文化与现代文明融入文体旅服务业发展全过程，将历史遗迹、非遗传承体验中心等文化资源纳入旅游线路，以旅游演艺、遗产旅游等创新形式展示文化风貌，深度挖掘文化的精神内涵。引导各类赛事和文旅资源相融合，丰富户外休闲运动消费项目，引导居民体育休闲消费升级。贯彻实施乡村振兴战略，以产业为核心、文化为灵魂、旅游为主线，将"农业+旅游""农业+文化""农业+工业"有效结合起来，加快三产融合。

三是居民修理服务业。随着人们生活水平不断提高以及对高品质产品的需求增长，居民修理服务业规模逐渐扩大，成为吸纳就业潜力巨大的新兴产业。广东省应加强基础性服务供给，顺应消费发展新趋势，重点发展托育照护、家政美发、清洁、修理与维护、洗染等居民修理服务业。以提高居民生活质量和便利为导向，优化广东省家政服务综合平台，扩大消费性服务供给。推进家政服务职业化建设，加强家政信用体系建设，制定和推广家政服务领域标准，支持家政服务业提质扩容，创新点单式、分时段服务发展模式，驱动家政服务细分与工种创新。以智能化为手段推动“互联网+居民服务、修理和其他服务业”的全面融合发展，协助企业通过模式创新、渠道创新等手段拓展营收方式，促进养老、维修等服务需求与供给精准有效对接。深化产业融合，持续推进养老、育幼、物业等融合发展，并将其延伸至文旅、健康等业态，开发适应绿色经济、亲子经济等新消费趋势的产品。采取公办民营、民办公助等服务模式，鼓励金融、电商、支付平台等机构与居民生活服务业企业合作，将AI技术以及实体服务机器人应用于居民生活服务业，提升居民生活服务业智能化服务水平和效率。

四是健康服务业。随着我国人口老龄化程度不断加深，健康服务市场需求快速释放，进一步扩大健康服务业是维护和促进全民身心健康的必然要求。广东省应以满足广大人民群众个性化、多样化的健康服务需求为核心，加快发展医疗服务、健康管理与促进、健康保险及相关服务等健康服务，建成覆盖全生命周期的健康服务业体系（见图4–6）。鼓励慈善机构、基金会等社会资本投资医疗服务业，支持具备条件的境外资本独立开办规模化、集团化医院，实现公立与非公立医疗机构分工协作，加快形成主体多元、形式多样的医疗格局。推进健康服务信息化，积极发展“互联网+医疗健康”等新模式，有序发展远程影像诊断、远程会诊以及远程手术指导等新兴服务。支持研制、推广面向基层、偏远和欠发达地区的低成本数字化健康设备，提升当地健康服务产业能力与水平。充分发挥中医预防保健优势，统筹谋划推进科学有效的中医养生服务，加强中医药文化研究和传播，形成体医结合的健康服务模式，培育国际知名的中医药品牌。发展与健康管理、养老等服务相关的健康保险服务，开发适合老年人的多层次保险产品，并提供健康风险评估、干预等服务。另外，推广面向医务人员的医疗责任保险等多种形式医疗执业保险。

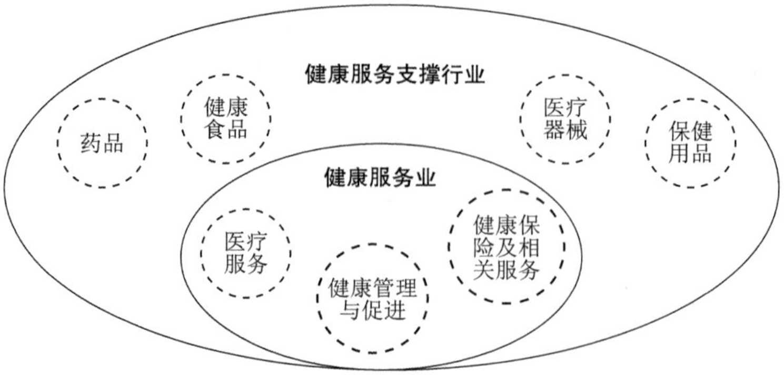

图4-6　健康服务业体系

三、强品质促升级，加快培育公共服务业

公共服务的提供主体主要为政府部门、国有企事业单位。这些部门、单位通过国家权力介入或公共资源投入，为公民提供生产、生活、发展等基础性服务，最大限度维护和保障全体公民的基本权益，具有普惠性、保障性、兜底性、可及性等特征。广东省应着力发展公共文化、医疗卫生、普惠照护、现代教育和住房服务等公共服务业，扩大生活服务供给，基本形成多元参与、共建共享的公共服务供给格局。

一是公共文化。文化是凝聚力量的重要精神纽带，是一座城市的灵魂与名片。当前公共文化供给与需求之间的结构性矛盾依然突出，广东省应补齐文化发展短板，进一步扩大公共文化服务覆盖面。探索REITs等政府与市场相结合的多元运作模式，支持对图书馆、文化馆等重点公共空间实施文化“微更新”改造，加快建设和改造一批标志性重大公共服务设施，引导优质文化资源和服务向基础设施薄弱的区域倾斜。以维护公民的基本文化权利为基础，积极丰富文艺活动、调整文艺惠民的内容，推进面向全民的文艺常识科普、鉴赏普及，组织举办创意市集、艺术街区展示等文化活动，打造一批民众喜闻乐见的文化惠民创新项目，以提升公共文化服务水平。联合开展艺术展演、品牌展览、品茗休闲、公共阅读、名家分享等文化活动，携手打造更加亮眼的“城市文化菜单”。加速推进5G、人工智能等新型基础设施建设，创新公共文化服务业态和应用场景，依托网络技术以及VR、AR、XR（扩展现实）等辅助设备，实现文物藏品等公共文化作品多元化展出。探索创新政社合作模式，鼓励社会资本通过资助项目、资金注入、输出产品和服务等方式，跨区域、跨行业深度参与广东文化建设，形成多方共建、全民共享的文化联动格局。

二是医疗卫生。医疗卫生是保障人民身体健康、增进民生福祉的重要支撑。广东省应把提升医疗卫生发展水平放在重要位置，进一步完善医疗卫生服务体系。促进优质医疗资源扩容，优化医疗资源配置，发挥三级公立医院在城市医疗集团中的带动作用，做大做强省级综合类医疗中心，将重症医学、血液科、骨科、肿瘤学建设成为具有广泛影响力的高质量专科。打造一批医疗技术顶尖、在国内有影响力的公立医院，构建优质高效、中西医并重、上下联动、区域协同的医疗卫生服务体系。与国内其他医疗机构深度合作，以满足重大疾病临床需求为导向，支持高水平医疗机构与一流科技研发平台、科研院校开展基础和临床研究，引入世界高端医疗机构和医疗质量过硬的科研团队，提升广东省医学技术创新能力。推进优质医疗资源提标，大力发展“康养+”新兴服务业态，适当扩大康复医疗、康复陪护、紧急救助等服务供给，推进家庭、社区、医疗机构有效协作、有序衔接。在医联体内部建立双向转诊机制，进一步整合共享区域内的护理资源，充分发挥上级帮扶机构专科优势，推动优质护理资源下沉，定期开展会诊、讲座等形式的教学培训和业务指导，形成利益共同体、责任共同体的分工协作机制。

三是普惠照护。普惠照护是公共服务的一项重要内容，虽然我国出台了一系列支持政策，但照护服务仍处于起步阶段，市场供给总量明显不足，构建多元化的普惠照护服务体系对于优化人口结构有着重要意义。广东省应结合辖区婴幼儿家庭需求，发展社区普惠托育服务，探索将普惠托育点嵌入社区综合设施、大型小区物业管理设施；鼓励有能力的幼儿园在充分利用现有资源的基础上，采取独资、合资、公办民营等形式开设托班，开展普惠优先的多元化的幼儿照护服务。支持党政机关、企事业单位、公立医疗机构等单位部门、群团组织和社会力量利用自有资金和场所，联合举办提供全日托、半日托等服务的托育机构。创新智慧养老模式，大力发展“互联网+养老”服务，对接智慧城市数据系统，构建实时监测、智能预警的养老服务智能终端，精准连接助餐、助浴、助行等供应端与需求端。培育养老服务、健康服务、老年护理等银发经济发展新动能，支持老年人参与文明实践等事业。开启“医养结合”智慧养老新模式，兴办高水平的医疗机构、康养机构，打造集休闲养老、康复疗养和专业护理等多元功能于一体的托老中心。

四是现代教育。教育水平在一定程度上影响经济的可持续发展水平，广东省应加快实现各级教育高水平高质量普及，促进义务教育优质均衡发展，最大限度扩大高中教育资源覆盖范围。推进基础教育公平有质量发展，建立健全校外培训机构治理长效机制。构建学位供给充足、职普融通的普通高中发展格局，探索创新型实验教学模式，鼓励发展科技高中、人文高中、体艺高中等高品质示范高中和特色高中。提升职业技术教育适应性，以专项技能培养为目的，推动培养标准、实践教学、课程体系等方面有机结合，衔接贯通。推进职业教育产教深度融合，打造一批跨区域、跨校的联合产业学院，在重点领域加强与实体经济精准对接，率先探索学徒制新路径、新机制，进一步增强职业技术教育体系支撑广东省现代化建设的能力。支持中山大学、华南理工大学、暨南大学等高校在多个领域建设一流学科，重点建设一批产教紧密融合的产业平台和基地，紧密对接区域与行业发展实际，增强高校科学研究与创新服务功能。扩大老年教育资源供给，创新“开放+”老年教育模式，充分发挥老年大学的作用，提供与银发人才需求相匹配的教育服务，鼓励开发适合老年人不同需求的课程体系，发挥老年大学在教学指导、职业技能培训等老年教育体系中的示范带动作用。

五是住房服务。发展保障性租赁住房有助于解决新市民、青年人等群体阶段性住房困难，缓解住房租赁市场结构性供给不足的问题。广东省应重点在产业集聚区、交通枢纽地区加大保障性租赁住房建设和供给力度，对符合条件的新市民、青年人提供保障性租赁住房。推动完善租购并举住房制度，确保医疗卫生、商业、养老等公共服务设施与公租房、保障性租赁住房同步建设。规范发展长租房市场，逐步使具备一定条件的租赁者在获得基本公共服务上拥有平等权益。完善多主体供给的住房供应体系，做好保障性住房规划设计，合理把握建设规模和节奏。除了开展大规模公共住房建设行动，还要优化住房租赁市场供应结构。多渠道增加租赁住房供应，将城中村住房、商务公寓、宿舍、商品住房等具备条件的存量房源纳入保障性租赁住房筹集范围。推动土地供应向租赁住房建设倾斜，在主城片区、新城等未来就业人口集中的地区建设保障性租赁住房。单列租赁住房用地计划，确保保障性租赁住房用地供应规模。完善公共租赁住房租后监管制度，坚决查处腐败寻租、骗取资格等行为，健全建设、配售、运营等方面的管理制度。

第三节　广东省现代服务业发展空间布局

广东省应深度融入粤港澳大湾区发展战略，加快高水平开放和集成化创新，推进服务业国际化、高端化、品牌化发展，构建城市群和都市圈服务网络，促进创新链和产业链上下游协同，形成区域服务业发展新枢纽。按照产城融合、布局优化、区域协同的发展原则，推动不同区域高效发展、有序竞争，增加优质发展载体供给，加快构建“一圈双核”引领、“三带”拓展、“多板块”联动的协调有序、错位发展的现代服务业发展空间格局。

一、强化“一圈双核”战略引领

“一圈”是指以珠三角为核心，打造珠三角现代服务业核心圈。把握“双区”建设、“双城”联动等战略机遇，以广州、深圳为核心引领，以佛山、珠海、东莞、惠州、江门、中山、肇庆为辐射带动，聚力打造现代服务业发展核心城市。依托珠三角现代服务业的基础优势，大幅提升现代服务业发展能级，着力提高服务效率和服务品质，进一步增强中心城市辐射引领能力。推动服务理念、业态和模式创新，支持新一代信息技术在服务领域深度应用，构建现代金融、商贸旅游、地域人文、休闲娱乐等高端服务集聚区，形成多层次、广覆盖、差异化的现代服务业体系。

广州依托历史文化底蕴深厚的优势，发掘海丝文化、岭南文化等传统文化特色，大力发展现代商贸、文体旅游等服务业，整合区域高端消费资源，推进共享经济、体验经济等新模式有序发展。加强“美食之都”“医养高地”塑造，着重打造海珠数字创新消费区、广州南站枢纽门户消费区等特色消费培育区，提升消费能级，将广州打造成全球综合性国际消费中心城市，以新消费为老城市注入新活力。坚持高端取向，发挥高等院校集聚优势，重点发展科技研发、高端研发、创业孵化、科技咨询等，培育壮大商贸新业态、新模式，开展科研机构科技成果转移、转化试点。大力发展跨境金融、科技金融等领域，稳步推进碳排放权抵质押贷款等碳金融业务创新，支持“粤信融”“信易贷”等平台建设推广。发挥东部交通枢纽优势，重点发展全球快递、多式联运、快捷物流、精益物流等行业，鼓励发展数字云仓，推动现代物流多方位嵌入制造业发展。聚焦科技创新资源，大力发展基于人工智能、大数据、云计算的信息服务，建设具有国际竞争力的国家软件产业基地和以区块链为特色的中国软件名城。

深圳重点发展现代科技金融、科技服务、时尚产业、金融服务、软件和信息服务等优势领域。加快推进数字与时尚、动漫游戏、短视频、VR/AR等数字产业发展，打造深港影视产业基地，强化“名品”研发、“名企”培育，培育形成一批千亿级产业集群。高标准建设前海深港国际金融城，推动金融科技创新，探索知识产权质押融资等服务模式，开展数字人民币跨境试点，争创绿色金融改革创新试验区。加快推进与港澳规则衔接、机制对接，在金融、法律事务、科技创新服务等重要领域和关键环节先行先试，加快建立与国际接轨的供应链标准，深度融入全球服务业分工体系，增强对全球资源要素的吸引力。着力发展信息技术咨询、设计和运维服务，支持软件企业加速向云计算转型，建设国家数字经济创新发展试验区。大力发展新型国际贸易，提升会展和商贸物流发展能级，加强与港澳国际贸易“单一窗口”互联，推动数字证书、电子签名全球互认，加强电子证照、公证文书跨境共享应用。积极发展工程建设、会计咨询等专业服务业，扩大试行香港工程建设管理模式范围，支持联合香港会计师事务所开展非审计业务，高标准建设中国（深圳）证券仲裁中心①，打造国际高端智库集聚区。

二、支持“三带”协同拓展

“三带”包括粤北经济发展带、粤东经济发展带、粤西经济发展带。提升“三带”服务能级，支撑广东省全域服务业特色发展、错位发展。

粤北经济发展带以韶关为核心，以河源、梅州、清远、云浮等城市为连接点，增强韶关在北部生态发展区中的中心城市功能，打造现代服务业增长极。重点发展电子信息、食品饮料、生物医药等行业，聚焦现代物流、金融服务、检验检测、医疗保健等服务业，打造一批特色鲜明的重大产业发展平台。依托北江航道，加快建立粤北地区联通珠江口的水运物流通道，推进粤北国际物流中心建设，做强做优“铁水联运”品牌。依托丹霞等地貌地质资源，努力发展生态旅游、文化旅游、康养旅游等。

粤东经济发展带以汕头为核心，以汕尾、潮州、揭阳等城市为连接点，构建汕潮揭同城化发展机制，打造现代服务业发展极。做好新时代“侨”的文章，以数字经济为统领，围绕纺织服装、工艺玩具、精细化工、海上风电等领域，重点发展跨境电商、全球保税维修、文化旅游、健康服务等产业，建设国际优质消费品进口集散中心，打造一批产业特色鲜明的隐形冠军企业，完善广东股权交易中心“华侨板”功能。

粤西经济发展带以湛江为核心，以阳江、茂名等城市为连接点，打造综合服务业发展极。依托港口、产业和区位优势，加快港产城融合发展，深度对接海南自由贸易港建设，提升港口集疏运能力，完善相对应的城市服务功能。打造区域商贸服务中心，重点发展总部经济、信息咨询、商务会展等产业，建设一批创新平台。

三、推进“多板块”辐射联动

结合全省区位、资源优势以及服务行业空间布局需求，大力发展湛茂板块、珠中江板块、广清韶板块、深莞惠板块，着力提升各板块在广东省的要

---

① 2024年更名为中国（深圳）证券期货仲裁中心。

素集聚能力、产业支撑能力。

湛茂板块以空港经济区为依托，推动湛江新塘、湛江坡头通用机场迁建，以信宜产业转移工业园、广东海南先进制造业合作产业园、粤桂合作特别试验区为基础，重点发展与新技术、新材料、精密模具等产业配套的现代服务业，增强承载珠三角地区、广西北部湾经济区、桂黔川渝沿线地区、桂湘鄂沿线地区产业转移的能力。深度融入西部陆海新通道，全面升级与海南来往的交通网络，提升高铁、港口、机场等基础设施配套支撑能力。

珠中江板块以珠海为核心，以中山、江门为增长极，重点聚焦科技创新服务、文化旅游等现代服务业，全面提升城市能级量级，完善现代化商贸设施，大力引进国（境）内外知名头部、平台型企业，打造现代商贸核心区。

广清韶板块发挥清远“入珠融湾”先行市的作用，加快推动广州营商环境5.0改革向清远、韶关等地区覆盖，建设广东广清接合片区、广东南岭国家森林公园等重大平台，丰富“连樟经验”的内涵。大力推进教育、医疗、社保等公共服务共享，开展养老服务跨区域合作，联合打造跨区域精品旅游线路。

深莞惠板块以深圳为龙头，联通东莞、惠州，协同打通深圳面向粤东沿海的通道。加快深莞惠产业合作共建，支持东莞、惠州成立海洋新型研究平台，支持惠州布局新型海洋产业示范园区，积极承接深圳等先发地区产业转移。

第四节　广东省现代服务业发展对策

广东省应以推动高质量发展为主题，以提升现代服务业发展能级为着力点，全力强化广东省现代服务业在产业协同联动、数字技术赋能、市场主体培育、行业标准建设、对外开放合作等方面的标杆引领作用，推进现有服务业集聚区提档升级，为培育广东省发展潜力大的成长型服务产业、构建优质高效的服务业新体系提供强大力量。

一、深化产业协同联动，推进产业深度融合

把握全球产业融合基本趋势，立足现代服务业发展的客观实际，推动生产性服务业与先进制造业、现代农业深度融合，推动服务业内部细分行业之间不同程度、不同维度的互相渗透，优化现代服务业集群组织结构，集聚经济增长核心资源、关键要素，使产业间业务关联、相融相长、技术渗透。

一是推进服务型制造和制造业服务化。现代服务业与先进制造业的融合，是经济发展到一定阶段的产物。面对市场多元化与高品质的需求，两者相互融合不仅有助于推动先进制造业生产范式的根本性变革，而且是增强优质服务供给能力的必然选择。其一，鼓励生产型制造向服务型制造转变。发展研发设计、检验检测认证、智能制造与运营管理、生产性租赁服务、系统集成以及整体解决方案、节能与环保服务等业务，促进先进制造业通过协同创新、融合创新由提供产品向提供“产品+服务”转变，提升先进制造业的综合服务能力。其二，支持服务业企业（平台）融入更多先进制造业元素。通过技术、设计、渠道、品牌的外溢，服务业企业发展数字制造、智能制造、绿色制造。重视产业组织方式的变革与创新，利用信息技术、工业设计、营销渠道等优势，发展以服务为主导的反向制造。其三，打造一批现代服务业与先进制造业深度融合发展的新型示范载体。发展以共享生产平台为主导的新产业生态系统，推动产业链上下游企业链条延伸、耦合共生、纵向协同。

二是加强服务业内部细分行业交叉渗透。互联网技术、知识产权、法律、金融等服务业细分业态之间存在较强的互动性关联性，应通过有效整合各细分行业关键核心资源，突破专业服务业自身限制，进而拓展服务增值空间。其一，推进服务业存量调整和增量优化。适应服务业各领域跨界融合的发展趋势，以现代科技和新一代信息技术改造提升文化、旅游、出行、健康等传统服务业，基于细分领域跨界融合发展“旅游+”“健康+”“养老+”等融合型服务新模式。其二，强化消费性服务业内部跨界融合。发挥专业优势叠加放大效应，实施内部行业融合发展标杆引领工程，有效整合各细分行业核心资源，积极拓展服务增值空间。其三，培育拓展新业务新业态。将云

计算、人工智能、远程交互技术引入生产、组织和运营环节，通过数字化提高制造与服务融合匹配度，围绕数字医疗服务、数字文旅服务领域拓展数字技术应用场景，发挥数字技术黏合作用，打造具有智能、交互特征的融合型业态。

三是强化现代服务业与现代农业融合。农业是国民经济的基础，广东省应借助现代服务业先进的技术和管理方式，提升现代农业产业体系整体效能。其一，推进现代信息技术与农业深度融合。利用现代互联网等技术手段完善农业信息化服务体系，实现环境监控、病虫害防治、测土配方施肥、生长期管理、收获与后期处理全程标准化、智能化运行。其二，大力发展都市现代农业。以农业产业化为途径，以富有特色的农业科技园区为载体，将广东省打造成为全国重要的生态食品城和休闲旅居地。依托农业农村特色资源，建设科教基地、实践基地、观光工厂等项目，形成集“学、游、食、养” 于一体的融合发展模式。其三，增强农业科技创新和推广应用能力。将金融保险、科技人才等高端要素与机耕、机播、机收等农业产业链条的各个环节联结，加大加工、包装力度，推广农作物良种繁育等先进技术。

二、推进数字技术赋能，激活产业发展新引擎

推进“大数据+”、人工智能、区块链等信息技术在现代服务业领域的广泛应用，加快推进服务业企业“上云用数赋智”，进一步催生现代服务业新模式、新业态、新场景。

一是促进服务业数字化发展。服务业数字化能够改变现代服务业的服务方式与业务范围，在一定程度上消除产业间要素流通壁垒，是提升高效集聚度和供需精准匹配度的必由之路。广东省应把握数字经济与现代服务业融合趋势，加速服务业数字化转型。其一，数字赋能生产性服务业升级。鼓励现代服务业在重点领域利用大数据、云计算、区块链等数字技术促进数字化转型发展，培优培强数字化融合化发展主体。以智慧物联网为核心，大力推进研发设计、智慧物流等生产性服务业数字赋能升级，推进石化、冶金等高耗能行业生产方式变革。其二，开展消费性服务业数字化提升行动。深化分布

式虚拟存储、机器学习等现代信息技术在传统产业领域的研发与应用，催生“互联网+”业态，推动文旅产业与数字经济深度融合，持续推动医疗健康服务、精品旅游服务全链条数字化，催生线上购物、直播电商等沉浸式消费场景和新经济业态，助力传统消费数字化转型。其三，着力推动数字生态化建设。积极参与数字经济国际规则制定，加速数据资源化、资产化进程，促进数据要素资源跨界融通流动。推广普及更高品质、更高质量的数字化产品服务，加快推进人工智能、物联网等数字技术在重点服务业领域的应用。

二是丰富拓展服务业新领域。随着数字化、智能化进程的不断加快，服务业新业态、新模式加速涌现。广东省应把握新一轮产业变革机遇，不断拓展服务业新领域。其一，培育服务业新业态、新模式。通过数字网络整合升级教育资源与服务，推动跨区域、跨行业协同融合创新，加快科技创新试点和推广应用，打造一批示范性强的服务平台。鼓励线上推广服务和线下真实体验相结合，探索发展在线教育、飞地研发、离岸创新以及体验式消费、个性需求定制服务等新兴服务业态。其二，打造人工智能重大应用场景。借助人工智能等信息技术搭建一批具有可示范性的重大应用场景，推进智慧商贸、智慧旅游、智慧交通等智能化服务全区域覆盖，进一步完善交易、物流、仓储等全流程服务，鼓励服务平台开展数字化交易，共享商务服务、人力资源服务、现代物流等领域的产业链核心数据。其三，健全数字商贸服务体系。鼓励天河路–珠江新城商圈、广州塔–琶洲商圈、罗湖核心商圈、后海–深圳湾商圈等区域商贸服务业企业建立平台，持续促进商贸中心、科创楼宇、服务业集聚区等服务载体的智能化升级。

三是催生网络化发展新业态。在云计算、大数据、物联网等技术的驱动下，现代服务业模式正在发生变革。网络化技术极大地改变了服务的特性，推动现代服务业结构逐步向高级形态发展。广东省应推动现代服务业与互联网深度融合，促进服务效率和质量产生质的飞跃。其一，搭建现代服务业数字化转型平台。聚焦特色产业、重点行业、重要领域，协同培育共享制造、共享设计和共享数据的平台，构建开放兼容、合作共赢、业务链条贯通的智慧生态体系，实现数据采集、处理、整合、交易等服务资源共建共享。其二，建成服务业优质高效发展核心地。促进信息技术与金融、物流、旅游休闲、商务等重点服务领域深层次融合创新，推动无感停车、智能配送、远程体验等试点示范应用，积极探索未来社区、无人配送、无人机等新兴服务场景，培育智慧港口、智慧航道示范企业和项目。其三，建立健全协同推动的服务机制。在重大场景培育打造面向制造业供应链的人工智能技术，在服务模式和服务产品等方面力争更大突破。注重同产业升级、消费升级相融合，推动产业数字化协同创新发展，以人工智能、区块链为算法支撑，加快形成交叉渗透、协同创新的产业生态系统。

三、培育壮大市场主体，增强高质量发展韧性

尊重企业发展客观规律，建立分类引导和差异化扶持的政策体系，构建中小企业梯度培育体系，强化领军企业引领作用，支持优质企业进入发展快车道。

一是强化领军企业引领作用。领军企业作为产业链的头部企业，在资源、管理、技术等方面具有无法比拟的优势，应大力培育一批有担当的领军企业，带动全产业链创新升级。其一，实施服务业领军企业培育行动。发挥领军企业的“头雁”作用，支持具有影响力的头部企业通过重组合作、协同创新等形式做优做强。支持行业领军企业、独角兽企业向服务专业化、功能体系化发展，以更大力度引培一批服务能力强、辐射范围广的企业。其二，持续提升服务业领军企业的市场竞争力。加快培育和引进一批拥有自主品牌且全球竞争力强、关联带动力强、发展层次高的世界一流企业。重视培育平台型企业和机构，打造一批流量大、功能强，国内有地位、国际上有影响力的连锁型、平台型现代服务业企业集团，联合开展生产流程协作、组织重构、市场创新等工作。其三，聚焦细分领域补短板、锻长板。适应服务专业化、特色化发展要求，引导领军企业聚焦商贸流通、健康养老、体育健身等产业链细分环节，提供全方位、精细化配套服务支撑，提升全产业链服务能力。引导企业在智慧城市、商务服务、人力资源服务等现代服务业领域实现智能化改造和跨界融合，提高市场拓展、品牌运营的能力。

二是激发中小微企业发展活力。中小微企业作为经济发展的重要组成部分，占广东省企业总量的90%以上，在稳定就业水平、推动产业创新方面起到重要作用。广东省应精心培育专精特新中小微企业，将其打造成高质量发展的强劲引擎。其一，深入推进服务业企业“小升规”。根据资源和产业发展基础，梯度培育扶持中小微企业，及早发现、重点培育产品质量好、创新能力强的中小微企业，培育一批主营业务突出、竞争能力强的独角兽企业、瞪羚企业和创新“尖兵”。其二，构筑创新型中小微企业评价体系。建立独角兽企业、瞪羚企业培育库，从经营效益、成长潜力、专业程度等维度，研究制定创新型、科技型中小微企业评价遴选标准和流程，为创新能力强、经营效益好的优质中小微企业精准画像，名单实行动态更新。其三，拓宽中小微企业融资渠道。发挥国家融资担保基金作用，以股权投资和政策实施为纽带，推动政府性金融资源向中小微企业倾斜，提高中小微企业贷款额度。

三是加速大中小企业融通创新。企业组织体系中既有“顶天立地”的大企业，也有“铺天盖地”的中小企业，应通过大中小企业融通创新，充分发挥大企业实力雄厚、创新经验丰富的优势，以及中小企业贴近市场、“嗅觉”敏锐的优势，进一步增强产业链发展韧性。其一，发挥龙头企业的主力军作用。鼓励龙头企业通过生态构建、市场带动等方式引领中小企业发展，建立供应链上下游企业利益共享机制，发挥龙头企业的“头雁”作用。其二，鼓励大企业带动中小企业协同发展。充分发挥行业协会、商会组织、平台型企业的桥梁作用，以规模能级跃升为引领，组建大中小企业融通发展联盟，引导大型企业和行业龙头企业面向创新型、科技型中小企业发布采购需求。其三，建立跨产业供需对接机制。多渠道搭建大中小企业专业、高效的融通创新发展平台，利用平台资源和渠道促进产业链上下游企业有效联动、供销一体、合作对接，在“链”上即可实现资源共享、生态共建。

四、健全行业标准体系，增强服务品牌影响力

以推进现代服务业标准化、品牌化和规范化为导向，深入实施“以质取胜”“标准引领”“品牌带动”三大战略，积极创建区域、行业品牌，形成一批高知名度、高信誉度的区域和行业服务品牌。

一是大力塑造“广东标准”新优势。服务业标准化是现代化经济体系建设的关键一环。服务业标准作为世界的“通用语言”，在提质增效方面起到规范作用，是技术交流、国际合作的“通行证”。广东省需要以标准化建设实现现代服务业的内涵式发展。其一，实施服务业标准化提升行动。积极推进信息服务、科技服务、知识产权等生产性服务业的标准化，推进居民和家庭、文化体育、健康养老、教育等生活性服务业的标准化、规范化工作，建成推动高质量发展的标准体系。其二，深入实施企业标准领跑者制度。与服务贸易重点领域、服务新业态有效对接，加快研制共享经济、数字贸易、跨境贸易等新兴服务领域标准，率先推出一批标杆性的服务业标准。其三，制定与国际化服务标准体系相适应的标准。及时跟踪国际标准制定动态，对接国际先进水平，制定与广东省经济发展相适应的优质服务业标准，推动标准化全面融入现代服务业各个领域。主动参与数字贸易、海外仓、服务贸易等相关国际标准的制定，以先进标准规范各服务行业市场秩序。

二是持续提升服务业企业品牌竞争力。习近平总书记强调，要推动中国制造向中国创造转变、中国速度向中国质量转变、中国产品向中国品牌转变。广东省需要高度重视品牌培育和建设，着力提高服务供给质量。其一，切实加强注册商标保护。建立科学有效的商标品牌评价体系，开展商标品牌战略前瞻性跟踪、研究。在服务业领军企业中着力培育一批具有自主知识产权的国际知名服务品牌，逐步实现从服务业优势向品牌优势转变，形成引领、示范和带动效应。其二，分类分级建立品牌培育机制。按照“培育一批、打造一批、形成一批”的思路，重点在文化服务领域建设一批国际化、高水平的创意设计中心，培育发展一批具有国际影响力的本地知名总部企业和品牌，建立衔接紧、韧性强、附加值高的知名品牌创建梯队。其三，统筹

推进区域品牌建设。结合区域产业特色，加强区域品牌培育，探索建立重点商标品牌保护名录，推动支撑商标品牌建设的产业、市场等高质量发展，健全区域品牌支撑体系，打造一批辨识度高且在国内外具有竞争力的区域品牌。

三是加强现代服务业治理能力建设。创新治理模式、提高治理效能可以直接提高现代服务业发展的质量和速度，是构建优质高效服务业新体系的重要支撑。广东省应扎实推进服务业治理能力建设，激活高质量发展引擎。其一，创新服务业监管模式。积极适应服务经济发展特点，探索建立触发式监管、智慧监管、信用监管等新型服务质量监管机制，实行“观察期”管理，提高监管的有效性、协同性、靶向性。其二，健全质量治理机制。推动建立优质服务标识管理制度，完善服务业质量激励约束机制，引入精神损害赔偿和惩罚性赔偿制度；引导企业加强全程质量控制，加强可靠性设计、试验验证技术开发应用，主动发布服务质量标准以及质量分析报告。其三，充分挖掘质量认证市场。推动建立重点产业质量认证制度体系，支持行业协会加强质量自检，提高质量认证服务能力。坚持市场化改革方向，鼓励第三方认证机构开展现代服务业重点行业质量监测，全力推动检验检测认证，助力服务业标准化发展。

五、融入国内国际双循环，开拓合作共赢新局面

融入新发展格局，探索扩大新兴服务业双向开放。稳步推动现代服务业高水平开放，用前所未有的开放胸怀在更宽领域深化合作，与全球经济共同发展、合作共赢。

一是深入推进服务领域对外开放。推进高水平对外开放是立足新发展阶段、加快构建新发展格局的必然选择，是在国内国际双循环背景下广东省经济高质量发展的重要动力。广东省应对接国际高标准经贸规则，在风险可控的范围内实现更高水平开放。其一，探索扩大新兴服务业高水平双向开放。在“自贸试验区+”的基础上实施更大范围、更宽领域、更深层次的对外开放，争取新一轮服务业扩大开放综合试点，逐步放宽或取消商贸物流、会计

审计、软件研发、融资租赁、商业保理等领域外资准入限制，以更大力度吸引和利用外资，逐步简化外资企业准入程序，重点做好营商环境、科技创新、金融市场互联互通，争取金融领域对外开放先行先试，吸引跨国企业集团在粤设立区域或总部的资金结算中心、采购中心等功能性机构。其二，深化服务业领域对外投资合作。探索简化服务业境外投资管理，增强服务业企业防范境外投资风险的意识，为服务业企业“走出去”提供境外投资合作指南等支撑服务。秉持开放、绿色理念，高水平建设面向全球的高标准境外经贸合作区，建设服务贸易创新发展试点，有序推进服务业境外领域投资。

二是大力推动服务贸易创新发展。在新一轮全球战略大布局中，推动服务贸易创新发展有助于推动服务贸易释放更大潜能。广东省应大力培育壮大新业态新模式，借助国内大循环势能逐渐走向国内国际双循环。其一，扩大服务贸易优势领域。加强服务贸易平台建设，大力输出面向数字贸易的新业态，促进海外投资企业交流和项目合作，加大服务领域开放力度，提高服务领域开放水平。鼓励具有全球影响力、处于全国价值链中高端的服务贸易企业在境外设立分销中心、物流中心。大力发展国际结算、分销等新兴服务贸易，加快构建数字化制造外包平台，支持“文化+旅游”“保税+”等跨领域产品创新。其二，深化拓展对外经贸关系。把发展对外贸易作为开拓外贸新兴市场的关键力量，全面深化广州、深圳服务贸易创新发展，提升研发、设计等高附加值服务参与国际专业化合作和国际竞争的能力，在研发设计、商贸咨询、现代金融等重点服务贸易领域，实施更加主动的国际化合作战略。其三，推动服务外包转型升级。推动信息技术外包（ITO）、业务流程外包（BPO）以及知识流程外包（KPO）的发展。加快服务外包向科技、金融、体育、商贸等领域深度拓展，促进服务外包高技术、高附加值、高质量发展，重塑价值链、产业链和服务链。

三是深化拓展区域服务务实合作。开展省际现代服务业企业全方位、多层次、常态化的交流合作，实现区域间产业合理分布和上下游联动，是促进一体化大市场形成、积蓄更多发展新动能的重要举措。广东省应把自身发展放到区域、全国乃至全球发展的大格局中，着眼于实现一体联动，携手推动现代服务业向深度广度拓展。其一，加强与“一核一带一区”服务业联动发展。把珠江口东西两岸与粤东粤西粤北地区产业融合发展作为突破口，在软件和信息服务、现代物流、商务服务、工业设计、供应链金融等领域加强跨区域创新合作，共同打造国内一流、具有国际影响力的现代服务业产业集群。强化广州、深圳驱动作用，大力推动南沙、前海、横琴等高能级载体平台建设，放大产业发展集聚区功能效应。鼓励建立服务业集聚区联盟，开展企业与园区、园区与园区、孵化器与孵化器合作共建，创新产业链协作机制。其二，深化粤港澳服务业一体化发展。在人工智能、无人驾驶、大数据等服务业重点领域积极争取国家支持，加强粤港澳司法交流与协作，完善知识产权保护和运用体系，健全涉外商事纠纷诉讼管辖制度，探索建设广东与港澳规则相互衔接示范基地，使广东省现代服务业在贸易、法律、知识产权领域与世界接轨。其三，加强与其他区域的服务业合作交流。积极开展跨区域服务业协作，加强与长江经济带及京津冀城市群、北部湾城市群等国家重点发展区域的联动发展，推动市场区域板块之间高效联通、互动发展。支持省属国有大型企业通过并购、引进、参股、托管等产业合作模式参与投资、建设和管理产业园，优化产业共建政策体系，发挥广东省现代服务业的辐射带动作用，形成责任共担、利益共享的长效机制。

行业篇

第五章 广东省生产性服务业发展研究

生产性服务业作为现代服务业体系的关键核心，是在制造业内部独立发展起来的保障性产业，对于培育发展新动能、引领产业向价值链高端跃升有重要支撑作用。随着国际市场上的竞争加剧以及分工与专业化程度的加深，与先进制造业等工业部门有直接关联的研发设计、科技服务、物流运输等生产性服务业得益于长期积累的独特优势，逐步从制造业内部剥离，发展为单个产业，从“内部化”走向“市场化”。生产性服务业依存于制造业的发展，贯穿于生产的上游、中游和下游诸多环节中，直接或间接为制造业发展提供服务。生产性服务业具有很强的产业渗透力和融合力，通过嵌入制造业生产环节，优化新产品设计、改进生产工艺和开拓营销渠道，进而促使制造业企业获得新的价值增长点。制造业与生产性服务业紧密相关、相互依赖，前者是后者存在的前提条件，后者决定前者发展的产业结构与生产效率。当前，我国经济处于工业型向服务型发展的重要时期，广东省必须抢占生产性服务业发展战略制高点，延伸优化生产性服务业价值链，推进产业实现高水平融通循环，加快形成新质生产力。

第一节　广东省生产性服务业发展现状

生产性服务业作为一种中间服务部门，以资本和知识为介质，为生产活动提供各种保障服务，服务对象主要为制造业，并不向消费者提供直接的、独立的服务。生产性服务业的发展是工业发展到高级阶段的产物，也是制造业走向高端化、智能化的基础。会计、评估、咨询和科学技术研发等环节在与制造业渗透融合的过程中，能够衍生出新的价值，推动产业结构调整，促进制造领域获得高附加值和强竞争力，具有高技术创新性、高要素密集性、高产业融合性及高产业外部性等特征。根据国家统计局发布的《生产性服务业统计分类（2019）》，生产性服务业涉及交通运输、现代物流、金融服务等16个国民经济行业门类以及348个行业小类。目前，生产性服务业增加值尚未单独核算，统计监测方法正在研究制定中，本章使用的全省生产性服务业数据来自相关年份《广东统计年鉴》，主要包括金融业，交通运输、仓储和邮政业，信息传输、软件和信息技术服务业，房地产业（不含房地产开发经营），租赁和商务服务业，科学研究和技术服务业六大类。

一、规模持续扩大，占比不断提高

广东省以推动高质量发展为主题，创造新价值、重塑新动能，生产性服务业产业能级稳步提高，支撑力、引领性逐步增强。

一是产业发展势头强劲。服务业特别是现代服务业发展是现代产业结构形成的最重要标志。广东省现代服务业产业规模整体呈现稳步提升的发展趋势。2022年，现代服务业增加值为46232.54万亿元，占第三产业的比重为65.18%，较2015年（59.36%）提高5.82个百分点，发展的韧性和活力逐步增强，对经济支撑的作用愈加凸显，并成长为经济发展的主要动力。其中，金融业保持稳健增长，增加值从2015年的6119.66亿元跃升至2022年的11825.76亿元，年均增长幅度达到9.87%，年均增速明显高于全省地区生产总值年均增速（6.04%）和服务业增加值年均增速（6.78%）。

二是对经济贡献明显提升。税收是国家财政收入的重要组成部分。在减税降费政策力度一再“加码”的情况下，财政收入的增长在一定程度上反映了生产性服务业经济活力进一步被激活，产业运行态势稳中向好。2022年，全省规模以上生产性服务业（不含金融业）实现税收收入[①]1360.38亿元，是

① 税收收入：包含营业税及附加和应缴的增值税。

2015年（553.62亿元）的2.46倍，年均增速为13.70%。生产性服务业税收收入占规模以上服务业税收收入的比重进一步提升，2022年为94.17%，较2015年（92.07%）提升2.10个百分点（见表5-1）。其中，信息传输、软件和信息技术服务业，租赁和商务服务业，交通运输、仓储和邮政业税收收入在2015—2022年年均增速分别高达13.11%、12.45%、11.96%。

表5-1　2015年与2022年广东省规模以上生产性服务业（不含金融业）税收收入及其占比

行业	税收收入/亿元		占规模以上服务业税收收入比重	
	2015年	2022年	2015年	2022年
生产性服务业（不含金融业）	553.62	1360.38	92.07%	94.17%
交通运输、仓储和邮政业	135.38	298.53	22.51%	20.67%
信息传输、软件和信息技术服务业	192.49	455.98	32.01%	31.56%
房地产业（不含房地产开发经营）	47.29	219.93	7.86%	15.22%
租赁和商务服务业	117.76	267.69	19.58%	18.53%
科学研究和技术服务业	60.71	118.24	10.10%	8.19%

数据来源：《广东统计年鉴》。

二、结构特征鲜明，产业贡献领先

广东省在全球进行产业重新布局的背景下，以高水平开放和集成化创新为根本动力，把生产性服务业的发展基点放在创新上，坚持制造与服务“双向发力”，已初步形成供需适配、错位互补的现代服务业新体系。

一是新动能活力持续释放。广东省生产性服务业发展韧性凸显，总体呈现稳中向好的积极态势。2022年生产性服务业（不含金融业）营业收入43855.05亿元，是2015年（15623.93亿元）的2.81倍，2015—2022年年均增速达到15.89%（见表5-2）。其中，战略性新兴服务业和高技术服务业对产业创新的引领带动能力提升，2022年营业收入分别实现了5.0%和6.9%的增长，增长速度超过服务业总体水平（4.2%）①。生产性服务业在推动传统产业高新技术化、重塑产业结构形态、提高整体经济效益的同时，有力保障了广东省工农业生产活动有序进行，在促进技术进步、推动产业结构转换升级和稳定经济大盘方面发挥了重要作用。

二是内部结构不断优化。广东省生产性服务业结构门类特征较为鲜明，内生动力持续增强。特别是信息传输、软件和信息技术服务业呈现出强劲的增长势头，2022年营业收入占规模以上生产性服务业总营收的37.81%，较2015年（26.13%）提升11.68个百分点，2015—2022年年均增幅达22.17%，营业收入增幅位居生产性服务业各细分行业第二位，仅次于房地产业。其中，互联网和相关服务、软件和信息技术服务业等信息领域细分行业发展迅速，2022年营业收入分别为5509.18亿元、8697.41亿元，2015—2022年的年均增速分别达32.49%、26.67%。交通运输、仓储和邮政业营业收入占规模以上生产性服务业总营收的比重明显降低，由2015年的35.27%下降到2022年的26.63%。

表5-2　2015年与2022年广东省规模以上生产性服务业（不含金融业）营业收入及其占比

行业	2015年		2022年		2015—2022年年均增速
	营业收入/亿元	比重	营业收入/亿元	比重	
生产性服务业（不含金融业）	15623.93	100.00%	43855.05	100.00%	15.89%
交通运输、仓储和邮政业	5510.46	35.27%	11679.85	26.63%	11.33%
信息传输、软件和信息技术服务业	4081.82	26.13%	16580.39	37.81%	22.17%
房地产业（不含房地产开发经营）	826.19	5.29%	3702.70	8.44%	23.90%
租赁和商务服务业	3552.52	22.74%	8137.07	18.55%	12.57%
科学研究和技术服务业	1652.94	10.58%	3755.05	8.56%	12.44%

数据来源：《广东统计年鉴》。

① 数据来源：《2022年广东省国民经济和社会发展统计公报》。

三、主体引培发力，头部企业显现

市场主体是广东省新质生产力增强的核心支撑力量，也是吸纳市场就业人才、提升产业整体效能的关键。广东省充分发挥头部企业在产业链补短板中的重要作用，整合集聚创新资源，使广东省现代服务业在全球价值链中的地位逐步提高。

一是企业单位数量稳步增加。2022年，广东省规模以上生产性服务业企业共计30710家，占规模以上服务业企业总数（35692家）的86.04%，占比较2015年（83.96%）提升2.08个百分点（见表5–3）。其中，房地产业与信息传输、软件和信息技术服务业企业数量增速较快，2015—2022年年均增速分别为17.95%、17.34%。广东省积极培育“雁阵形”企业梯队，越秀集团、广州产投集团、广州农村商业银行等80家企业入选“2023中国服务业企业500强”，入围数量保持领先，高于浙江省（52家）、上海市（47家）、江苏市（42家）、北京市（41家）和福建省（41家）。总部经济引领力不断彰显，开思时代、博冠、日发投资等一批高能级跨国公司总部纷纷落户广东省，24家总部企业被列入2022年广东省跨国公司地区总部认定名单。

表5–3　2015年与2022年广东省规模以上生产性服务业（不含金融业）企业单位数及其占比

行业	2015年		2022年		2015—2022年年均增速
	企业单位数/家	比重	企业单位数/家	比重	
生产性服务业（不含金融业）	13037	100.00%	30710	100.00%	13.02%
交通运输、仓储和邮政业	2921	22.41%	5803	18.90%	10.30%
信息传输、软件和信息技术服务业	1833	14.06%	5614	18.28%	17.34%
房地产业（不含房地产开发经营）	1829	14.03%	5802	18.89%	17.93%
租赁和商务服务业	4511	34.60%	9383	30.55%	11.03%
科学研究和技术服务业	1943	14.90%	4108	13.38%	11.29%

数据来源：《广东统计年鉴》。

二是就业人数及薪资水平稳步提升。生产性服务业在促进经济高质量发展的同时，催生了新的发展业态，也为广东省创造并提供了大量的就业岗位。2015年以来，广东省服务业就业人数一直处于稳步扩张阶段。产业发展活力充分彰显，成为稳扩就业的核心支撑。2022年广东省生产性服务业城镇非私营单位就业人数为516.63万人，是2015年（322.67万人）的1倍多。从生产性服务业内部细分行业看，信息传输、软件和信息技术服务业，租赁和商务服务业，金融业吸纳的就业人数增速较快，2022年分别达83.90万人、130.60万人、79.00万人，分别较2015年增加48.59万人、65.92万人、32.93万人，2015—2022年年均增幅分别达13.16%、10.56%、8.01%。平均工资是衡量某一行业经济发展水平的重要指标之一。广东省生产性服务业城镇非私营单位就业人员年平均工资水平保持持续增长，从2015年的8.91万元增长至2022年的15.58万元，年均增幅达8.31，其中信息传输、软件和信息技术服务业，金融业，科学研究和技术服务业的人均工资增幅较大，2022年分别达23.25万元、23.91万元、17.71万元（见表5-4），2015—2022年年均增幅分别为9.25%、8.79%、8.65%，高于生产性服务业平均水平（8.31%）。

表5-4　2015年与2022年广东省生产性服务业城镇非私营单位就业情况与人均工资

行业	城镇非私营单位就业人员数量/万人		城镇非私营单位就业人员工资总额/亿元		人均工资/万元	
	2015年	2022年	2015年	2022年	2015年	2022年
生产性服务业	322.67	516.63	2876.33	8047.80	8.91	15.58
交通运输、仓储和邮政业	82.79	80.00	669.45	1043.16	8.09	13.04
信息传输、软件和信息技术服务业	35.31	83.90	441.92	1951.08	12.52	23.25
金融业	46.07	79.00	611.02	1889.12	13.26	23.91
房地产业	59.09	90.76	391.90	906.48	6.63	9.99
租赁和商务服务业	64.68	130.60	417.91	1330.50	6.46	10.19
科学研究和技术服务业	34.73	52.37	344.13	927.46	9.91	17.71

数据来源：就业人员、工资总额来自《广东统计年鉴》，人均工资根据 工资/人数计算所得。

四、平台载体叠加，集聚效应增强

产业平台是汇聚创新资源、推动上下游产业链集聚延伸的重要载体，也是新技术、新业态、新模式的摇篮。广东省把高能级产业载体建设放在重要位置，从空间上盘活现有资源，推动现代服务业呈现专业化和多样化的集聚态势。

一是高能级现代服务业平台建设扎实推进。粤港澳大湾区和深圳先行示范区"两区"建设不断向纵深迈进。"两区"聚集了一批在行业内具有引领作用和创新服务能力的头部企业，在现代金融、法律咨询、国际贸易等领域的发展水平持续提升。广东省三大自由贸易试验区①建设稳健起步、辐射力持续提升，以广东金融高新技术服务区、广州国际金融城等为代表的一批高识别度、高影响力的现代服务业集聚区逐步形成。

二是创新服务平台持续发力。广东省充分发挥产业优势，在技术研发、管理咨询、融资安排等科技创新服务方面持续发力。借助科技资源共享平台、粤港澳联合实验室、产业创新中心等服务平台，对接资源并协同创新，优化生产要素组合，突破了一批关键共性技术。培育了华为、树根互联、赛意信息、腾讯等国家级工业（服务）互联网平台，广东省国家级工业互联网平台的数量全国第一。

三是规模集聚效应逐步增强。广东省以服务先进制造业为主攻方向，在珠海、汕头等地布局建设一批产业特色鲜明、空间布局合理、辐射支撑作用显著的大型现代服务业集聚区，有计划地将广深核心城市的商贸、物流等传统密集服务业转移到集聚区，深挖佛山、东莞、珠海、惠州等集聚区所在的珠三角城市在现代物流、科技服务、电子商务和文化创意等领域的服务发展潜力，储备集聚区发展所需的土地、装备、人才和资金等要素，使集聚区对区域经济的支撑力逐步提升。

---

① 广东省三大自由贸易试验区分别为：广州南沙自贸区、横琴粤澳深度合作区和深圳蛇口自贸区。

五、业态深度融合，经济活力彰显

当前，服务业与制造业的界限日趋模糊，产业融合是提升经济发展韧性、拓展产业发展空间的战略选择。广东省通过深化融合、多领域渗透，在先进制造业集群内嵌入前期的产品设计与研发服务，以及后期的销售与售后服务，制造业产品技术含量与附加值大幅提升。

一是"跨领域融合"纵深推进。广东省积极探索现代服务业与优势制造业互促共进、协同发力的路径，依托资源和品牌优势，将先进制造能力与设计、研发、管理、创意等增量生产性服务资源紧密衔接与高效融合，寻找并激活产业深层次的内生引擎。"制造+服务"的业态融合模式不断推陈出新，服务要素在投入产出中的比重逐步提升，同时，制造业对生产性服务业的拉动作用也日益凸显。

二是服务型制造转型突破。广东省通过出台政策、试点示范、资金扶持等方式，开展服务型制造业企业示范遴选活动。以创新定制化服务、共享制造、供应链管理、零散订单集约化等具有广东特色、可复制推广的"服务+制造"融合方向为目标，培育了怡合达、禾信仪器等一批示范带动作用强的企业。2019—2024年已组织开展六批省级服务型制造业企业示范遴选工作。数字技术是服务型制造业企业转型的关键，广东省利用数字技术实现产业链、供应链下游需求方生产订单与上游制造能力的精准匹配，对外优质服务供给持续增加，数字智造应用场景持续落地。

三是重点领域模式创新。线上会展、网络直播、跨境电商等新兴服务业态发展活力加速释放。其中，跨境电商已成为广东省建设贸易强省、激活外贸活力的新引擎。2022年广东省跨境电商进出口总额为6454亿元，较2015年（148亿元）扩大近43倍，2015—2022年年均增速达71.5%，其中：广州跨境电商进口额连续9年位列全国第一，广交会出口成交额和参展企业数量均创历史新高。研发设计服务在产业中的引领作用逐步增强，"设计之都"建设加速推进，"广东设计"能级显著提升。第三方、第四方供应链服务平台整合能力逐步增强，以嵌入式为制造业提供供应、库存、配送、售后等一体化服务，使制造业降本增效能力持续提升。检验检测服务产业持续展现强劲的发展势头，品牌影响力与公信力持续提升。2022年，广东省检验检测机构有4612家，总营收为659.89亿元，机构数量、总营收等指标均居全国第一。节能环保服务产业形成一定规模，资源综合利用等领域的部分技术产品在全国的优势明显，高效节能产品、污染修复技术装备实现规模化生产。金融改革创新全国领先，在绿色金融标准、产品、债券等领域开创了多个国内“首个”“首单”，2022年广东省绿色信贷余额为2.2万亿元，占全国的比重为10%，服务型制造转型的能力明显增强。

六、发展环境优化，机制创新健全

优质的营商环境是生产性服务业高质量发展的基石，能够引领生产性服务业以最低的成本创造最大的经济价值，对于打通经济发展堵点、畅通经济循环具有重要意义。广东省聚焦政务服务、高效管理等重点领域、关键环节精准发力，市场主体潜力在完善服务标准体系、健全政策体系等过程中被进一步激活。

一是服务标准体系逐步完善。广东省大力推动计量、标准、认证认可等领域协同发展，发布首批110项“湾区标准”，规则机制“软联通”全面加强。截至2023年底：累计建设国家质检中心87个、国家产业计量测试中心7个、国家技术标准创新基地6个；主导或参与制定国际标准42项、国家标准1367项，数量位居全国前列。成立广东省会展业标准化技术委员会，逐步建立全省会展业标准体系。广东省发布并推广实施12个产业标准体系规划与路线图，制定发布836项关键技术标准，还发布了《跨境电子商务海外仓服务管理规范》等3项跨境电商地方标准，以及包括企业商务诚信评价在内的5项地方标准。

二是政策体系不断健全。广东省以激发企业内生增长动力为抓手，优化生产性服务业的发展生态。针对现代服务业重点行业和新兴业态，先后出台了一系列促进贸易物流、现代金融、文化创意、信息服务等发展的政策措施，印发实施《广东省人民政府办公厅关于加快发展生产性服务业的若干意见》，形成“一盘棋”工作格局。广东省从领军企业、集聚创新、技术进步、高端人才等方面给予扶持，建立生产性服务业企业数据库，夯实生产性服务业的基础支撑；推动交互式与多链式生产性服务业模式应用，提高企业的服务化率，推动产业链上中下游和关联产业集聚发展。

第二节　广东省生产性服务业发展问题

广东省生产性服务业发展进程明显，总体规模稳步扩大，发展韧性持续增强，但受限于全球经济增长预期放缓以及制造业持续低迷等因素，生产性服务业的短板仍然突出，有整体发展速度缓慢、产业竞争力不强、内部结构不够合理、体制机制还存在堵点难点等诸多不足，在一定程度上还不能适应产业转型与经济高质量发展的要求。

一、整体发展能级不高，“大优强”主体还不多

一是生产性服务业比重仍需提升。生产性服务业发展关乎经济运行效率的提升。广东省生产性服务业虽然取得阶段性增长，占地区生产总值的比重稳步提高，对经济的贡献度明显增强，但在广东省制造业产品的最终价格中，制造环节增值仍占较大比重，服务环节对产品价格增值作用较小，产品竞争力仍有较大提升空间。目前，欧美等国家和地区生产性服务业占地区生产总值的比重达到了40%～50%，而广东省与欧美等国家和地区相比仍有一定差距。此外，广东省生产性服务业发展能级不高，主要是金融业大而不强的问题突出。广东省金融业增加值虽位居全国首位，但对经济的贡献度相对偏低，2022年，金融业增加值占广东省地区生产总值的比重为9.2%，低于北京（19.7%）、上海（19.3%）、天津（13.5%）（见图5–1）。生产性服务业发展层次、质量和效益有待进一步提升。

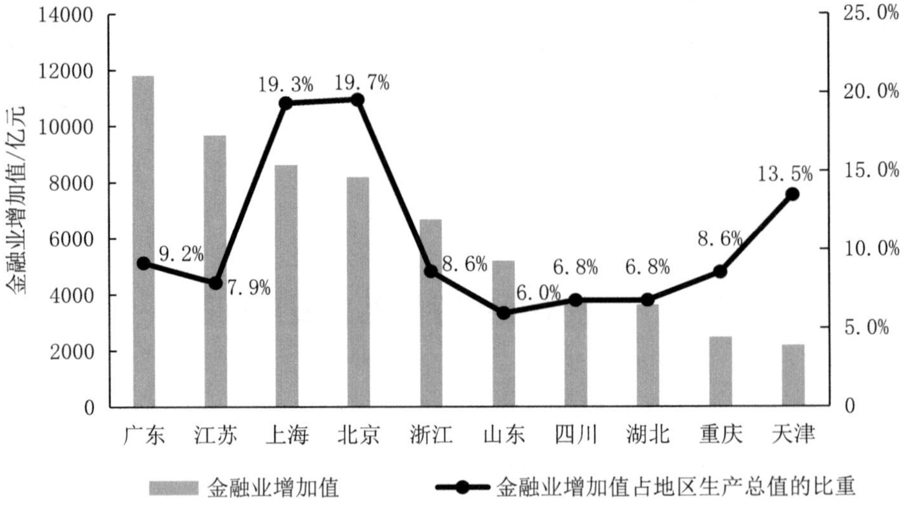

图5-1　2022年主要省份金融业增加值及其占地区生产总值的比重

数据来源：《中国统计年鉴》。

二是行业内部结构尚待进一步优化。目前，广东省生产性服务业内部结构虽然持续优化，但仍以交通运输、仓储和邮政业，租赁和商务服务业等传统服务业为主，科学研究和技术服务业等知识密集型服务业比例相对偏低，研究和试验发展、专业技术服务、科技推广和应用服务等服务领域发展缓慢，尚未成为生产性服务业增长的主动力。从营业收入占比情况看：传统的交通运输、仓储和邮政业，租赁和商务服务业营业收入分别占规模以上生产性服务业营业总收入的26.63%和18.55%，两个行业的收入合计约占规模以上生产性服务业营业总收入的45.18%；而科学研究和技术服务业仅占规模以上生产性服务业营业总收入的8.56%（见图5-2），有效服务供给不足，给广东省制造业提供的技术服务有限。

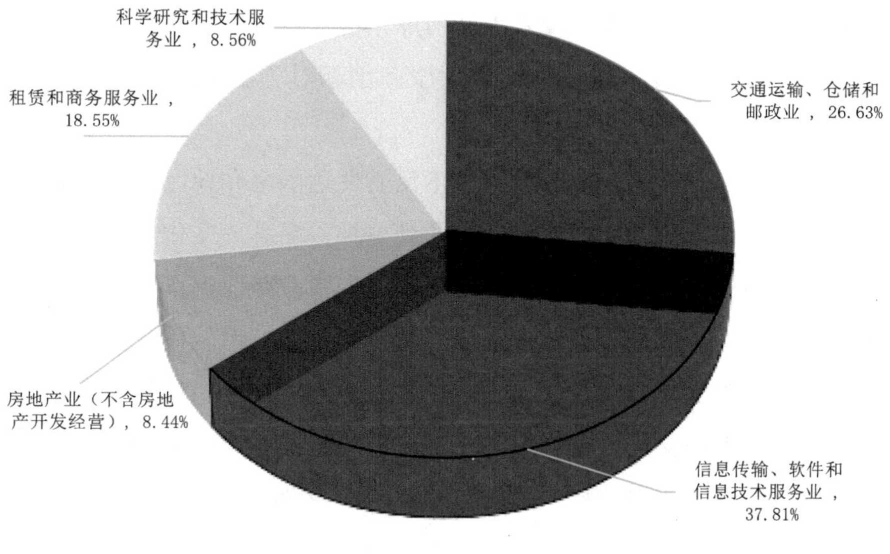

图5-2　2022年广东省规模以上生产性服务业（不含金融业）营业收入细分行业占比

数据来源：《广东统计年鉴》。

三是缺乏领军型产业链龙头企业。在“2023中国服务业企业500强”排行榜中，广东省作为我国第一经济强省，80家企业上榜，超出浙江省（52家）、江苏省（42家）。虽然在全国范围内，广东省入选“2023中国服务业企业500强”的企业数量最多，但在电子商务、科技服务、养老健康等领域拥有的知名企业数量依然较少；且广东省服务业企业在价值链能级、服务质效、品牌知名度等方面，与国际知名企业仍有较大差距；世界一流专业领军示范企业和产业生态主导型企业数量相对不足，市场主体有待进一步发展壮大。

二、新业态发展有短板，支撑能力有待提高

一是生产性服务供需总体不够适配。广东省在软件电子信息、新能源汽车、高端装备制造、新材料等先进制造业领域正加速形成新质生产力，但在全球价值链上仅扮演加工、制造、生产的角色。长期处于国际价值链中低端，对生产性服务业的拉动效应不够突出。生产性服务本地化供给质量不高。在研发和设计、创业孵化、技术转移转化、知识产权等环节缺乏链式布

局。基础设施等硬件方面的投入不断增加，但在科技、研发等软件方面的投入仍有所欠缺，高技术、高附加值的服务创新对于制造业转型升级的推力不够。

二是高端专业行业发展能力明显不足。发达国家和地区的服务业一般是以金融保险、咨询等附加值较高的产业为主导，品牌、文化、科技等与生产直接相关的高创新率、高附加值战略性资源保留在企业内部。目前，广东省传统交通运输等生产性服务业的综合实力较为雄厚，但软件开发、科技咨询服务等具有高附加值的知识密集型生产性服务业发展仍然较为薄弱，对制造业产业升级转型的支撑力度明显不足，生产性服务业功能无法充分发挥。例如：广东省金融业仍以传统银行业务为主，产业金融、航运金融、供应链金融等新业态发展不足；一些体现城市竞争力的法律、会计、高端咨询等关键生产性服务业发展缓慢，市场占有率较低，与产业发展实力、国际地位等并不相称，不利于制造业企业从产业链低端向高端迈进。

三是产业发展要素支撑能力有待提升。生产性服务业具有专业化程度高、知识技术密集型特征。当前广东省在在线经济、科技服务、虚拟设计等新领域的创新型人才相对缺失，具备宽泛国际视野和科学决策能力的高素质复合型人才供给不足。以高层次人才和高素质人才聚集的金融业、科学研究和技术服务业为例，2022年广东省这两个行业城镇非私营单位的就业人员数量分别为79.00万人和52.37万人，与租赁和商务服务业的就业人数（130.60万人）有较大差距（见表5-5）。2022年，广东省金融业城镇非私营单位就业人数占全省的比重为15.29%，低于浙江省（18.63%）3.34个百分点。专业化人才尤其是金融、科技领域人才的短缺，制约了广东省生产性服务业发展。此外，生产性服务业发展不平衡进一步加剧了粤东粤西粤北地区人才的流失，虹吸效应和马太效应的叠加，在一定程度上掣肘了广东省生产性服务业的新质生产力的发展。

表5-5　2022年重点地区生产性服务业城镇非私营单位就业人数及其占比

细分行业	广东		江苏		浙江	
	城镇非私营单位就业人员数量/万人	占全省比重	城镇非私营单位就业人员数量/万人	占全省比重	城镇非私营单位就业人员数量/万人	占全省比重
合计	516.63	100.00%	218.08	100.00%	237.45	100.00%
交通运输、仓储和邮政业	80.00	15.48%	42.02	19.27%	32.90	13.86%
信息传输、软件和信息技术服务业	83.90	16.24%	35.14	16.11%	34.37	14.47%
金融业	79.00	15.29%	40.37	18.51%	44.24	18.63%
房地产业	90.76	17.57%	28.23	12.94%	30.24	12.74%
租赁和商务服务业	130.60	25.28%	44.18	20.26%	72.98	30.73%
科学研究和技术服务业	52.37	10.14%	28.14	12.91%	22.72	9.57%

数据来源：《中国统计年鉴》。

三、集聚发展还有弱项，产业布局有待优化

一是特色园区与平台数量偏少。广东省引进、培育新项目缺乏新空间支撑，制造生产执行、工艺管理、物料管理、可视化数据分析等线上智能服务平台培育欠缺，知识密集型特色产业园区数量有限，服务资源分散、集聚发展动力不足。2022年，广东省亿元以上商品交易市场数量为256个，在全国排名第4，低于浙江省（598个）、山东省（446个）以及江苏省（378个）；营业面积为1762.4万平方米，与江苏省（3578.7万平方米）、浙江省（3149.7万平方米）相比仍有一定的差距。

二是生产性服务业与其他产业联动不够。广东省在服务业嵌入制造业融合发展过程中的应用深度和广度不足，工业设计、信息科技等高端生产性服务业尚未充分切入到生产的各个环节之中，生产性服务业的品牌和商业模式创新落后于西方发达国家，新技术新产品尚未形成集聚效应。

三是生产性服务业行业整合程度并不理想。在生产性服务业内部，金融业与资信评级、科技研发、知识产权等行业之间的融合程度不够，融合互动的集成化运营模式仍发育不充分。以物流业为代表，尽管物流业信息化水平不断提升，但信息技术在供应链方面的应用融合程度不够。企业部分研发活动内置化的成本可能高于服务外包的成本。近年来，广东广清接合片区、广州民营科技园、小虎岛石化工业区等产业园区已初现雏形，但关于研发设计、经营管理、金融服务、信息服务、咨询服务、人员培训等本应借助外包服务实现产业价值链层级提升的关键环节，仍在产业内自行消化完成，尚不能把制造业务流程中的部分环节或过程推向国际市场由拥有软件开发、云计算等先进技术的专门软件外包公司实现，导致生产性服务业还没有形成高度集聚的发展趋势，未能有效对传统工业的技术进行转化或升级赋能。

四、区域发展均衡性不足，不利于生产性服务业发展

一是支撑服务业发展的基础相对不平衡。广东省内部各市之间城镇化水平及经济总量差距较大，珠三角地区产业基础相对雄厚，东翼、西翼以及北部山区产业基础相对薄弱。2022年珠三角地区生产总值为104681.81亿元，占全省地区生产总值的81.07%，增速遥遥领先。珠三角地区与东翼西翼以及北部山区经济的差距，在一定程度上造成了当前广东省制造业发展的不协调，布局相对分散，进而造成制造业对生产性服务业拉动不强、有效需求失衡。此外，广东省各市主导的现代服务产业布局同质化较为严重，主要集中分布在金融服务、信息技术服务、商务服务、研发设计四大类上，差异化和协同性发展态势还未形成，极大地限制了生产性服务业的供给质量和供给效率。

二是广东省内部生产性服务业发展存在较大差异。从珠三角地区与东翼、西翼以及北部山区生产性服务业增加值来看，2022年，珠三角地区生产性服务业增加值为5.94万亿元，占广东省生产性服务业的83.75%，而东翼、西翼以及北部山区生产性服务业增加值占比分别为5.48%、5.70%和5.07%，合计比重不足17%。在珠三角地区，广州、深圳生产性服务业增加值分别为2.06万亿元、2.0万亿元，两市合计占珠三角城市的68.35%。从企业经济发

展效益看，珠三角地区规模以上生产性服务业营业收入为4.51万亿元，占全省的比重为96.39%，东翼、西翼以及北部山区合计不足5%，分别为1.36%、1.12%和1.13%。在整体经济换挡转型升级的大背景下，信息传输、软件和信息技术服务业以及科学研究和技术服务业是推动制造业科技研发创新、增强经济发展动能的关键力量。从生产性服务业企业数量看，2022年珠三角地区信息传输、软件和信息技术服务业，科学研究和技术服务业企业数量分别为17.70万家、21.03万家，均占据广东省生产性服务业企业的八成以上，分别为89.02%、92.13%，其中广州、深圳这两类行业企业数量均在6万家以上（见图5–3），分别占珠三角城市的75.74%、63.9%。

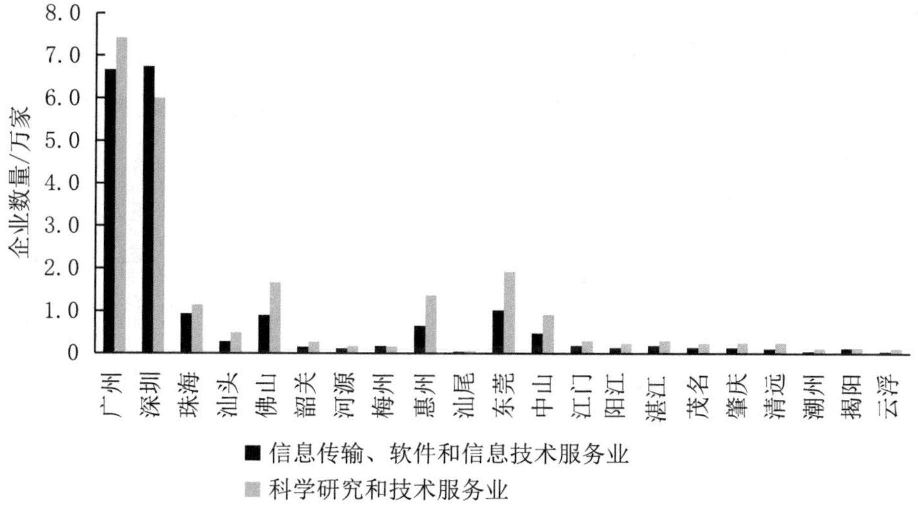

图5–3 2022年广东省各市信息传输、软件和信息技术服务业以及科学研究和技术服务业企业数量

数据来源：《广东统计年鉴》。

五、跨行业融合程度偏低，服务水平有待提升

一是生产性服务业与制造业对接不畅。当前，广东省两业融合尚处于起步阶段。服务环节产生的利润在制造业利润中所占的比例相对较低，信息服务、供应链管理等高端生产性服务业对先进制造业和现代农业融合发展的支

持明显不足，跨行业融合呈现相对分离的发展态势，产业融合程度还处于较低水平。

二是跨行业之间缺乏协同共进机制。制造业与生产性服务业跨行业融合发展机制目前尚不完善，对现阶段融合的演进规律认识还不统一，缺乏前瞻性的规划统筹、制度制定和标准引导。不同行政区域各自规划、对接协调不够紧密、空间布局分隔，缺乏常态化的信息共享，尚未形成良好的产业协作联动效应，带动和支撑产业实现服务创新、组织变革的潜力尚未发挥出来。城市间生产性服务业结构趋同、核心服务能力有限，大多集中于低层次、低附加值的基本业务，部分细分领域存在同质化竞争和创新、人才、资本等市场资源要素错配现象。

三是跨行业融合发展生态体系尚未成型。产业的融合发展与良好的宏观环境和产业政策的支持息息相关。近年来，广东省愈加重视跨行业融合发展，出台了一系列促进跨行业融合发展的相关政策，但融合发展生态体系尚未成型，要素垄断和条块分割依然严重，两业市场壁垒依然存在。金融等部分生产性服务业垄断严重，节能环保服务、融资租赁等部分生产性服务市场准入门槛较高，限制其他竞争者进入的隐性壁垒仍然存在，服务业领域改革还不到位，开放力度有待加大。

第三节　广东省生产性服务业高质量发展空间布局

广东省应立足产业基础、资源禀赋，按照“优势互补、梯次发展、错位发展”的布局思路，重点构筑广深“核心”增长极，推进“珠三角七市”提升能级、“粤东粤西粤北”激发潜力、“粤港澳大湾区”联动发展，形成各城市业态高端复合、主导功能突出、产业层次明晰的生产性服务业高质量发展空间布局。

一、打造广深高质量发展“核心”增长极

要进一步放大广深中心城市集聚辐射效应，逐步引导服务资源要素由广深向区域周边延伸，率先建立以生产性服务经济为支撑的现代服务业体系，强化广深生产性服务业在综合改革、集聚示范等方面的支撑和引领作用。瞄准前沿、引领未来，推动广深加快发展生产性服务业特别是知识技术密集度高的新型高技术服务业，努力将广深建设成为优质高效、特色彰显、充满活力的国际化生产性服务产业中心。充分发挥创新对广深生产性服务业的驱动作用，瞄准电子信息、生物医药、新能源等产业的重点领域和关键环节，重点布局一批全球一流的研发设计中心和高技术创新中心，形成“广深科研成果—珠三角转化”的科技产业协同发展模式。

支持广州加快打造广州国际金融城、天河中央商务区、广州科学城和中新广州知识城，大力发展研发、设计、会计等生产性服务业，提升城市综合服务功能。深化与大院大所合作，聚焦科技重点研发领域开展创新，优化建设一批高水平的国际科技创新中心、国家重点实验室等高端创新载体，促进经济增长由粗放型向集约型、创新型转变，推动以城市为中心进行网络布局。

鼓励深圳重点发展占据产业链高端的研发服务、科技教育、现代金融、时尚设计、文化创意等生产性服务业，重点打造深圳福田中央商务区、前海深港现代服务业合作区、龙华区北站国际商务区等总部经济集聚区，吸引位于价值链高端的生产性服务业企业集聚，重构新的生产组织形态，提升现代生产性服务业发展能级。

二、持续提升“珠三角七市”发展能级

佛山、东莞、珠海、惠州、中山、江门、肇庆要立足新发展阶段，布局基于产业链和融合创新的新型服务生态圈，在现有产业基础上推进跨行业深度融合，着力发展定制化服务、综合设计服务、全生命周期管理等服务增值型制造业，集聚发展产业互联网、在线办公、科技保险、航空物流等融合新

业态，持续为制造业集聚高端生产要素。在新一轮竞争发展中努力提升产业结构层次和水平，加快建设产业特色鲜明、配套功能完善的高效生产性服务体系。按照产城融合、功能完备、服务生产的要求，聚焦信息服务、科技服务、供应链管理、智能运维、检验检测等领域，高标准规划打造一批现代服务业集聚区和重大项目，引导数字创意设计、供应链管理等服务业向生产性服务业功能区聚集。充分发挥交通和区位优势，结合区域物流枢纽规划，建设一批辐射全国、连接国际市场的物流基地和区域性配送中心，构筑跨区域一体化物流网络，支持第三方物流发展。

佛山应瞄准高端智能装备、信息技术、先进材料等新兴产业，在金融服务、科技服务、供应链服务、文化创意、工业设计等领域，谋划一批融合度高、嵌入度高、产业黏性强的生产性服务平台。

东莞应发挥新一代信息基础优势，重点发展研发与设计服务、信息技术增值服务和集成服务等专业服务业，高标准建设生产性服务业集聚区。

珠海要加快推进横琴粤澳深度合作区、“十字门金融区”等重大经济集聚区建设，着力增强高端要素集聚发展的倍增效应，促进产业链与人才链深度融合，增强综合服务能力。

中山要建设一批面向中小企业的集科创研发、工业设计、现代物流等功能于一体的综合性产业服务平台，突出发展全产业链工业设计、物联网技术服务等专业服务业。

惠州、江门和肇庆要加快现代服务业发展载体建设，重点布局平台经济、节能环保和现代物流等生产性服务业，积极引导区域内加工制造业联动发展和优化提升，推动先进制造业向产业链两端的研发设计、品牌赋能等延伸，打造新型服务业产业生态提升圈。

三、着力激发“粤东粤西粤北”内生发展动力

充分激发粤东粤西粤北地区生产性服务业发展潜力，根据产业发展基础与要素禀赋，在重要交通节点规划建设一批集展示交易、精品旅游、电子商务、医养健康等于一体的服务业集聚区，突出产业发展重点，构建与产业发

展相协调、互相配套、互为价值链的现代生产性服务业体系，提升对产业转移园区综合承载和支持服务的能力。

支持粤东粤西地区加快建设一批产业发展特色鲜明、功能突出、产业集聚达到一定规模的大型综合性批发市场和专业市场。建设以专业平台、特色小镇等为载体，面向中小企业的区域综合物流中心、创业企业发展所需的相关配套平台，为产业转移园区建设提供数据、外包、信息、咨询、技术等生产性服务。高标准建设海洋药物技术创新中心，打造广东海洋服务产业基地，为海洋产业发展提供技术创新、分析测试、产品注册等辅助性经营服务。

支持粤北地区因地制宜发展现代旅游、健康服务、节能环保、文化产业等特色产业，围绕电子商务、文化创意、金融后台服务等领域谋划培育一批高质量标准化试点项目。大力发展农村服务业，用共享理念、创新机制，推进技物结合、技服结合，鼓励服务主体通过联合合作、组织重构，发展专业化、信息化、市场化的农业社会化服务。推动服务范围从农业生产前端、中端、后端等环节生产作业链条向技术支撑、农业保险等产业配套领域延伸，形成全生命周期覆盖、专业水平较高的生产性服务体系。加快推进现代农产品批发市场升级改造，配套集加工包装、质量验证、结算服务等服务于一体的经营综合服务体系。

四、实现与港澳高水平协同融合发展

以把粤港澳大湾区建设为世界一流湾区为导向，加快推进粤港澳规则机制一体化衔接，与港澳联手共同构建跨区域产业升级公共服务平台，建设一批在全国乃至全球范围内有影响力的现代服务业基地，进一步增强发展的动力和活力，为建设富有活力的一流湾区提供支撑。积极开拓服务业新技术、新业态、新模式，加速推进粤港澳三地金融市场互联互通，推动跨境便利执业与行业标准共通，开展数字人民币跨境试点，探索构建国际商事纠纷多元化解平台。充分发挥港澳科技和产业优势，重点围绕广州南沙自贸区、横琴粤澳深度合作区等大平台，与港澳地区联动发展现代金融、航运物流、新型国际贸易等开放型生产性服务业，争取更多“国字号”平台落户大湾区，吸引和对接全球创新资源，为企业“走出去”提供投融资等支持。发挥港澳在国家对外开放中的特殊作用，把握“港车北上”“澳车北上”等利好政策，聚焦服务产业、跨界融合、协同创新，依托广东省超大规模市场，以更大的力度支持港澳全面参与和助力共建“一带一路”，实现高水平对外开放，发展多点辐射联动、全域协同发展的创新型生产性服务业。

第四节　广东省生产性服务业发展趋势研判

广东省生产性服务业规模已经逐渐扩大并且已进入发展的新阶段，产业新动能不断增强，向精细化和高品质领域延伸。未来，广东省的生产性服务业发展趋势将呈现以下五大特点。

一、数字经济时代下生产性服务业新模式新业态加快催生

当前，科学研究领域正发生剧烈变革，全球经济数字化发展趋势愈加明显，数字经济作为一种新的经济形态，展现出强劲的韧性，共享经济、平台经济等服务业态不断催生，在逆势中高速增长。经济形态逐步从服务经济向数字经济转变。数字经济与实体经济的融合发展，进入加速创新、引领发展的新阶段，不断促进生产效率提升以及生产模式改变。目前世界经济发展速度放缓，数字化正成为应对经济下行压力和稳固经济底盘的重要支撑，以及重塑经济结构的关键力量和未来经济增长的核心引擎。党的十八大以来，我国先后实施“互联网+”和“数字立国”等一系列战略，政府、产业各层级加快打造“横向打通、纵向贯通”的新型数字化生产关系，持续推动数字经济可持续发展。区块链、人工智能等数据基础设施建设提速，全面支撑产业链上云、产业集群上云，为产业集群实现协同奠定基础。数据要素市场的产业应用场景在2024年逐渐明晰，并在交通、金融、环保等生产性服务业涌现大量新模式。区块链、人工智能等新技术不断突破，应用日益广泛，信息技术

对生产性服务业的创新带动效应、提升要素配置效率作用日益显现，产业数字化转型已成为未来经济增长的主要引擎。

二、生产性服务业向多元化与专业化发展的趋势愈加明显

在国际经济竞争不断加剧、社会分工持续演变的背景下，制造业企业内部的生产活动逐步向外部进行转移，在转移的过程中往往会选择通过外包、外购等将生产流程中的一个或几个中间服务环节从工业部门分离，使资源集中在更具竞争力的环节上，以此提升工业的生产效率与投入产出。在生产体系中被剥离出来的生产性服务业逐渐往专业化、规模化发展，进而与制造业发展协同演化、共生互促、相互依赖。此外，现代服务业中专业服务的优势逐步显现，大幅改善了工业形态结构、组织方式，极大地拓展与延伸了服务业发展的广度和深度，促使服务效率和服务品质不断提高。自新冠疫情以来，全球经济增长动能被根本性地削弱，但新冠疫情没有抑制生产性服务业增长，反而在一定程度上加深了生产性服务业内分工的细化和专业化程度，垂直细分领域的专业服务能力更加突出，在线娱乐、协同办公、在线诊疗等新兴服务需求大量产生。数字化网络化智能化进程加速，不仅推动了产业转型升级，而且以信息化方式培育开拓了电子商务、互联网金融、网络教育等多元服务模式，从而拓展经济发展新空间，带动工业与生产性服务业全面渗透、跨界融合、加速创新。随着经济进入新常态，制造业增长速度呈逐步放缓态势，未来产业高质量发展对配套服务业提出了更高要求，消费者对高品质产品的需求必然日益增加。现代服务的范畴也在逐步扩大，细分领域的服务优势和行业规范不断建立，覆盖范围也从低技术含量、低创新水平领域向更高附加值、更高科技力的细分领域拓展。

三、高附加值行业在生产性服务业中的占比将会不断提高

高端服务业作为中间投入品，所拥有的知识和创新水平已经成为全球中心城市经济发展的重要引擎，是全球中心城市经济发展的核心力量。全球中心城市经济增长4/5以上来自服务业，其中3/5以上来自智力资本、法律、

咨询、科技服务等高端服务业。高端生产性服务业集聚度与辐射力极强，能够吸收与集聚发达国家和地区的资金、数据、技术等先进生产要素和辐射能量，从而增加价值链的附加值以及提升产业链的现代化发展层次。随着创新全球化的进一步深化，新技术加快渗透、应用，高端服务集中度逐步显现，产业链核心环节的高端服务面临着前所未有的机遇，资本化、复杂化、高效率化的服务业将成为产业高质量发展的驱动力。随着经济国际化进程的推进，企业参与全球分工的能力逐步增强，产品的复杂性、生产工艺水平、产品功能和性能日益提高，生产经营规模不断扩大，从而引发了对所掌握的专门知识和技能的服务需求的增长，进而推动以最终消费形式的服务逐步向以研发、咨询、设计、数据等中间投入品为主的服务加快演进。随着经济社会向数字化转型，交通运输业、商贸服务业等部分传统生产性服务业通过融入数字产品和服务，在更大的空间范围内凝聚和延伸，推动着数字经济和贸易快速融合，产业能级与竞争力提升，进而跃升为现代物流、跨境电商等高端服务业。现代服务业专业化、智力化和集成化并存的趋势越来越明显，高端服务业将带动“工业服务化”大发展。

四、制造业服务化与服务业制造化的发展新趋势更为凸显

党的二十大报告提出，“构建优质高效的服务业新体系，推动现代服务业同先进制造业、现代农业深度融合”。“跨行业融合”是在技术进步、市场开放、制度创新的驱动下，通过技术牵引、产业联动、链条延伸等途径，推动产业交叉渗透，打造多元共兴的“制造+服务”现代化产业体系，促进制造业和服务业协同耦合的过程，不仅有助于制造业向高端研发、生产制造、技术创新等价值链高端跃升，还能减轻工业生产对于资源的依赖和对生态环境的破坏。先进制造业与现代服务业发展相辅相成，先进制造业需要生产性服务业来降低中间服务成本，生产性服务业的增长速度则依存于先进制造业的发展规模。随着新一轮科技革命和产业变革的深入发展、信息技术的突飞猛进，产业结构、消费结构升级加速演进，现代服务业与先进制造业、现代农业产业原有固定边界逐渐模糊或消融，呈现相互融合、深度渗透的发展态

势。行业融合在提升产业链的层次和竞争力、增强制造业核心竞争力中的重要性迅速凸显。当前，制造业服务化进入2.0时代，工业设计服务、协同共享制造等新业态已经成为跨行业融合的主要方向，为提升利润水平、缓解销售波动风险，制造业企业不断向前端的研发设计和后端的服务环节转移，推动价值链向“微笑曲线”的两端延伸，制造的“含智量”水平不断提升。

五、全球经济不确定性增加将加快推动服务业品质化升级

当前全球制造业竞争日益加剧，产业结构和布局深度调整，欧洲、亚洲等区域内循环加强，越发激烈的市场竞争迫使制造业需要提升自身的产业创新能力，向品质化方向发展。生产性服务业作为为制造业提供中间投入的服务行业，需要破除发展的惯性，提升产业的创新融合发展能力，发挥对先进制造业的支撑作用。在复杂多变的内外部环境下，广东省服务业优质供给不足，因此，显著改善服务业质量效益，增强服务品牌增值能力，使其能级、质量、效率达到国际水准并与国际接轨，是推动广东省制造业高质量发展的必由之路，不仅有助于赋能实体经济提升发展能级，也能为在对外开放中助力广东省国际地位的提升提供有力支撑。未来一段时间内，广东省要想在经济发展浪潮中立于不败之地，需要牢固树立“质量第一”的意识，立足超大规模市场优势，以质量变革、创新变革为发展动力，以高品质供给创造新的服务需求。依靠内需特别是扩容提质来驱动对新质生产力的需求，开发附加值高、技术含量高及适应市场需求的服务产品，增强供给体系对市场需求的适配性，力争服务品牌和服务标准走在全国前列。

第五节　广东省生产性服务业发展对策建议

现代化产业体系的核心在于借助人类文明发展产生的科技创新力量，提升产业发展的质量和竞争优势，激活经济发展动力。生产性服务业具有较高的技术进步水平，作为衡量现代化水平的重要标志，是推动制造业领域生产

活动畅通、转变经济增长方式、促进价值链向中高端延伸的关键力量，是推进高质量发展的内在要求和重要着力点，在新质生产力的培育和发展中起着重要作用。实体经济要想实现全方位的产业转型以及高质量发展，需要生产性服务业作为支撑，专业化与高端化的生产性服务业能够在更大的空间范围内凝聚与链接若干高级资源要素，通过内在知识和技术的渗透融合，重新组合打包，改善制造业的生产模式、生产工艺与生产流程，进而提升现代产业发展的整体能级。当前，广东省在建设优质高效的现代服务业新体系方面还存在许多不足，广东省应坚持新发展理念，以服务制造业发展为导向，以高质量的服务供给为引领，以打造高端化专业集聚区为重要抓手，探索发展生产性服务业新业态、新模式，形成布局合理、产业集聚、错位互补、协同发展的生产性服务业发展体系。

一、以数字经济赋能现代服务业，为新质生产力培育发展增添动能

推动数字经济与现代服务业深度融合是顺应新一代信息技术变革趋势的必然选择，也是推进价值链优化升级的重要举措。两者深度融合能够打通供应链上下游环节，改变制造业增长路径。广东省应着力发展数字经济和服务型制造，通过加强数字化技术应用全面赋能生产性服务业，推动服务技术、理念与模式创新。

一是夯实产业数字化发展基础底座。新型基础设施是支撑生产性服务业数字化转型的核心底座，结合区域承接能力，抢先部署、因地制宜打造新型基础设施有利于在新一轮发展中谋得竞争新优势。广东省应结合自身产业优势，有序开展新型基础设施建设。其一，适度超前部署新型基础设施建设。立足广东省资源禀赋和发展水平，以经济、适用、先进为原则，统筹建设数据中心，包括以“5G+工业互联网”等为代表的信息基础设施、云计算基础设施、算力基础设施，加快建设广泛覆盖、信息共享的服务平台、大数据中心和安全服务体系。其二，稳步推进“5G+工业互联网”建设。高质量建设5G网络，将泛在感知设施纳入交通、能源、通信、环保等领域，前瞻布局量

子保密通信等未来网络建设。支持国内外工业互联网龙头企业、科研院所等建立工业互联网创新中心，打造一批本土化行业性平台、工业App（应用程序）。其三，优化布局云计算基础设施。布局建设智算中心和超算中心等新型高性能计算平台，鼓励佳都科技、浩云科技等大企业及专业服务机构，构建面向未来的先进算力基础设施。探索构建类脑计算、通用算力、智能算力等新型算力基础设施，支持国家超级计算广州中心、国家超级计算深圳中心提升能力，为新型网络、人工智能等领域核心企业提供服务。

二是分类推进服务业数字化转型应用。生产性服务业数字化是提升产业竞争力的重要方式，有利于提升生产性服务业与制造业供需对接效率，扩大优质服务业覆盖领域，广东省应加快推动服务业数字化转型，促进服务业“质”的持续提升。其一，创新数字化服务供给。聚焦广东省传统产业转型升级需要，大力发展第三方大数据服务产业，借助大数据、先进计算、云计算等数字技术的多点突破，推动工业设计、供应链管理、商务贸易等行业数字化转型。持续加深数字技术在现代服务业组织和运营各环节中的交叉渗透，加快推进生产性服务业场景应用和融合，发展服务型制造的系统解决方案。其二，提升数字化服务能力。以业态模式创新为引领，推进区块链、虚拟仿真等新技术向商务、法律、会计等服务领域拓展延伸，挖掘和创造有交互性的体验价值，提高服务业的技术含量和服务效率。其三，发展在线服务新经济。打造一批特色鲜明、功能错位的跨越物理边界的“虚拟”经济生态园，探索发展在线研发、远程办公、共享员工等在线服务新模式，鼓励“5G+”、数字人、无人车等重点创新项目和场景在产业园区集成创新和示范应用。

三是构建数字化开放共享发展生态。数字经济具有高度的开放性、兼容性，营造开放共享的数字生态，有利于增强生产性服务业经济主体之间的互动性，充分激发创新链内的承接性。广东省应加强服务业之间信息共享交流，全面提高数字经济安全水平，有效发挥数字技术的放大叠加倍增作用。其一，全面激活数据要素价值。依托大数据技术实现对数据的汇聚、存储、使用、分配和关联分析，把握数据产权、交易等基本规律，促进数据要素市场化流通，有效激活数据资源价值，增强数据要素共享性、普惠性，为推动政策精准必达，解决产业扶持政策、行业监管精准化问题提供重要支撑。其二，推动数字技术创新资源开放共享。以创新性产业电商平台为基石，鼓励开源社区、开源代码托管平台等新型数字服务基础平台联动发展，逐步向社会开放各类政府公共数据。优化服务业数字化转型生态，推动更高水平的数据创新利用与开放共享，推动完善数据确权、交易等规则体系，鼓励产业上下游生态内部企业之间开展数据交互、业务互通等交流合作。其三，构筑城市信息模型基础平台。建立跨部门数据更新与共享机制，进一步明确各类数据在线共享、格式转换的要求，利用空间数据开展运营数字化、设备科技化、安防可视化等智慧园区管理活动，提升城市智慧交通、建筑智能改造等服务设施的数字化水平。

二、推进跨行业跨领域融合发展，持续推进先进制造业提质增效

随着产业之间的边界逐渐模糊，产业之间相互渗透已经成为构建优质高效的服务业新体系的必由之路，产业融合通过多行业的协同作用，催生新产业、新模式、新动能，分解与重构产业链、供应链、价值链，使得供给端不断匹配、创造新需求。广东省应深刻把握产业融合的规律，围绕重点行业和领域探索跨行业融合新路径，使得广东省原有的传统产业通过技术渗透、链条延伸、业务关联，在原有的产业边界上融合发展出新形态，促使现代化产业体系由“制造”向“创造”跃升。

一是积极构建新业态、新模式。新业态、新模式是从现有产业和模式中衍生出的新环节、新经济，是对科技进步和市场需求变化的积极响应，对于增加优质服务供给，拓宽现代服务业市场空间，促进市场供需双方的有效互动有积极意义。广东省应充分利用实体经济体量优势，适应跨界融合的发展趋势，创造更多的服务业新业态、新模式，拓展服务增值空间。其一，培育融合发展新业态。聚焦研发设计、技术转移、成果孵化等重点领域，深化科技服务链条延伸、技术渗透，形成有利于提升制造业国际竞争力的全链条科技服务体系。推动生产性服务业企业通过跨所有制并购重组等方式，提升

质量检测、智能运维、试验建设、技术研发、供应链管理、生产控制等衍生服务能力，增强产业链发展韧性。其二，推动产业链上下游协同发展。深化制造与仓储物流、营销服务、智能网联等产业链各环节的关联，全面识别、精准定位，加强供需对接，匹配共享资源，强化关联产业在技术、生产资料、供应商等方面的衔接配合，推动产业发展模式转型。其三，打造融合发展新模式。以智能化改造为突破口，分领域、分区域、分重点精准推进产业数字化。围绕生物医药、医疗器械等特色产业领域，把握制造业转型升级趋势，瞄准重点产业关键工艺环节，建立智能制造重点领域诊断服务的技术支撑体系，深化智能化技术改造咨询诊断服务，着力打造一批智能化改造典型样板。

二是创新发展新技术、新场景。新质生产力的产生一部分是由技术革命性突破而催生的，创新是引领发展、实现价值的根本途径，广东省应突破原有的架构和程式，以新技术的场景化应用打通产业转化堵点，培育生产性服务业新竞争优势。其一，夯实产学研协同创新基础。鼓励创新标杆企业、科技领军企业在工艺创新、系统集成、设计优化等环节中强化交互式服务力度，支持以光明科学城、松山湖科学城等为载体的重大平台整合科研资源，提升技术转移、创业孵化、科技成果中试熟化与产业化等服务效能，面向高端装备制造、新能源、新一代通信等市场提供专业化服务和信息增值服务。其二，提升创新转化的专业服务能力。聚集研究开发、技术转移、检验检测等资源，以探索成果转化创新服务新模式、新路径为导向，打造一批专业水平高、服务能力强的科技服务创新平台，提升成果评价、供需匹配、技术交易等智能化服务功能。其三，拓展创新服务新场景。以需求为导向，培育一批面向研发、设计、采购、制作等环节的深度应用场景，形成区域先导效应。

三是大力培育新试点、新示范。谋划培育新试点、新示范，多维度开展创新探索，有助于在打造发展优质高效的服务业新体系方面形成更多可复制、可推广的经验。广东省在经济高质量发展的过程中，要把握场景驱动的新范式，把试点示范作为提升产业高质量发展的重要着力点。其一，培育

“两化”（信息化与工业化）融合类试点示范。支持开展精细化管理、技术路径创新、业务流程重组、组织结构重构、商业模式再造，提升先进制造业发展能级。支持行业内龙头企业实施智能制造提升工程，打造一批智能制造示范车间、数字化示范工厂，推动智能制造技术迭代升级，提炼示范项目的模式经验，推出可复制推广的“广东模式”。其二，实施智能制造试点示范行动。推动“5G+工业互联网”规模化，探索标准规范制定、试点示范展示，将数字技术与行业特有的知识相结合，持续增强产业协同合力、技术创新突破能力，推动产业模式、生产方式、组织形态发生根本性改变。其三，开展绿色低碳发展示范。锚定高质量发展首要任务，以绿色工厂培育为基础，以绿色工业园区为支撑，开展系统性节能诊断、融资、改造等服务，聚焦试点目标任务先行先试，支持企业通过结构节能、技术节能、管理节能开展工业流程再造，以合同能源管理模式实施节能改造。

三、推动服务型制造创新发展，不断放大“制造+服务”耦合效应

当前，广东省处于新旧动能转换的关键时期，在新一代信息技术的支撑与赋能下，定制化服务、信息增值服务等持续发展，深入推进服务型制造已成为国家战略，是立足当下促进制造业优化升级的现实需要，也是培育新质生产力发展动能的必然要求。广东省应发挥创新对生产性服务业的主驱动作用，创新个性化定制、共享制造等服务模式，加强服务业标准互认、技术创新、业态创新，形成以创新为动力的内核服务体系，促进制造业生产过程更为协同化、集成化。

一是探索开展个性化智能定制。大规模个性化定制作为一种新型服务，是日益增长的个性化和多样化需求发展背景下的必然趋势，将成为制造业提升自身竞争力的战略选择。其一，网络化、个性化定制赋能制造转型。根据广东省制造业发展禀赋，以客户的个性化体验为核心，构建以数据为基础、以用户为中心的全新模式，建立可定制的、订单快速响应的产品制造生产系统，促进大批量个性化定制服务延伸，全链条、全方位塑造与重构传统服务

业，拓展传统制造业价值空间。其二，鼓励优势企业广泛开展网络化生产。通过将不同消费者个性化需求、感受体验融入产品设计，培育个性化定制、平台化设计、在线增值服务等新模式，推进柔性生产、自动化生产和服务化延伸，形成网络化协同制造的产业生态圈。其三，实现大规模个性化定制。利用数字化、网络化和智能化手段促进需求收集、产品定制、柔性生产等场景全生产过程优势资源网络化配置，实现企业和客户的价值，共创高标准、高效率生产制造，提升生产能力的灵活性和高效性。

二是培育发展共享制造平台。共享制造是服务型制造的重要组成部分，是生产制造领域的应用创新。在共享经济模式下，共享制造平台基于互联网将研发、设计、生产、运输等环节的资源供给方和需求方进行弹性匹配、动态共享。广东省应结合共享制造的现实发展需求，积极推动共享制造平台建设，以更少资源满足更多需求。其一，推进共享制造平台建设。鼓励和引导发展共享工厂，根据产业逻辑运行规律和企业生产力的内禀性，通过集约共享或技术扩散方式提供以租代买、按时计需等灵活的设备对外共享服务，弹性匹配、动态对接供需双方需求，让企业的“闲置资源”变成“高效资产”。其二，创新资源共享机制。完善共享制造服务生态，以创新资源、多元化服务为支撑，通过共享、集成、资源重组等形式，突破市场半径和企业边界的约束。其三，打造共享制造生态资源供应链。将研发设计、物流运输、科创金融、融资租赁等服务环节融入先进制造业生态圈，通过精准采购、产能共享、多工厂协同等方式，最大限度地推动产品供给与消费需求无缝衔接。探索“链群配+产业大脑+共享工厂”发展模式，以产业大脑为核心，以产业龙头牵引产业链配置，有效整合共享产业资源，协调产能配比，实现全链条的原料、产品供需与能耗平衡。

三是全面提升全生命周期管理水平。全生命周期管理作为一种现代化管理理念，主要是对产品在规划、设计、生产、供应链、售后服务等全链条过程中进行全周期统筹和全过程整合。服务在生产环境中的价值比重不断增加，通过服务化策略提升生产制造效率，有利于规避生产环境和市场环境的人为割裂，广东省应引导制造业实现全生命周期管理，促进产品与服务之间的无缝衔接与有机融合。其一，选择合适的路线与发展方向。立足产业特点和差异化需求，根据行业特点和企业积累、企业所处行业特性和已有基础，以及增值服务的不同盈利来源，创新价值理念，探索以消费需求为导向的全生命周期服务。其二，搭建以全生命周期为主线的数字化发展平台。依托物联网、人工智能等数字技术底座，将研发、采购、生产、测试等业务流程与财务指标、质量保障、客户维护等运营管理进行集成，实现从产品设计、生产计划到制造执行、售后服务的全过程、全要素、全场景的云协同。

四、聚力构筑生产性服务业集聚区，为产业集聚提供有力空间支持

构建优质高效的服务业新体系，需要高标准的生产性服务业集聚区作为支撑，生产性服务业集聚区能够在短时间内将金融业、软件业等资金密集型或技术密集型服务集聚起来，依靠知识和技术等智力资源为区域产业转型升级、创造较高附加价值提供强有力的支撑。广东省应根据重点产业布局，在已建成的生产性服务业功能区的基础上，高水平谋划重大创新平台，打造若干个特色鲜明的品牌园区，推动构建合作共赢的产业生态。

一是高水平打造标杆性集聚发展高地。现代服务业集聚区具有产业关联度强的特征，通过把金融、科研、信息技术等服务业集聚起来，推动科技、人才、技术等资源要素高效流动，促进服务业向集约化发展，为提高服务业整体竞争力、促进产业升级赋能。广东省应着力打造全国领先的生产性服务业高地，在集聚规模、质量、功能上下功夫。其一，高标准构筑现代服务业集聚片区。以高起点、高端化、高质量为方向，重点发展专家咨询、研发设计、创业孵化、金融服务等现代服务业集聚片区，围绕主导产业链的发展需求，统筹功能布局和服务业规划，进一步明晰产业定位，拓展服务功能，构筑产业集聚发展新优势。其二，持续增强集聚带动效应。立足各集聚区产业发展基础，对功能区进行分类指导、找准定位，形成发展梯度和层级；根据扬优势、补短板的实际需要，推动新建生产性服务业功能区与原有的功能区在空间上实现联动，在业务上形成互补。其三，搭建开放合作支撑服务平

台。对标国际高水平经贸规则，借力粤港澳大湾区的产业基础与创新资源，支持核心城市、城市新区加快建成一批高水平、广覆盖的航运交易中心、知识产权交易中心等重大发展平台和载体。鼓励生产性服务业开展跨区域业务合作、空间联动，从由点及线到连线成面，链条式拓展跨境合作的广度和深度。

二是促进功能区提质增效与提档升级。生产性服务业功能区是广东省面向全国乃至全球市场发展的重要载体，功能区内配套设施的完善程度、区域产业承载能力在一定程度上会影响高端服务技术产品的供给规模。广东省应高质量打造生产性服务业功能区，融合自贸试验区体制和政策优势，以更高的标准赢得发展的主动。其一，优化提升生产性服务业集聚区。充分发挥广东自贸试验区先行先试优势，鼓励外资、民间资本和社会资本参与开发建设一批综合性服务业集聚区，持续增强平台集聚区的辐射与集聚效应。依托制造业基地（园区）配套建设生产性服务业区中园，以拓展产品增值服务为核心，面向产业园区、先进制造业提供检验检测、质量认证、现代物流等专业化服务。其二，创建融合性发展平台。将发展平台经济作为融合性发展的重要载体，以新型的组织方式和体系将生产、流通等各种服务资源有效集聚在一个大平台上，以平台化发展实现产销对接、供需对接、产业融合。其三，开展载体提质增效工程。对已建成的生产性服务业开发区，以入驻企业的共性需求为导向，加快服务业集聚区内检测认证、商务咨询等综合配套设施建设，改善和优化区域整体商务环境，增强现代服务业集聚区要素吸附能力，打造产业集聚度更高、辐射能力更强的服务业发展载体。

三是以更大力度促进功能区招商引资。招商引资作为推动服务业高质量发展的力量之源，是优化产业结构、推动产业转型升级的重要举措，广东省应加快由“广招广引”向“选商择商”转变，以招商的突破取得动能的突破，在高水平开放大局中实现产业可持续发展。其一，推进产业链招商。紧紧围绕广东省重点产业发展规划和高质量发展战略目标，瞄准龙头、关键、专精特新优质项目，科学谋划制定“精准招商”图谱、路线图，全力开展生产性服务业“强链”“延链”招商。其二，在创新招商引资模式方面下大力气。优化以商招商模式，借助园区优质企业和有用地意向的企业，利用信息渠道、人脉资源和需求导向等方面的资源优势，提供上下游关联企业投资线索，全面拓宽招商线索渠道，形成多渠道、全方位的推介格局。其三，“招大引强选优”，汇聚经济动能。坚持对内挖潜与对外招引并重，制定生产性服务业招商项目库，充分发挥链主企业、行业商协会、投资机构、专业展会等作用，不断拓展延伸项目来源渠道。

第六章
广东省消费性服务业发展研究

服务业生产的是服务产品，具有无形性、不可储存性、生产与消费的同时性等特征。消费性服务业是指面向消费者的各种服务行业，是满足居民消费需求或基本民生要求的服务业，它也包括绝大部分公共服务，是现代服务业中不可或缺的一部分。消费性服务业的概念在2006年的“十一五”规划中首次提出，“十一五”规划提出“丰富消费性服务业”，强调适应居民消费结构升级趋势，继续发展主要面向消费者的服务业，扩大短缺服务产品供给，满足多样化的服务需求。有研究者将消费性服务业概括为向社会提供的各种涉及文化、生活领域的非实物性消费的行业或产业，这与“十一五”规划中消费性服务业的内涵基本吻合。也有学者认为，由于服务业的复杂性，在实际研究过程中应结合研究对象或地区的实际情况，对消费性服务业的内涵进行说明。本章将消费性服务业的范畴界定为商贸服务、旅游、家庭服务、体育事业和体育产业五大领域，其中，家庭服务包括家政服务、养老服务和病患陪护，体育事业和体育产业包括健身体育、体育竞赛和表演、体育中介和体育场馆运营等。

作为直接面向消费者的服务业类型，消费性服务业的优质高效发展与居民的服务消费需求息息相关，直接关系到居民的幸福指数，不仅有利于扩大总消费需求、提高居民生活品质、促进社会就业创业，也有利于推动消费结构升级，为经济高质量发展注入强劲动力。就全国而言，消费结构正经历由物质型消费向服务型消费转型升级的关键阶段，服务型消费对相关产业具有收入效应和价格效应。服务型消费高质量发展带来的消费结构升级能为产业结构升级提供方向指引，以消费结构升级引导产业根据市场消费信号调整生产决策，引导产业要素流向利润和效率最大化方向，并以消费结构升级与产业升级的良性互动，高效地推动消费增长与产业经济转型。随着居民生活水平的提高以及服务业的数字化转型，居民对于高品质的服务需求增加，消费结构发生变化，消费品质进一步提升，消费方式更加多样化，将推动消费进一步升级。

当前，全球经济下行趋势明显，国际贸易萎缩，我国经济已由高速增长阶段转向高质量发展阶段，“构建新发展格局、扩大内需战略基点、加快培育完整内需体系”成为经济高质量发展的重要内容。党的二十大报告提出，要着力扩大内需，增强消费对经济发展的基础性作用。2023年政府工作报告指出，把恢复和扩大消费摆在优先位置。在此大背景下，服务型消费作为消费升级的最终趋势，既是发达国家消费升级的经验之路，也是我国当前阶段提振消费、扩大内需的重要抓手。就广东省而言，随着社会的进步和人们生活质量的不断提高，全省消费性服务业得到快速发展。伴随着居民消费向个性化、品质化升级，消费性服务业潜力加快释放，服务消费占比不断提高，消费结构加快优化，成为全省经济发展的重要增长点。

本章以广东省消费性服务业为研究视角，梳理全省消费性服务业的发展现状，深度剖析发展存在的瓶颈，结合可得数据，描绘全省消费性服务业的发展变化趋势，并在此基础上提出推动消费性服务业优质高效发展的对策建议。

第一节　发展消费性服务业的意义

目前，随着全球化进程不断加深、新兴的人工智能在各个领域不断涌现，我国在消费内容、消费方式、消费人群等方面都出现了不同以往的深刻变革，新冠疫情更是让这种变革进入了加速阶段。在此背景下，更好地发展消费性服务业将有利于推动消费结构升级，为经济高质量发展注入强劲动力。

发展消费性服务业有利于更好地满足人民日益增长的美好生活需要。消费性服务业既是提升城乡居民获得感、幸福感和安全感最直接的服务行业，也是更好地满足城乡居民消费升级需求、满足人民美好生活需要的重要抓手，是增进民生福祉的重要保障。消费性服务业涉及的领域宽、范围广，不仅包含衣、食、住、行等人民群众生活方方面面的服务，而且包含健康、养老、旅游、体育、文化、教育等方面的服务，与经济社会发展密切相关。随着人们生活水平的提高，城乡居民对服务消费的品质和消费体验的需求日益提高。通过高质量发展消费性服务业，丰富消费性服务业多元化供给，促进其更好地适应日益提高的需求，有利于消费性服务业增加有效供给和中高端供给，减少无效供给和低端供给。这不仅可以更好地解决群众生活中的急难愁盼问题，满足人民日益增长的美好生活需要，还可以进一步推进消费性服务业高质量发展。随着消费性服务业高质量发展，通过服务供给的提质升级提供更多优质、高效、便捷的服务，进一步满足消费者的多元化需求，提升人们的生活品质。

发展消费性服务业有利于推动经济社会稳定发展。当前，国际形势复杂严峻，全球经济复苏势头不稳、动能减弱，国内经济运行存在较大的下行压力，传统产业发展放缓。新产业、新业态、新模式发展迅速，但仍难以有效弥补传统产业增速放缓带来的增长缺口。随着新一代科技革命和产业革命的推进，以及数字技术的飞速发展和广泛渗透，以网络购物、网络直播、数字文化等为代表的数字消费新业态、新模式迅猛发展，为经济发展注入了新动能，在一定程度上缓解了经济下行压力。与此同时，经济下行压力的持续容易导致企业生存困难、就业环境萎缩等潜在的社会矛盾和社会风险进一步暴露。在此背景下，消费性服务业的发展不仅有助于释放就业潜力，为不同教育水平和能力水平的就业者提供更多岗位，增强稳就业的“蓄水池”功能，还能够在缓解社会矛盾方面，发挥消费性服务业作为社会“稳定器”的作用。

发展消费性服务业有利于畅通国内国际双循环。加快构建以国内大循环为主体、国内国际双循环相互促进的新发展格局，是党中央根据国内国际形势发展作出的重大战略部署。畅通国内国际双循环在于依托规模庞大的市场，充分激发国内市场巨大潜力，发挥消费潜能。从国内大循环的角度来看，消费性服务业的发展能够直接促进居民服务消费的增加。服务消费是立足扩大内需战略基点的关键抓手，居民高品质的服务需求增加将推动消费进一步升级。消费升级会倒逼消费性服务业企业从供给端提高产品质量和服务质量，从而推动企业升级改造与创新进步。在消费升级倒逼企业供给侧转型过程中，企业将提供更多的就业岗位，增加居民收入，使政府税收增加。企业服务产品改善、居民收入增加、流通环节畅通又能够有效反作用于居民服务消费。同时，政府税收的增加又会推动养老、医疗、教育等更多公共产品及优质服务的供给，从而刺激居民的服务消费需求。就国内大循环而言，服务消费创新发展将倒逼服务业结构转型升级，提升服务业的国际化水平，增强国际竞争力。随着国内国际双循环的畅通，国际规则衔接、国际营商环境不断完善，国内市场将会吸引更多的国际技术、资本等生产要素流入，从而促进国内外良性循环互动。

消费性服务业的新技术、新业态、新模式有助于培育发展新动能。随着新一轮科技革命和产业变革的迅速深化，广东省消费性服务业数字化、信息化、智能化步伐加快。过去的新冠疫情进一步推动了在线问诊、在线诉讼、在线教育、网络购物、线上线下融合等“互联网+服务”的新消费业态加快发展。新一代信息技术等数字技术搭建了服务提供者与消费者联通的桥梁，并通过这座桥梁延伸到服务过程和信息反馈的全过程中，达到资源配置效率最大化。依托信息技术的应用，广东省凭借庞大的网络用户、便捷的物流系统，新消费模式持续活跃。2023年全省限额以上单位通过公共网络实现的商品零售额增长13.8%，占整体限额以上单位商品零售额的36.2%，比2022年提高3.5个百分点①。另外，顺应消费结构升级和消费需求品质化、多元化、特色化发展趋势，全省消费性服务业融入新技术，形成新模式，如数字技术激发文化、体育产业发展新动能，带动短视频、电子竞技等新业态蓬勃发展。积极运用人工智能、物联网、大数据等数字技术，推动形成养老服务的新业态、新模式，推动健康养老产业快速发展。

① 数据来源：广东统计信息网。

第二节　广东省消费性服务业发展现状

多年来，广东省服务业发展居于全国领先水平。广东省不断适应复杂多变的国际国内环境和经济发展的阶段性新特征新要求，牢牢抓住数字化、产业转型升级的先机，积极构建以国内大循环为主体、国内国际双循环相互促进的服务业新发展格局，服务业呈现稳步扩张的良好态势，已逐步擎起全省经济的“半壁江山”，成为支撑和拉动经济发展的主动力，为全省经济的持续稳定发展作出了重要贡献。广东省第一、第二、第三产业的比重由2013年的4.9：47.3：47.8调整为2023年的4.1：40.1：55.8。相应地，消费性服务业也稳步增长。

一、幸福产业领域发展迅速

由于目前缺乏规范、权威的系统性统计资料，精准描绘广东省消费性服务业发展全貌难度较大。但通过消费性服务业部分行业的发展数据，仍可窥探其大致发展情况。从行业细分领域看，在消费性服务业众多细分行业当中，广东省以文化、体育、旅游、养老等为代表的享受型服务业迅速发展。2022年，文化批发和零售业、文化服务业的增加值分别达632.34亿元、3737.64亿元，两者合计占文化及相关产业增加值的比重约为62.6%，占当年地区生产总值的比重达3.38%。2018—2022年，文化批发和零售业及文化服务业两者增加值合计年均增长6.01%，增速与同期整体服务业增加值6.7%的年均增速大体相当。体育产业发展后劲十足。2022年广东省体育产业增加值为2130亿元，比2018年增长28.7%。2022年体育产业主体数量达到5.35万个，较2019年增加近万个，反映出市场普遍看好广东省体育产业发展前景。2020—2022年，受新冠疫情的影响，旅游业受到重创，全省旅游总收入从2019年的15157.95亿元下降至2022年的4213.5亿元；接待过夜游客从2019年的5.31亿人次下降至2022年的1.81亿人次。2023年，国内旅游业全面复苏，广东省举办了

1000余场岭南特色文旅活动，接待游客7.77亿人次，旅游总收入超9500亿元，均居全国首位[①]。

二、消费性服务业成为吸纳就业的“蓄水池”

由于服务业涉及的行业门类较多、牵涉面广、就业弹性大，能够广泛吸收不同学历层次、不同技能领域的就业群体，是新增就业和吸收农业、工业领域转移劳动力的主要领域。消费性服务业细分行业既包括住宿餐饮以及零售业等劳动密集型行业，也包括文娱教育、医疗保健等知识密集型行业。劳动密集型行业因对劳动力素质的要求相对较低，可以吸纳和转移大量劳动力；知识密集型行业则可以吸收较高素质的劳动力，是支撑服务业就业人员稳定增长的重要领域。近年来，广东省积极推进供给侧结构性改革，服务业逐渐成为吸纳就业的“蓄水池”，创造了大量的就业岗位。第二产业就业人员从2018年的2474.45万人增加到2022年的2524万人，第三产业就业人员从2018年的3350.71万人增加到2022年的3658万人。其中，第三产业就业人员比重从2018年的46.97%提高到2022年的52.98%。2022年全省规模以上居民服务、修理和其他服务业期末用工人数为29.67万人，较上年增长2.74%。同期，规模以上卫生和社会工作服务业期末用工人数为17.16万人，较上年增长21.36%[②]。

三、居民消费结构正处在快速升级期

总结世界上发达国家服务消费增长的规律，若一个国家或地区的人均GDP达到1万美元，服务消费在居民消费中所占的比重会逐渐提高，消费方式会发生巨大的变化。当人均GDP达到1.5万美元时，以享受型消费为代表的服务消费在居民消费中所占的比重将最终超过实物型消费占比，成为主导性消

---

① 数据来源：旅游产业相关数据除2023年数据来源于2024年广东省文化和旅游工作会议外，其余均来源于《广东统计年鉴》。

② 2020年及以前为就业人员平均人数，从2021年起改为期末用工人数，与历史数据不具有可比性。

费。2015年广东省人均地区生产总值首次突破1万美元，2021年超过1.5万美元，2022年为1.15万美元，意味着广东省居民将越来越关注以文化旅游、健康养老、医疗保健等享受型消费为代表的服务消费，广东省已经迈入服务消费快速发展并成为主导消费的过渡阶段。2015—2023年，广东省居民人均可支配收入由2.79万元增长到4.93万元，增长76.7%。广东省居民服务消费从2018年的8731.43亿元提高至2022年的11585.53亿元（见图6-1）①。2022年广东省居民人均服务消费支出为9153.6元，较2018年增长1458元②。随着全省人均收入水平不断提升，居民也将越来越注重健康、休闲娱乐等享受型消费，全省居民服务消费支出规模不断扩大，将进一步推动服务消费步入发展快车道。服务消费的快速增长在一定程度上体现了与服务消费相关的消费性服务业的快速发展。

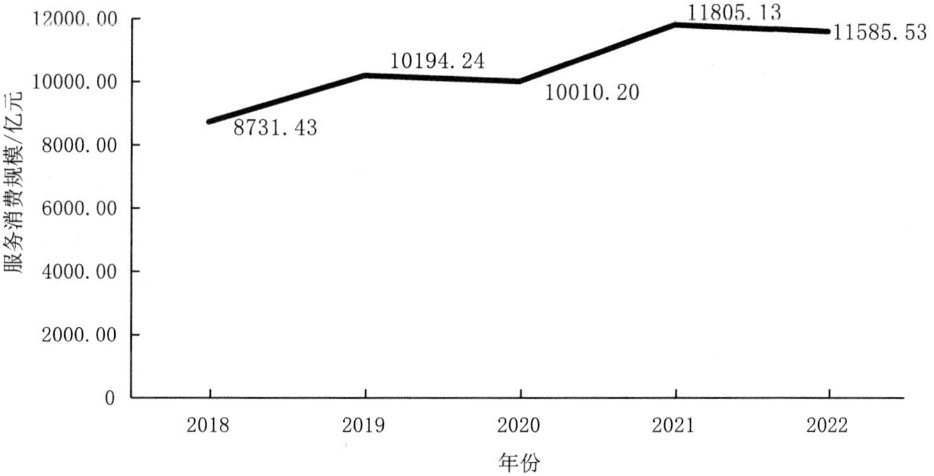

图6-1　2018—2022年广东省居民服务消费规模

① 历年居民服务消费总支出是采用公式估算而得：城镇常住人口数×城镇居民人均服务消费支出+农村常住人口数×农村居民人均服务消费支出。

② 由于数据的可得性，此处选择了服务消费特点相对明显的“交通通信、教育文化娱乐、医疗保健”三类消费作为居民服务消费支出。

四、消费性服务业发展存在区域差异

消费性服务业区域竞争力与区域收入水平、技术进步、服务配套等多方面因素息息相关。消费性服务业作为生产消费者用于生活消费的服务产品的行业，是市场化的最终消费服务，其核心服务对象是消费者。服务消费的本质是消费者通过购买服务来满足自身需求的一种经济行为。对于消费者需求量影响最大的因素是消费者的收入。因此，消费者收入水平的高低对消费性服务业的发展有着重要影响。相关数据显示，2022年，广东省城镇居民人均可支配收入为56905.3元，农村居民人均可支配收入为23597.8元，城镇居民人均可支配收入约为农村居民人均可支配收入的2.4倍。区域数据表明，2022年，珠三角、东翼、西翼、北部山区城镇居民人均可支配收入分别为67092.57元、33521.47元、35905.97元、35151.79元，珠三角、东翼、西翼、北部山区农村居民人均可支配收入分别为31956.72元、20335.40元、22254.32元、20627.73元（见表6-1）。因此，当前全省居民收入水平在区域之间、城乡之间均存在一定的差距。就需求侧而言，收入水平的差距将影响消费结构，收入水平的提高将促进服务业消费结构迈向高层次，有利于消费性服务业的发展。就供给侧而言，除收入水平外，技术进步水平直接影响消费性服务业产品的供给质效。珠三角地区作为中国制造业的中心，是许多科技企业的总部所在地，吸引了大量的高素质人才，科技研发投入比重相对较大，在技术进步水平上具有绝对优势，且珠三角地区拥有较为完善的基础设施，这些均提高了其消费性服务业竞争力的比较优势。与此同时，东翼、西翼、北部山区对人才、资金、技术等要素资源的吸引力度远不及珠三角地区，经济发展创新因素相对微弱，就业人员素质较低，且交通网络密集度和网络通信水平均低于珠三角地区，使得这些区域在消费性服务业发展中处于劣势地位。

表6-1　2018—2022年广东省城乡居民人均可支配收入情况

单位：元

		2018年	2019年	2020年	2021年	2022年
珠三角	城镇居民	52129.12	56638.75	59225.15	65118.64	67092.57
	农村居民	22805.63	25025.82	26856.54	30464.68	31956.72
东翼	城镇居民	26694.19	28569.82	29622.25	32240.65	33521.47
	农村居民	15013.20	16386.79	17357.10	19211.43	20335.40
西翼	城镇居民	28404.67	30552.53	31970.99	34861.57	35905.97
	农村居民	16434.69	17932.35	19267.81	21260.99	22254.32
北部山区	城镇居民	27826.94	29828.03	31095.67	34008.93	35151.79
	农村居民	15111.52	16490.76	17697.98	19599.60	20627.73

第三节　广东省消费性服务业发展问题

由于服务型消费转型升级是一个中长期趋势，虽然广东省消费性服务业发展已经取得一定基础，但存在社会预期偏弱、部分行业有效供给不足、结构性不平衡、保障相对不足、金融支持力度不够等诸多问题，这些问题将在一定程度上影响服务型消费升级速度，且近几年国际形势复杂严峻，世界经济增长态势放缓，都将不利于消费性服务业的发展。

一、复杂的国际形势导致社会预期偏弱

稳定的社会预期对经济持续稳定发展至关重要，社会预期往往与当下国际经济形势、国内经济运行状况息息相关。受贸易保护主义抬头、逆全球化思潮盛行、地缘政治、军事冲突、通胀形势、国际债务以及产业链重组等多重风险叠加的影响，国际环境的复杂性、严峻性、不确定性上升，全球经济复苏不确定性增加，全球经济仍处于不稳定状态。同时，以美国为代表的发达经济体在供应链产业链中开启“去中国化”进程，国内经济社会发展面临需求收缩、供给冲击、预期转弱三重压力，特别是在投资、就业等领域面临严峻挑战。就广东省而言，受复杂多变的国际国内环境的影响，居民对工作

稳定性的期待和收入增长的信心不足，消费意愿低迷，这些都在一定程度上影响了服务消费倾向的增强。同时，由于经济下行压力，各大企业都在降本增效，就业市场疲软，失业率上升。2023年，大规模裁员持续冲击美国就业市场，“降薪裁员潮”迅速从国外吹到了国内，波及互联网、科技、工业制造业等领域。居民对就业、收入的预期不稳定，将进一步削弱消费需求，增加居民预防性储蓄。近几年，全省居民财富发生了一轮从房产配置向存款配置的转移，2019—2021年，在广东省住户存款中，活期存款余额一直高于定期存款余额。截至2022年末，定期存款余额已经高出活期存款余额3711.72亿元。截至2023年12月末，广东省的定期存款余额是活期存款余额的1.28倍，两者相差1.57万亿元①。储蓄水平在较短阶段内的提高通常反映了居民当期支出意愿的下降和预防性储蓄的心理。就最终消费率来看，居民最终消费率近几年转为下降，居民消费意愿不足在一定程度上影响了消费服务的需求。受新冠疫情影响，2020年后居民消费受到严重冲击，收入的降幅小于消费，导致居民储蓄率大幅上升。2021年居民的最终消费率为49.9%，较2018年下降1.7个百分点（见图6–2）。另外，互联网、房地产、教育培训等行业一度是中高收入群体的集聚产业，随着这些产业发生重大变化，大量中产群体的收入缩水，预期变差。

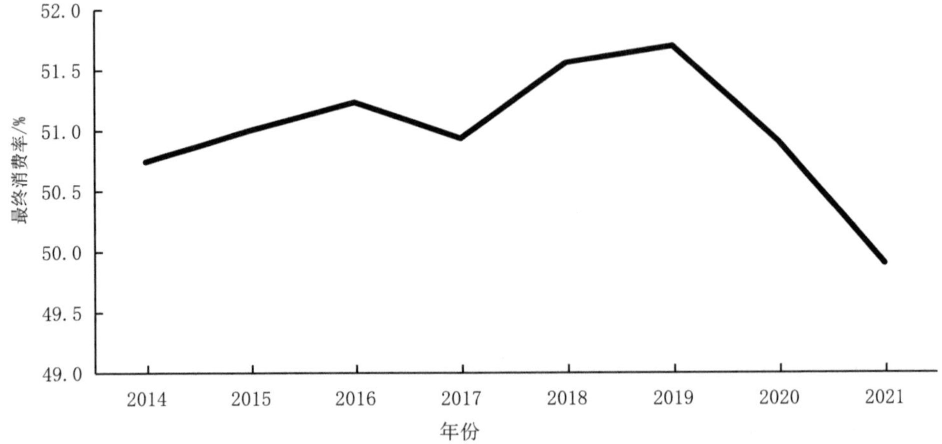

图6–2　2014—2021年广东省最终消费率趋势

---

① 中国人民银行广东省分行公布了2023年12月广东金融统计数据报告。

二、供需不平衡问题依然存在

供给规模有待提升。党的十九大报告提出，新时代人民群众的需要已经从“物质文化需要”发展到“美好生活需要”。目前，广东省消费性服务有效供给总量不足，难以满足人民日益增长的美好生活需要。近年来，随着新型城镇化的深入推进、城镇化发展格局不断优化，广东省进入城镇化发展成熟期，城乡间、区域间交通更畅达，人口空间流动趋势更加强化，且随着广州、深圳、珠江口西岸、汕潮揭、湛茂等都市圈的推进，将影响人口的空间分布格局。加之许多地方消费性服务业资源配置与人口分布不相匹配，许多新城新区面向农业转移人口的消费性服务可获得性差、多样化程度低，使得居民生活成本提高，不利于居民生活质量的提高。因此，消费性服务业供给矛盾会加剧人口净流入城市的“城市病”。许多地方上学难、看病难、幼儿入园难等问题不同程度存在。高品质医疗、教育服务等消费性服务资源过度集中于珠三角核心区等经济相对发达地区，部分地区城市消费性服务向农村延伸不足，特别是养老服务、健康服务等领域，农民获取成本高、难度大，影响农民的生活质量。

服务质量有待提升。中高端供给和有效供给不足，部分中高端需求和个性化、特色化、定制化需求存在严重的供给盲区。例如，消费性服务业从业人员整体素质较低，部分消费者无法轻易辨别服务的优劣，导致这些消费者对于服务的供给质量存在诸多不满意。民众较为关心的养老、育幼、家政等行业中，服务不规范现象仍然存在。比如近年来，一些住宿、交通、餐饮等“随心”类预售产品销售火热，但消费者在服务兑现过程中却遭遇预约难、服务“货不对板”等闹心问题，影响了消费体验。广东省消费者委员会统计数据显示，2023年服务类投诉286790件，占比为53.94%，同比上升15.86%。旅游服务、公共设施服务和邮政业服务投诉涨幅大，同比分别上升343.90%、66.03%和50.29%。从投诉内容来看，消费性服务类以美容美发、餐饮服务和住宿服务等领域涉及的消费维权问题较为突出。其中，预付式消费投诉量大，投诉高发的领域主要集中在健身、美容美发、教育培训等行业，其中涉及教育培训服务的预付式消费投诉同比增长约24%。另外，随着服务业数字化，互联网医疗、互联网游戏服务、网络直播、数字动漫等部分享受型服务领域因为缺乏规范和有效管控，一些服务业企业专业能力不足，在客户洞察、服务设计、服务传递和服务沟通方面亟待提升等问题，影响了消费者的消费体验。

三、城乡服务消费发展不平衡

农村消费潜力未得到充分释放。农村消费是消费的重要组成部分，广袤的农村蕴含巨大的服务消费潜能。近年来，广东省把激活农村消费作为消费扩容提质的重要抓手，深入推进“百县千镇万村高质量发展工程”，积极推动电子商务进农村综合示范县建设，推动电商新模式向农村普及。根据西方经济学理论，低收入群体的边际消费倾向要显著高于高收入群体，随着乡村振兴和城镇化进程的加快，农村居民消费将有效扩容，农村消费潜力不断被激发。就目前趋势看，广东省农村居民消费已经从以“吃穿住”为主的生存型消费向以“教文娱”为主的服务型消费升级，城乡居民的文化消费、服务消费、健康消费等服务型消费成为被追捧的消费热点，农村居民消费增长空间较大。2013—2022年，广东省农村居民人均消费支出由2013年的8937.76元增加到2022年的20800元，年均增长9.8%。城镇居民人均消费支出由2013年的21621.46元增加到2022年的36936.2元，年均增长6.1%。总体来看，由于文娱场所、交通基础设施网络、信息基础设施等服务资源分布不均衡，城乡服务消费发展不平衡。另外，城乡消费结构仍相对单一，物质消费占绝大部分，其他消费比重仍然偏低，农村居民消费潜力仍待挖掘。2022年广东省城乡居民家庭恩格尔系数为34.3%，较2013年下降1个百分点。其中，受新冠疫情影响，农村居民家庭恩格尔系数有所回升，从2018年的36.6%回升到2022年的40.3%，回升3.7个百分点（见图6-3）。同期，农村居民家庭恩格尔系数回升幅度较城镇居民家庭高2.5个百分点。

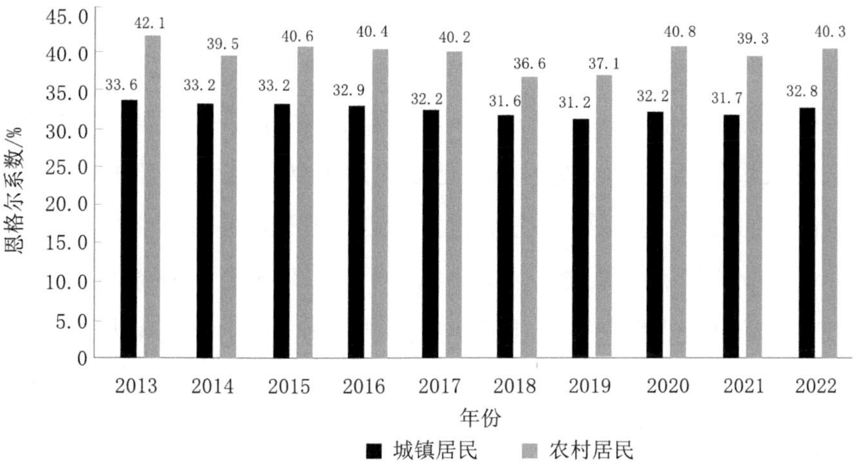

图6-3 2013—2022年广东省城乡居民家庭恩格尔系数

四、金融支持消费性服务业力度还不够

金融支持服务消费的力度仍待提升。首先，满足服务消费新需求的金融产品的多样性不够。目前，广东省内金融机构对于服务消费支持的金融产品较为分散、支持规模较小，金融机构目前推出的与居民消费相关的金融产品和普通居民服务消费新需求的契合度有待提升，尚不能满足普通居民在消费升级背景下服务消费新业态新模式。全省对于发展服务消费缺少政策层面的明确引导，金融机构对服务消费缺乏系统性支持。其次，随着旅游、文化娱乐、教育、养老等新兴消费金融领域市场消费内容的升级，其对金融的需求愈发强烈。面对消费升级后的新市场，商业银行还未能完全认识消费新业态，对新业态渗透不足，应对新消费变革布局迟缓，在教育、文娱等领域业务创新有待加强，创新性的产品目前还处于初步发展阶段。在消费性服务业中，缺乏针对文旅、教育、体育、健康养老等产业领域的定制化金融产品，金融机构没有很好地匹配这些行业企业的资金需求。

金融服务方式有待创新。金融机构与消费之间有唇齿相依、不可分割的关系，它对整个消费链条的有效性、完整性、可持续性起着重要的作用。近几年，广东省银行等金融机构积极适应消费场景的变化，立足不同群体金融需求，围绕支付优惠、消费券、贷款分期等开展运营创新，有效刺激了消费市场的复苏。但是金融支持消费模式的多样化、消费场景的灵活性仍不够，与不断涌现出的社交消费、文旅（创）消费等新消费模式、新消费场景相契合的金融有效供给还不够，尚不能满足居民对消费领域结构升级、方式变革、环境优化的需求。另外，服务业包括消费性服务业一般以轻资产模式为主，服务业企业的轻资产导致资信记录比较少，以传统金融服务方式提供的金融服务很难满足这类服务业企业的融资需求。例如，由于居家办公、在线教育等领域的企业可抵押的资产少，传统的商业资产评估模式难以适用，这类服务业企业较难获得银行信贷支持。

五、消费性服务业的发展环境有待完善

消费性服务业的运行发展风险依然存在。由于不同行业类型的消费性服务业之间的产业属性、运行规律和需求层次不同，发展消费性服务业需科学把握其产业属性和运行规律来选择合适的政策指导和监管方式。若不能精准把握特定行业的产业属性和运行规律，政府引导或支持行业发展的政策和监管方式就很难达到预期效果，甚至会加大某些行业的发展成本，使企业陷入运行困境，不利于某些行业的发展。同时，经济下行压力使得服务业企业发展潜在风险显性化的可能性加大。新技术、新业态、新模式促进了消费性服务业的发展，但许多消费性服务业的新技术、新业态、新模式热衷于“烧钱换市场，补贴换流量”，许多企业经营仍是“短、平、快”思维，同质化竞争、恶性价格战、伪需求补贴、市场份额争夺、洗脑式品牌营销，或者低效资源投资和重复建设等问题仍然存在，导致部分新技术、新业态、新模式难以形成可持续的竞争力和盈利模式。随着互联网流量逐渐见顶，消费性服务业竞争逐步从“流量红利驱动”进入更深层次的“品牌价值驱动”阶段，之前依靠惯性思维运行的“互联网+消费性服务业”将面临转型发展的挑战，会在一定程度上影响消费性服务供给的稳定和持续。

企业主体生存能力弱。消费性服务业除国有经济比重较大的旅游、健康、文化等行业外，住宿、餐饮、零售、家政等行业的经营主体多为小微企

业或个体工商户等非企业化机构，经营场所主要是租赁的门店，不具有规模经济优势。许多传统的消费性服务业附加值低，难以有效吸引社会资本和优质人才加盟，质量效益和竞争力提升难度大。因此，消费性服务业企业普遍面临市场占有率低、盈利空间小、抗风险能力较差等问题，新冠疫情的暴发使得上述问题进一步凸显。另外，由于消费性服务业的行业类别多、行业差异大，已有的国家标准和行业标准体系仍不够健全，修订不够及时，难以对消费性服务业企业的运行进行有效的质量监管，使得部分服务企业诚信度低、服务不规范、服务质量差，不利于消费性服务业的发展。

第四节　广东省消费性服务业发展趋势研判

随着经济社会的发展和人们消费需求的不断增长，未来消费性服务业的发展前景十分广阔。伴随着服务型消费转型升级新趋势，消费服务市场焕发出新的生机与活力，促进服务消费的模式创新与供给的迭代升级。

一、人口变化创造新需求，服务业需求仍将保持较快的增长

人口老龄化创造新需求。2000年以来，我国进入老龄化社会，人口老龄化步伐加快，老年人口占总人口的比重提升幅度加大。据国际通行说法，当一个国家或地区60岁及以上老年人口占人口总数的10%，或65岁及以上老年人口占人口总数的7%的时候，就算进入老龄化社会了。据国家卫生健康委根据2020年的数据以及过往的趋势推测，2035年左右，我国60岁及以上老年人口将突破4亿，在总人口中的占比将超过30%。这意味着，2035年左右我国人口很可能进入重度老龄化阶段。就广东省而言，截至2022年底，全省60岁及以上户籍老年人口共有1621万人，占户籍总人口的16.1%。预计到2025年，全省户籍人口老龄化系数将突破17%，到2030年将突破20%，进入中度老龄化社会[①]。随着老年人口规模日益庞大，养老服务市场成为新的蓝海，而持

① 数据来源：《广东：到2025年基本养老服务体系基本建成》。

续增长的财富积累使得未来的老年人对养老服务的品质提出了更高需求。这将推动传统养老行业加快转型升级，产生“老年人能力评估师”“养老服务专员”“适老化改造评估员”等一系列养老新职业，同时推动社会对家庭服务、健康养生等消费性服务业的需求。

新生代消费生力军引领消费变革潮流。消费性服务业的发展在很大程度上取决于消费群体的特质，与人口年龄结构变化息息相关。随着以“85后”“95后”甚至“00后”为代表的新一代年轻消费群体的崛起与壮大，消费群体呈现年轻化趋势。新一代年轻消费群体呈现诸多新鲜特点，包括更自信、崇尚个性、兴趣多元、喜爱社交等，他们在选择服务业消费时不仅仅关注产品质量、价格、性价比等因素，更注重品牌体验和精神层面的价值，他们追求品质生活、追求品牌体验、追求个性、追求性价比、注重体验，这将为富有个性化的服务消费带来广阔的市场。这类消费群体具备获取更加全面的服务信息的能力和渠道，对消费对象的选择也更具敏锐性，其在消费渠道、消费观念、消费方式上的转变，使得需求结构正在发生变化。新一代年轻消费群体对文旅、餐饮等消费领域更高的需求将进一步推动消费性服务业的发展。

▶ 专栏　不同代际消费群体的特征和消费行为

“85后”消费群体：这类群体是中国移动网民的主体，已经步入中年，拥有稳定的工作和家庭。他们的移动市场需求主要集中在生活服务、金融理财、旅游出行等方面。这意味着，针对“85后”人群的市场策略应注重提供更高品质和更加专业化的服务，以满足他们追求稳定生活和财富增值的需求。

“95后”消费群体：“95后”人群正在成为消费增长的新势力，他们大多数还在读书或刚刚步入职场。他们更偏向精神消费，在餐饮、旅游、文娱、健康、便利等方面的消费意愿较强。这类消费群体还是移动网民的主体人群，所偏好的潮流消费和内容消费“以审美画圈”，为教育、科技和绿色环保等领域市场带来新机遇。

“00后”消费群体：“00后”人群的网络渗透率相对较低，但他们是一个充满好奇心和活力的群体。这一群体正处于上学阶段，拥有极大的成长潜力。在面向“00后”的市场策略中，教育、科技和绿色环保等领域具有很大的发展空间。此外，“00后”对于个性化、定制化的需求更强烈，因此，为他们提供定制化的产品和服务也是一个很好的切入点。

二、服务消费升级迎来新趋势，逐渐向健康化、品质化、情感化消费转型

向健康化消费转型。随着居民收入快速增长，消费者的消费观念变得更加理性成熟，健康化的消费观念将成为未来的趋势，特别是新冠疫情发生以来，绿色消费作为有益于消费者健康、有益于生态平衡、有益于人的物质精神需要的新型消费，正深入人心。绿色服务将成为消费性服务业的一个重要发展方向，与人们生活密切相关的消费性服务业企业在推出产品和服务时也将更加注重环保和绿色化。例如，在酒店住宿行业，越来越多的酒店住宿行业将向着绿色低碳化方向转型发展；在餐饮行业，餐饮企业通过将绿色消费理念贯穿餐饮服务全过程，以期通过绿色服务传递绿色消费的生活理念。未来，消费性服务业的绿色化发展的重要性将会越来越凸显，服务业将会更加注重可持续发展。

向品质化消费转型。服务消费的品质化消费是指利用新的组织结构和技术，适应已经变化或正在变化的环境和需求的消费形式，顺应多元化、多样化、个性化的服务需求，提供的服务消费并非限于“有没有”，而是侧重于“好不好”“优不优”，是拉动消费扩能增效、提质升级的重要力量。消费性服务业的发展与居民追求高品质的生活交汇，呈现加快高端化趋势。过去，人们更多消费的是基础生活用品，忽视了消费的品质和服务体验。随着社会经济的发展，人们对消费的服务质量和品质的需求日益提升，推动居民消费选择加快从注重“量”的满足向追求“质”的提升转变。目前，我国已

进入消费加速升级期，城乡居民消费水平正在经历从以往的大规模、同质化消费向差异化、高品质消费的转型，养老消费、体育消费、旅游消费等领域表现尤为突出，以品质化消费为主要特征的新消费时代已经到来。品质化消费趋势将推动消费性服务业转型升级，有利于经济的提质发展。

向情感化消费转型。情感化消费是指人们的需求观念已不再停留于获得产品或服务本身，而是为了产品或服务的象征意义，将产品或服务视为与他们的价值观、地位、品位联系在一起的精神符号，消费某项产品或服务是为了追求心理上的满足。情感化消费行为以个性化消费为基础，强调的是自我价值的实现。随着人们生活水平的提高和消费观念的不断变化，消费者将更加注重个性表达与情感体验，对产品和服务的定制化、场景化需求将不断增加。例如，在教育行业，越来越多的人选择私人定制化的教育服务，以满足自己孩子的个性化需求。情感化消费为消费性服务业带来了新的机遇。情感化消费者依据自身的消费行为和观点引导企业重视其消费选择，形成产品或服务新趋势，对消费性服务业提出了更高要求。情感化消费有利于消费性服务业的升级发展。

三、数字释放消费潜力，更多新业态新模式不断涌现

数字经济将为服务消费市场提供强劲动力。当前，世界处于新一轮科技革命和产业变革的历史交汇点。数字经济作为一场由信息技术和通信网络不断创新主导的革命，蕴含着特有的经济形态，已经成为新时期培育经济增长新动能、提升传统动能的重要途径。而服务消费发展与数字经济迅速崛起交汇，呈现加快数字化趋势。大数据、5G、人工智能等新一代数字技术向服务消费领域迅速渗透，加速消费性服务业线上线下融合，丰富服务消费场景，改善服务消费体验，推动服务消费变革，促进服务供给与服务消费需求更有效匹配，为服务消费新业态、新模式发展提供强劲动力。

数字化将提高消费性服务业效率。消费性服务业数字化发展有利于缓解发展过程中的“鲍莫尔成本病”，推动生产率提升，从而使消费性服务业健康快速发展。在供给端，数字化促进消费性服务业结构更优化、效率和效益

进一步提升、成本降低、供给增加。消费性服务业数字化不仅通过对消费端进行数字化升级改造，引导消费者在线上完成消费、体验和支付，完善服务过程，还对服务的整个链路进行数字化改造。在需求端，消费性服务业数字化有利于提升生活便利度，满足不同消费群体的个性化需求。通过数字化赋能，能够推动消费性服务供给的柔性化与丰富化，在服务质量、服务水平、服务方式等方面更能满足个性化的需求。网约车、餐饮外卖、即时配送等常态化，智慧医疗、在线教育、在线娱乐等加快发展，具有不同年龄、职业的消费群体的个性化需求均得到有效满足。

产业融合已成为提升产业竞争力的必然选择。消费性服务业融合发展，既包括公共服务相关领域的融合布局，又包括服务业态的融合创新，还包括公共服务与相关业态的融合互促。随着消费性服务业数字化发展向纵深推进，以信息服务、物流、贸易、设计为主的生产性服务业和以消费体验、文化、健康为主的消费性服务业跨界融合发展将成为未来的发展趋势。同时，消费性服务业发展呈现行业内部线上线下融合、行业跨界融合等诸多特征，随着“互联网+”“旅游+”“文化+”等行动的进一步实施，文化、旅游、康养、体育、餐饮等相关业态融合创新发展，以消费体验为主导的消费性服务业融合主体越来越庞大，网约车、在线娱乐、在线教育、智慧旅游等新兴消费性服务业市场规模不断扩大，共享经济、平台经济、直播经济等新业态蓬勃发展，融合性消费潜力将不断被释放，推动消费性服务业向高品质和多样化升级，有利于消费性服务业产业竞争力的提升。

四、新兴消费不断涌现，绿色消费将成为新的增长点

绿色消费正成为一种趋势，催生出越来越多的绿色商场。绿色消费是一种对于消费者健康、生态平衡、人类的物质文化精神需要均有利的新型消费，能够更好地满足居民服务消费新需求。随着居民可支配收入的提高，我国已经迈入联合国划定的富裕阶段标准，社会对绿色消费理念的认可程度日益增强，绿色消费商品和服务日益丰富多样化，新一轮消费升级周期正开启。《中国电子商务绿色发展报告》显示，超过60%的受访者了解“绿色消

费”，其中，“90后”和“00后”对“绿色消费”的理解程度明显高于其他年龄段，分别达70%和79%。可见，年轻群体对于绿色消费的意识觉醒程度更高。绿色消费也在影响着消费性服务业的发展，绿色产品、绿色商场等不断涌现。在国家和省级层面相关政策的引导下，越来越多的商场将绿色理念与购物中心相结合，提供绿色服务，引导绿色消费，实施节能减排。绿色消费正成为一种趋势，催生越来越多的商场向绿色生态的方向发展。如在逛商场时随处可见绿色低碳标识以及日益增多的生态产品柜台。

▶ 专栏　广州绿色商场引领消费新体验

广州作为千年商都，积极推动传统商场改造升级为绿色商场，各大商场在精彩纷呈的沉浸式活动中为消费者提供更多的绿色服务。广州推进绿色商场的经验举措主要包括：

在“都市农场”氛围中传递绿色生活理念，如广州K11五楼的空中舞台化身为绿色小镇，邀请消费者体验一日摊主，化身植物学家、城市农夫等，让市民感受非遗与环保的魅力。正佳广场通过开展拒绝“塑料童年”活动，将循环利用的绿色生活理念通过游戏与活动根植在孩子们心中。

利用多种手段实现自身节能减耗。海珠广百新一城是商务部公布的全国首批绿色商场，通过推广普及数字人民币支付的业态及应用场景，利用多种手段实现自身节能减耗。

物流行业将“逐绿”而行。广东省是制造业大省，也是物流大省，已获批11个国家物流枢纽。随着绿色观念深入人心，广东省物流绿色转型“脚步”渐行渐近，出台了《广东省循环经济发展实施方案（2022—2025年）》等一系列政策文件。越来越多的物流企业从拼“速度”转变为比“绿色”。物流供应链企业结合自身业务特点及发展方向，聚焦包括订单、包装、运输、仓储、回收等流通全流程的各环节开展绿色转型，包括推广无纸化寄件、快递绿色化包装、使用新能源车进行运输配送等，为物流业绿色发展积极贡献力量。

第五节　广东省消费性服务业发展对策建议

消费性服务业的发展能通过业态创新和模式创新激发新的消费需求，进而推动消费结构升级。当前，新一轮消费升级对消费性服务业的结构优化、模式创新、业态发展提出了新要求。面对消费性服务业发展机遇，广东省要顺应消费性服务业发展趋势，把握消费性服务业高质量发展的实质内涵，结合广东省实际，聚焦解决当前制约消费性服务业发展的供需不平衡、城乡差别大、金融支持力度不够大等突出问题，多措并举，从供给侧、需求侧双向发力，增加有效供给，挖掘消费潜力，增强产业竞争力，并以消费性服务业高质量发展推动经济高质量发展。

一、扩需求，进一步释放服务消费需求

一是激活农村内需，释放农村消费潜力。多措并举，改造和创新农村消费场景，推动传统乡村大集与直播带货、惠民演出、文化体验等结合，助力更多好服务走向农村。从丰富农村居民需求出发，加大补贴支持力度，鼓励配套适合农村新一代年轻人需求的咖啡屋、儿童游乐中心、餐饮设施，以及满足农村老年人需求的老年食堂、日间照料所、康养中心等生活设施。积极鼓励农村地区发展直播经济、在线文娱等，帮助农村居民尽快适应数字消费方式。同时，服务业企业要顺应农村消费市场变化趋势，根据不同地区农村生活特征开发更多产品和服务。针对农村对汽车、家具家电家装等消费需求大的特点，深入贯彻实施《广东省推动消费品以旧换新行动方案》，积极推动消费品以旧换新、绿色智能家电下乡与新能源汽车下乡等优惠政策，加快推进广州、深圳、佛山、湛江、云浮等城市一刻钟便民生活圈建设试点，积极鼓励物业服务企业设置“家装便民服务点”，完善大宗商品售后服务，让

农村消费者放心购买，更好地激发消费热情。另外，进一步完善县域消费网络，加大对商业街区改造等的投资，提高餐饮、文化娱乐、休闲康养等消费场所的质量。

二是提高居民收入，提高居民消费意愿。居民收入水平的提高能够促进服务消费潜力的释放，可以使更优质的产品或服务不断走进千家万户，能够更好地满足人民对美好生活的需要，为内需的拉动创造有利条件。一方面，增加农民收入渠道。支持发展农村新产业、新业态，不断发掘农村宅基地价值，鼓励发展“宅基地+乡村旅游”“宅基地+民宿产业”“宅基地+康养基地”等新产业、新业态。围绕农民职业技能培训，加大农民职业技能培训力度，提高农民工的基本素质，提高农民创业和就业能力，促进农村劳动力就业增收。同时，中等收入群体较高的购买力催生了更高品质以及更多样化的服务消费需求，通过积极的财政政策、重大项目的实施以及多项稳就业政策提高居民工资性收入，扩大中等收入群体，从需求端促进消费性服务业的发展。另一方面，高水平谋划推进城乡区域协调发展。统筹推进城乡区域融合发展，深入推进“百县千镇万村高质量发展工程”，促进生产要素有序流动、公共资源均衡配置，以标准化推进公共教育、就业创业、医疗卫生等重点领域基本公共服务均等化，补齐农村居民在教育、医疗等基本公共服务领域的短板，推动实现城乡区域更高质量的协调发展。

三是进一步完善社会保障体系，改善社会预期。完善的社会保障体系有助于增强人们的消费能力和信心。人们在对未来收入和支出不确定的情况下，往往会选择增加储蓄，减少消费。如果政府能够建立健全社会保障体系，让人们更加放心地享受当下生活，那么消费潜力自然会得到释放。广东省要进一步完善多层次社会保障体系，完善基本养老保险体系，完善个人养老金税收优惠政策，健全个人养老金服务管理平台，增加老年人财务储备，满足人们更高水平、更多样化的需求。进一步完善灵活就业人员在就业地参保政策，引导更多灵活就业人员参加职工基本养老保险，扩大社会保障的覆盖面，使更多人群享受到社会保障的福利，让就业者更好地分享经济社会发展成果，增强消费信心。

二、增供给，提升消费性服务业发展品质

一是增加消费性服务业有效供给。一方面，要从丰富供给主体和完善供给内容上发力。以满足人民日益增长的美好生活需要为出发点和落脚点，鼓励和支持各类市场主体增加文旅、体育、医疗服务、健康养老、家政等消费性服务业领域优质服务供给。积极推动建立健全全省养老服务信息平台，推动与健康养老相关的服务市场多层次发展。积极推动餐饮住宿业、家政服务业、零售等居民传统型生活服务业企业通过开展数字化、智能化升级改造转型发展，鼓励社会资本和外资提供个性化多样化服务，提升居民生活服务业质量。另一方面，要积极完善消费性服务业供给方式，通过加强对服务人员的职业培训，建立服务标准品牌，提供优质消费性服务供给，提高消费者的消费意愿。鼓励养老、家政服务、体育、物业服务等消费性服务业企业积极参与消费性服务业企业标准的制定，引导这些行业的品牌培育和运营专业服务机构发展，培育消费性服务业品牌。

二是培育和发展新兴消费性服务业。一般而言，新兴消费性服务业有助于满足市场多元化、体验式、复合型的消费需求，还可以促进推动产业结构转型升级，顺应国内消费市场的发展。随着新型消费群体的崛起，也将对新兴服务消费带来巨大提升。细分来看，中国消费性服务业一些新的结构亮点正在显现，假日经济、国潮经济、银发经济、数字消费、绿色消费等不断涌现的新型消费正在重塑服务消费结构。新型消费反映出企业格局和产业链的变化，而消费性服务业的发展要跟上这个变化，就要做好变革和创新。因此，要大力培育新兴消费性服务业，激发新型消费动能。实施数字消费、绿色消费、健康消费促进政策，激发有潜能的消费，扩大有效益的投资，重点围绕服务消费的数字化、融合化、绿色化发展趋势，大力培育包括文旅元宇宙IP、时尚体育、多样化康复管理服务等消费性服务业新兴领域。同时，要加快布局建设6G网络、物联网、AR/VR等新型基础设施，为发展云旅游、云娱乐等新消费形态做好硬件支撑。另外，积极发展绿色消费性服务业。推动绿色共享经济从出行、住宿等领域向医疗、养老等领域拓展，引导消费者消

费的重点和理念向智能化、绿色环保、健康养生方向转变。

三是鼓励消费性服务业企业技术创新和商业模式创新。伴随着新一轮科技革命，5G、互联网、物联网、云计算等新一代信息技术不断渗透，一系列新业态、新模式不断涌现，行业的生产可能性边界不断拓宽，推动消费性服务业不断增长。广东省要抢抓新一轮科技革命机遇，以满足人民日益增长的中高端服务需求为着力点，着力破解“服务层次偏低、服务功能偏弱”的通病，积极支持和引导企业利用新技术进行商业模式创新，推动消费性服务业向便利化、精细化、品质化发展。加快发展互联网医疗、智慧药房、远程办公、在线教育、网络营销、智能配送、电商平台、供应链等“互联网+服务业”新业态、新模式。同时，以产需互动为牵引，推动以消费服务为引导的反向资源整合，推动服务业企业进行技术创新，从而提高服务效率和服务品质，助力消费性服务业整体竞争力的提升。

三、优服务，助力服务消费扩容

一是鼓励企业创新消费金融服务。消费金融是指由商业银行、消费金融公司、小额贷款公司等金融机构向消费者提供包括消费贷款在内的金融产品和金融服务。积极发展消费金融，创新消费金融服务，充分发挥消费金融对中低收入群体消费需求的刺激作用。以消费引导服务产品的生产，有利于推动形成从生产到消费的良性经济内循环。鼓励不同类型的消费金融机构打破固有业务思维，精准面对不同类型的消费者。针对不同类型的潜在客户，结合企业实际，优化金融产品，简化信贷手续，创新消费金融服务，提振居民消费信心。例如，商业银行可立足已有的实体营业网点、业务模式和数据积累，积极拓展附属类消费金融业务，推出装修贷款、婚庆贷款、育儿贷款等个性化家庭消费金融产品。鼓励金融机构关注乡村产业发展与农村居民生活、创业需求，挖掘和打造乡村金融产品，延伸乡村金融服务半径，积极推广“美丽乡村风貌贷”“村居贷”“民宿贷”等信贷产品。另外，加快布局大数据、云计算等金融基础设施，鼓励商业银行等金融机构利用新一代信息技术手段对居民个人消费行为数据进行系统收集、分析，精准刻画出用户画像，准确定位居民消费能力和信用水平，为创新消费金融产品提供强大的数据支撑。

二是加大对消费性服务业重点领域的支持。2022年3月，《中国银保监会中国人民银行关于加强新市民金融服务工作的通知》发布，要求各金融机构关注新市民群体在创业就业、教育医疗、安居养老等重点领域的金融需求，加强产品和服务创新。充分发挥消费金融业务模式灵活的优势，积极围绕体育、医疗服务、健康养老等消费性服务业领域，结合行业特点，探索开发有针对性的金融产品，从空间和时间维度开发出更多不同类型的消费服务供给，如针对电商直播、智慧商圈等新型服务消费领域开发专项金融产品，为市民群体提供适当的消费金融产品。积极开发与健康管理、生活照护、康养疗养、托育家政等领域需求相匹配的普惠型消费金融产品，探索推出更多符合智慧零售、智慧旅游、智慧家政、智慧养老、智能体育等“智慧+”新型消费市场需求的特色金融产品，有序推进“金融+”与“直播+”“互联网+”的深度融合。例如，加大养老金融支持，积极引导政府创投、基金等参与养老产业融资，鼓励商业银行、保险公司、基金公司等各类金融机构丰富养老金融产品种类。

四、育环境，完善消费性服务业发展保障

一是完善公共服务设施及商业服务载体。继续推动国际消费中心城市建设，支持广州、深圳打造直播电商之都。在全省范围内谋划一批地方特色消费中心，支持珠海、汕头、佛山等市培育建设区域消费中心城市。充分发挥广州市天河路商圈、广州市北京路商圈这两个全国示范智慧商圈的示范作用，把握商圈和商店的未来发展趋势，促进传统商圈向消费体验中心、休闲娱乐中心、文化时尚中心转型发展。积极推进智慧商圈、智慧商店培育建设，引导地方商圈导入VR、AR、超高清视频、智慧城市等5G应用场景。进一步完善消费性服务业相关基础设施规划，提升不同领域的基础设施之间的融合性、联通性和衔接性，为消费性服务业的发展提供硬支撑。

二是加强服务标准建设和监督管理执行。积极推动建立信用分级分类监

管机制，加快形成以优质服务为荣、以失信违约为耻的行业氛围，助力服务业企业提供更优的消费环境，进一步促进服务消费需求的释放。加快推进文化和旅游市场信用体系建设，保证旅行社服务、饮食服务、旅游购物服务等服务质量，提升文旅市场竞争力，挖掘旅游消费潜力。在消费性服务业重点发展领域推进放心消费建设，加快研究电商直播、互联网支付、共享经济等新兴服务领域的服务标准，防范和化解各类交易和服务纠纷。积极规范消费性服务业市场行为，如规范中小学生校外培训行为、加强网约车规范管理、规范旅游市场秩序等。净化网络消费环境，深入开展电商平台“亮照、亮证、亮规则”行动，在“3·15”“6·18”“双11”等重要时间节点组织开展行政指导、约谈。加强网络交易监测，积极开展网络市场监管与服务示范区创建，推进智慧监管、信用监管、协同监管，加强检索监测和执法，规制网络不正当竞争行为。健全服务消费投诉机制。发挥明码标价、服务质量监管和服务评价等作用，线下、线上投诉处理双渠道融合，消除服务市场中的虚假宣传、强迫消费等问题，营造诚信经营的良好风气，提升消费者的消费体验。

三是加快消费性服务业领域的资格资质体系建设。高素质、专业化的从业者是消费性服务业高质量发展的重要保障，以规范的资格资质体系为基础构建起可识别、可衡量、可依据的行业标准有利于高素质从业者的输出。广东省要进一步规范餐饮、酒店、旅游、医疗、家政等已有的服务业领域的资格资质认证体系，规范官方认证机构设立和资格资质认定标准，如对住家保姆、月嫂、婴幼儿护理、老人护理、家庭保洁等家政职业提倡持证上岗。同时，进一步加快新兴服务消费领域的资格资质体系建设。财政部、人社部门等政府部门可联手推动消费性服务业职业培训机构的资质认定和管理，完善激励机制，并对被评为先进企业、优秀服务员工的机构和个人分别给予表彰。

第七章

广东省公共服务业发展研究

公共服务既是民生工程，也是民心工程。党的二十大报告指出："要坚持以人民为中心的发展思想。维护人民根本利益，增进民生福祉，不断实现发展为了人民、发展依靠人民、发展成果由人民共享，让现代化建设成果更多更公平惠及全体人民。"公共服务是指政府以及公共组织为社会或个人提供的非营利产品和服务，具有非营利性、非排他性和非竞争性。而国内对公共服务业的提法并不多，学术界也未有广泛研究，在不少报道或文献中甚至将两者作为同一名词使用。但两者在概念上有所区别，前者主要是国家主导而非市场化的服务，后者则整合了行业的概念。

公共服务业的发展不仅有利于减少预防性储蓄，促进消费和扩大内需，推动经济发展方式的转变和经济结构的优化，还有利于促进人力资本的积累，提高劳动生产率和资源的利用效率，促进城镇化进程和保障社会高质量发展。"十四五"规划提出，在"十四五"期间，基本公共服务均等化水平明显提高，到2035年，基本公共服务实现均等化。党的二十大报告指出，要健全基本公共服务体系，提高公共服务水平，增强均衡性和可及性。本章以《国民经济行业分类》和《广东统计年鉴》作为主要依据，将研究范围界定在水利、环境和公共设施管理业①，教育，卫生和社会工作，文化、体育和娱乐业，以及公共管理、社会保障和社会组织等5大类。

---

①　水利、环境和公共设施管理业：按照《国民经济行业分类》（GB/T 4754—2017）的划分标准，"水利、环境和公共设施管理业"分为四大类。A.水利管理业（76大类）主要包括防洪除涝设施管理、水资源管理、天然水收集与分配、水文服务、其他水利管理业。B.生态保护和环境治理业（77大类）主要包括生态保护和环境治理业。C.公共设施管理业（78大类）主要包括市政设施管理、环境卫生管理、城乡市容管理、绿化管理、城市公园管理、游览景区管理。D.土地管理业（79大类）主要包括土地整治服务、土地调查评估服务、土地登记服务、土地登记代理服务、其他土地管理服务。

第一节　广东省公共服务业发展现状

广东省以实现社会效益和经济效益统一为共同前提，以满足人民美好生活需要为共同追求，以解决区域发展不平衡不充分问题为共同出发点，推动政府公共服务和公共服务业实现“双轮驱动”和融合发展。

一、普惠基础设施体系健全完善，公共产品供给质量提质升级

广东省高度重视生态建设“六大行动”和污染防治攻坚战工作，并在公共财政方面充分保障水利发展、生态环保、公共设施和国土资源管理等领域的需求，多项工作走在全国前列。

（一）水利工程建设稳步推进，水利改革创新走深走实

经过多年的努力，珠三角地区水利现代化体系和粤东、粤西、粤北地区水利综合保障体系基本建成，普惠共享的水利基础设施体系日渐完善，水利公共产品的供给质量持续提高。一是河湖生态环境状况日益改善，水利建设基础持续夯实。2013—2023年，广东省水文省级财政投入达到41.4亿元，累计完成近800个江河湖库断面水质检测、19条重点河湖23个断面生态流量保障服务、76个国家重要水源地的自动在线检测，以及160余个大中型水库藻类生态监测等任务。广东全省的水文监测点超过4000处，并实现了对大江大河及其主要支流200平方千米以上的全覆盖。二是灾害风险防控能力明显提升，涉水事务监管能力持续增强。在应对清远阳山堰塞湖、佛山地铁渗水等突发水灾事件方面表现出色，有效保护了老百姓的生命财产安全。完善了全省旱情分析研判和旱情监测预警预报体系，为应对严重干旱提供可靠的决策依据。三是水利工程建设机制加快完善，水利科技创新能力不断提升。建立了省级

水网项目储备库[①]，在推进水资源配置骨干工程建设、农村集中供水全覆盖、病险水库除险加固和堤防达标加固等四项攻坚任务中取得显著成果。在打造绿色水经济新业态方面，推动实施绿色水经济“10+2”试点项目[②]，累计投资规模超过100亿元。四是水利改革事业持续深化，财政投入得到充分保障。2023年，全省水利系统建设投资规模达到历史新高，累计完成投资超过1000亿元，成为全国首个超千亿元投资的省份。搭建政银企对接平台，实现财政投入和市场投融资分别占51%和49%。

（二）生态环境保护持续改善，绿色低碳发展显著提质

广东省积极坚持开展蓝天、碧水、净土等保卫战，打好污染防治攻坚战，把生态文明建设和生态环境保护当作重大民生工程抓紧抓实，推动经济社会加快向绿色低碳方向发展。一是生态环境质量取得明显改善，环境保护与经济发展实现和谐共赢。全省六项主要污染物浓度连续9年全面达标，改善程度在全国排名第二。在149个地表水国考监测点中，劣Ⅴ类水质已全部消除。森林覆盖率达到53.03%，建成的国际、国家和省级重要湿地数量位居全国前列。县级以上集中式水源的水质合格率达100%。二是环境基础设施短板加快补齐，生态环境治理水平显著提升。自然村生活污水处理率接近2/3，受污染耕地安全利用率已经超过九成。全省新建超过8000千米的城镇污水管网，使城市生活污水集中收集率大幅度提升。珠三角地区全部城市基本实现了生活垃圾“零填埋”。三是减污降碳，实现协同增效，碳达峰碳中和行动阶段性成果显著。全省碳排放配额累计成交量超2亿吨、金额超63亿元，均位居全国区域碳市场首位。核电、抽水蓄能和生物质能发电装机规模均居全国第一，储能利用效率名列全国首位，海上风电装机规模位居全国第二。

---

① 1.3万亿元的省级水网项目储备库包括大江大河干流治理、大湾区堤防巩固提升、西江大湾水利枢纽、珠中江水资源一体化配置、粤东水资源优化配置和雷州半岛灌区等重大项目。

② 绿色水经济“10+2”试点项目：“10”是指选取10个涵盖水上运动、河湖游轮游艇、水利风景区、滨水休闲康养、优质水开发利用等不同业态的省级水经济试点项目；“2”是指支持工作积极性高、基础条件好的佛山、江门2个地市开展全域水经济试点建设。

（三）城市设施运行水平提高，宜居宜业湾区加快形成

省内超大特大城市的“城市病”得到有效缓解，珠三角地区城市基础设施品质和效率稳步提升，粤东、粤西、粤北地区的城市基础设施短板加快补齐。一是城市交通系统、水系统、网络系统和能源系统等得到提升。2023年，广东省进一步推进市政和产业园区基础设施和保障性安居工程建设。全省新建天然气管网超过1000千米、城镇生活污水管网超过8200千米，新增生活垃圾焚烧厂处理能力4100吨/日，县级城市黑臭水体消除比例达60%，全省地级以上的居民小区生活垃圾分类覆盖率进一步提升。二是城市安全韧性有效增强，城市更新行动推动人居环境质量改善。全省排查整治各类房屋市政工程安全隐患和燃气安全隐患，治理经营性自建房和违法建筑等。全省525个公园、3616.46公顷绿地向市民开放共享。推动广州、深圳、佛山、东莞等超大特大城市编制城中村改造规划，新划定公布6处广东省历史文化街区，新增认定历史建筑300处。三是生态宜居水平稳步提升，加快绘就绿美广东“新图景”。科学推进城市园林绿化，新建绿色建筑面积占比达87.9%，新建群众身边的“口袋公园”371个。推进海绵城市建设，累计整治易涝点285处。开展“平急两用”公共基础设施建设工作。四是自然资源保护水平和利用效率持续提高，全省土地管理工作体系加快完善。广东省正式实施《广东省土地管理条例》，推进全省42个土地综合整治试点。大力开展农用地整理、建设用地整理和生态修复工作，农业、城镇等空间结构优化取得显著成效。

二、各级各类教育更趋全面协调，有力形成经济社会发展支撑

广东省通过持续健全教育政策和提升财政保障水平，不断缩小区域、城乡、校际、群体的教育差距，高质量打造有广东省特色的公共教育服务体系，推动教育强省建设。

（一）教育保障达到新高度，满足教育发展资金需求

广东省的财政拨款已经覆盖了从学前教育到高等教育全阶段，在省级层面公共预算中教育经费支出保证“两个只增不减”[①]。2023年，全省一般公

① “两个只增不减”：一般公共预算教育支出逐年只增不减，按在校学生人数平均的一般公共预算教育支出逐年只增不减。

共预算中教育支出超过4000亿元，投入接近200亿元用于强化城乡义务教育保障，投入65亿元用于推进基础教育提质工程，投入近60亿元推动高等教育“冲一流、补短板、强特色”，投入近17亿元支持职业教育扩容提质，投入67亿元资助家庭经济困难和学业优秀的学生。截至2023年，广东省累计各级各类学校达3.82万所，各级各类学历教育在校生超2800万人，专任教师达到166万人。

（二）基础教育高质量发展，形成普惠优质教育体系

广东省基础教育资源配置水平得到持续优化。通过增加公办学校的学位和改善学校办学条件等多种方式，不断提高教育质量和育人水平。一是学前教育得到普惠发展。通过多种方式增加公办幼儿园数量，或者支持社会力量开办普惠性幼儿园，持续加大学前教育学位供给。截至2023年，全省共有幼儿园2.17万所，在园幼儿接近500万人，专任教师33.7万人，公办幼儿园和普惠性民办幼儿园在园幼儿占比达85%。二是义务教育得到优质均衡发展。通过全省统筹推进城乡义务教育一体化，持续巩固义务教育的普及水平。截至2023年，全省义务教育阶段学校达到1.46万所，在校生接近1600万人，专任教师95.45万人。全省21个地市均已开展集团化办学工作，累计支持29个基础教育高质量发展实验区和示范区试点工作，组织18万名粤东、粤西、粤北地区骨干教师参加轮训。三是普通高中基本实现特色化多样化发展。全省通过实施特色普通高中建设工程，采取县域普通高中振兴行动计划等系列举措，推动普通高中发展。2023年，全省高中阶段教育学校超过1500所，在校学生达到222万人。

（三）职业教育体系再提档，高等教育加快内涵式发展

广东省持续优化职业教育办学体制机制和高等教育结构布局，加快培育一批多层次的技术技能人才，不断提升高层次人才科技创新能力。一是现代职业教育体系加快完善。广东省加快打造粤港澳大湾区职业教育综合改革合作示范区和探索省域现代职业教育体系新模式，开展中高职三二分段试点院校招生计划，超过一半的中职学校毕业生升入高职院校就读；开展高职本科三二分段专升本协同育人项目试点招生计划。二是高等教育质量水平持续提

升。全省深入推进高等教育“冲一流、补短板、强特色”提升计划，推动一流大学和学科建设，提升高校服务社会发展的水平。2023年，广东省共有高等学校176所，在校生接近450万人，高等教育毛入学率超过60%，600多个专业入选国家级一流本科专业建设点。首批省内82家高校院所与57个县（市）全部完成合作签约，结成“双百行动”高校三大联盟[①]。

三、优化全省医疗卫生资源配置，城乡居民健康水平稳步提高

广东省深入推进健康中国行动，全省医疗卫生服务能力得到大幅度提升，医疗卫生资源不断丰富，人民健康水平稳步提升，公共卫生安全防护网不断织牢，年度一般公共预算中卫生健康支出突破2000亿元。

（一）公共医疗网络不断健全，基本建成分级诊疗制度

广东省启动实施“强基创优”三年行动和加强基层服务能力建设攻坚行动，累计投入近350亿元用于城乡居民基本医疗保险和基本公共卫生服务补助；投入24亿元提高经济欠发达地区村卫生站医生补贴标准，还用于边远山区乡镇卫生院医务人员岗位津贴、基层医疗卫生机构事业费等专项补助。推动实施三甲公立医院“组团式”帮扶行动，全省基本形成分级诊疗秩序，县域范围内实现县域医疗卫生共同体全覆盖。

（二）医疗资源供给总量提升，卫生安全防线筑牢巩固

广东省高水平医院建设行动取得丰硕成果，国家医学中心和国家区域医疗中心建设如火如荼，国家呼吸医学中心、国家儿童区域医疗中心等重大国家级平台落户，粤东、粤西、粤北地区医疗卫生服务能力稳步提升。截至2022年底，全省医疗卫生机构接近6万家，拥有住院床位60.8万张，卫生技术人员接近92万人，卫生资源总量稳步增长，人均占有量持续提升。全省年度医疗机构总诊疗人次达8亿，医疗机构病床使用率接近七成。全省重大疾病的联防联控机制得到完善，全方位保障人民生命安全和身体健康。

---

① 高校三大联盟：乡村建设规划高校联盟、乡村公共服务高校联盟和乡村产业发展高校联盟。

（三）健康广东行动扎实推进，中医服务体系持续完善

广东省医疗机构收入总量增加，财政拨款收入与医疗收入占比调整为2∶8，收入结构持续优化。中医药强省建设持续推进，岭南中医药传承创新工作加快发展。2022年，全省中医类医疗机构总数达2.42万家，基层医疗卫生机构基本上都能提供中医药服务，全省医疗机构年度提供中医门诊服务达到1.87亿人次，占全省总量的两成以上。

四、经济大省文化优势日益凸显，世界级旅游目的地建设提速

广东省统筹发展经济优势与文化优势，携手港澳建设更高水平的世界级旅游目的地，协调推动文化、旅游、体育等领域发展。2023年，全省一般公共预算中文化旅游体育与传媒支出接近360亿元。

（一）公共文化设施网络优化，文旅融合业态繁荣发展

广东省聚焦健全中华优秀传统文化保护传承体系、文艺精品创作生产体系、公共文化服务体系、全民健身服务体系等建设，推动文化强省、体育强省建设等方面工作。一是优化全省公共文化基础设施，持续丰富公共文化产品和服务供给。全省形成省、市、县三级公共文化服务标准体系，实现省市县镇村五级公共文化设施全覆盖，建成小而美的公共文化新空间超过4000家。广东省流动博物馆基层巡展185万人次，新时代重点文化设施建设加快推进。二是文化旅游消费持续扩大。话剧《深海》获曹禺戏剧文学奖，芭蕾舞剧《旗帜》等4部作品获中国舞蹈“荷花奖”。2023年广东省文旅加快复苏发展，全省累计接待游客7.77亿人次。出台全省文化和旅游特色镇村建设指引和系列扶持措施，确定首批重点支持的特色镇和乡村旅游优质项目。三是文化遗产保护传承利用制度体系不断完善。“南海I号”水下考古发掘创全国单个考古项目文物发掘数量之最。《早期岭南探源工程科学研究计划》新发现郁南磨刀山等遗址49处，清理遗迹340余处，客家文化（梅州）生态保护实验区成功创建为广东省首个国家级文化生态保护区。

（二）广电媒体融合纵深发展，南粤视听产业做大做强

广东省在牢牢把握正确舆论导向的基础上，稳步推进视听精品创作，持

续完善广电基础设施和提高服务水平，推动实现全省视听产业高质量发展。2022年，广东省公共广播节目制作时间接近60万小时，播出时间接近85万小时；公共电视节目制作时间超14万小时，播出时间约84万小时。广东省广播电视从业人员接近8万人，基本实现广播电视综合人口全覆盖，有线电视实际用户数超1500万户，交互式网络电视（IPTV）有效用户数超2000万户。2022年，广东省实现广告、有线电视网络、新媒体业务和节目销售等广播电视行业总收入超1400亿元。

（三）群众体育工程加快推进，全民健身战略深入实施

广东省推动实施全民健身国家战略，各级各类公共体育场地设施基本实现全部免费或低收费向社会开放，城乡“15分钟健身圈”基本形成，各项群众体育运动蓬勃发展。截至2023年，全省体育场地设施数量已超34万个，建成绿道2.68万多千米，建成社区体育公园3000余个，人均体育场地面积超过2.8平方米。全民健身赛事活动类型日益丰富多彩，全省平均每年举办县级以上体育赛事活动5000余项次，参赛人数超百万。“村BA”“村超”遍地开花，龙舟赛事“粤味”十足，各地涌现乡村民俗运动会、农民丰收节等具有农耕农趣农味的主题活动，实现“周周有活动、月月有竞赛”。

五、人才强省战略持续纵深推进，社会民生事业得到巩固发展

广东省扎实办好广东省十件民生实事，聚焦城乡社区支出，完善住房保障体系，支持法治广东、平安广东建设，加强公共安全体系建设，推进基层法庭建设，加大公共预算财政投入。

（一）稳岗就业政策成效显著，社会保障水平稳步提升

广东省社会保障事业不断取得成效，年度投入约百亿元财政资金支持提高社会保障水平。一是就业规模持续扩大，结构日益优化，方式更加多样且质量不断提高。2022年，广东省城镇新增就业超130万人，就业困难群体实现就业超10万人，实现了零就业家庭的动态清零。通过对重点企业的用工常态化服务机制和专职就业服务机构进行支持，助力企业招聘新员工。“粤菜师傅”“广东技工”“南粤家政”三项工程累计培训接近140万人次。二是社

保体制机制改革持续深化。实现企业职工基本养老保险、工伤保险基金省级统筹，城乡居民基本养老保险基金市级管理。2022年，全省基本养老保险、失业保险、工伤保险三项社会保险基金收入接近7000亿元，支出合计4400亿元，参加基本养老保险人数接近8000万人。政府财政累计投入170亿元用于提高城乡居民基本养老保险的基础养老金标准。三是优化人才发展体制机制。人才队伍规模持续扩大，人才结构不断优化，有力引领支撑实体经济发展。2022年，全省共有博士后科研工作站647个，累计接近400万人次通过考试取得专业技术人员资格证书。广东省已基本建成全国规模最大的技工教育体系，实现了技师学院21个地级市全覆盖，在校生规模达到65万人。

（二）基本民生底线兜牢兜实，群众获得感幸福感增强

广东省加强对城乡低保、特困人员、孤儿、残疾人等困难群众基本生活的保障，推动民政领域“大救助、大养老服务、大儿童保障、大慈善、大社会治理”工作体系建设。一是基本完善社会救助、养老服务、儿童保障、慈善事业、社会事务等多个服务体系。2023年，全省累计有养老机构接近1900家。全省城市最低生活保障人数、农村最低生活保障人数和城乡特困人员救助供养人数分别约为15万人、110万人和22万人，累计建成社区服务中心和社区服务站约3万个，享受困难残疾人生活补贴和护理补贴人数累计达到160万人，累计投入财政资金超60亿元用于开展退役军人安置和就业培训。二是以公租房、保障性租赁住房和共有产权住房为主体的住房保障体系日益完善，居民住房自有水平稳步提高。广东省内规划实施近万个乡镇建设项目，启动建设各类保障性住房和棚改安置住房超30万套，开工改造城镇老旧小区2000个，发放租赁补贴6万户。

第二节　广东省公共服务业就业人口分布

结合广东省公共服务业就业人口分布的数据，分析就业人口与产业分布之间的关联情况，梳理广东省公共服务业的城市布局和发展质量等方面的基本特征。

一、广东省公共服务业就业人口分布统计指标分析

就业人口分布在一定程度上可以反映相关产业的空间布局。本章借鉴崔宏桥研究就业人口采用的方法，并结合2018—2022年来广东省21地市公共服务业就业人口的面板数据，对各个城市就业人口的比例和区位熵进行分析，研究广东省公共服务业就业人口分布的特征。

（一）就业比例

基于所选定的5大公共服务业门类，再结合2018—2022年广东省历年统计年鉴数据，梳理广东省各市城镇非私营单位公共服务业就业人数占全省公共服务业就业人数的比例，进而分析公共服务业的分布状况。某一公共服务业门类的就业比例越高，表明该公共服务业门类在全省就业人口占比越高，对应的产业集聚程度就越高，相反则越低。

从纵向角度来看，分析2018—2022年广东省各城市和各区域城镇非私营单位公共服务业在岗职工年末人数分布（见表7-1），可以直观了解广东省内各个区域和各个城市历年公共服务业在岗从业人数的分布结构，以及随时间轴变化产生的趋势。

表7-1　2018—2022年广东省各城市和各区域城镇非私营单位公共服务业在岗职工年末人数分布情况

地区	2018年	2019年	2020年	2021年	2022年
全省	100.00%	100.00%	100.00%	100.00%	100.00%
珠三角	60.29%	64.26%	65.52%	66.25%	66.39%
广州	20.26%	20.59%	20.77%	20.77%	20.38%

续表

地区	2018年	2019年	2020年	2021年	2022年
深圳	11.28%	13.54%	14.14%	14.30%	14.65%
北部山区	15.95%	14.42%	13.72%	13.27%	12.93%
西翼	12.68%	11.57%	11.10%	10.67%	10.84%
东翼	11.08%	9.75%	9.66%	9.81%	9.84%
佛山	6.14%	6.67%	7.06%	7.16%	7.10%
东莞	5.12%	6.53%	6.60%	6.58%	7.02%
湛江	5.34%	4.88%	4.64%	4.44%	4.95%
惠州	4.78%	4.55%	4.39%	4.69%	4.61%
茂名	4.80%	4.55%	4.59%	4.20%	4.03%
江门	3.86%	3.60%	3.58%	3.80%	3.96%
汕头	4.00%	3.68%	3.50%	3.44%	3.58%
肇庆	3.70%	3.29%	3.13%	3.23%	3.22%
梅州	4.00%	3.39%	3.23%	3.29%	3.12%
清远	3.42%	3.36%	3.16%	2.91%	2.80%
珠海	2.69%	2.48%	2.84%	2.79%	2.73%
中山	2.47%	3.00%	3.01%	2.93%	2.72%
揭阳	3.44%	2.86%	2.78%	2.86%	2.71%
河源	2.99%	2.75%	2.82%	2.57%	2.66%
韶关	3.22%	2.98%	2.83%	2.74%	2.60%
汕尾	1.90%	1.65%	1.98%	2.09%	2.16%
阳江	2.54%	2.14%	1.88%	2.04%	1.87%
云浮	2.31%	1.95%	1.68%	1.77%	1.75%
潮州	1.75%	1.57%	1.40%	1.41%	1.40%

数据来源：根据《广东统计年鉴》相关数据整理。

从横向角度来看，以2022年广东省各城市和各区域城镇非私营单位公共服务业在岗职工年末人数为例（见表7-2、表7-3），可以观察5大公共服务业门类在公共服务业领域中吸纳就业的情况与潜力，以及各城市和各区域城镇的各门类在全省的发展情况。

表7-2　2022年广东省各城市非私营单位公共服务业在岗职工年末人数

单位：万人

城市	水利、环境和公共设施管理业	教育	卫生和社会工作	文化、体育和娱乐业	公共管理、社会保障和社会组织
全省	21.36	164.4	94.7	11.89	150.64
深圳	4.07	19.11	13.46	2.45	23.77
广州	5.64	29.93	23.86	3.78	26.57
佛山	2.24	12.16	6.46	0.86	9.65
东莞	1.96	11.03	6.59	0.92	9.95
惠州	0.51	7.57	4.1	0.41	8.08
珠海	1.22	3.81	2.78	0.86	3.22
江门	0.63	6.25	3.77	0.27	6.83
茂名	0.38	8.99	3.69	0.27	4.88
中山	0.77	5.00	2.88	0.32	3.11
湛江	0.49	9.28	4.85	0.22	7.51
汕头	0.39	7.07	3.36	0.28	4.91
肇庆	0.45	5.58	2.97	0.21	5.28
揭阳	0.25	5.62	1.97	0.09	4.27
清远	0.18	5.22	1.99	0.16	5.06
韶关	0.67	4.44	2.53	0.18	3.90
阳江	0.48	3.52	1.44	0.12	2.90
汕尾	0.18	4.12	1.11	0.07	4.28
梅州	0.30	5.15	2.42	0.17	6.11
潮州	0.20	2.80	1.01	0.08	2.23
河源	0.26	4.60	2.12	0.13	4.88
云浮	0.10	3.16	1.36	0.06	3.25

数据来源：《广东统计年鉴》。

表7-3　2022年广东省各区域城镇非私营单位公共服务业在岗职工年末人数

单位：万人

按经济区域分	水利、环境和公共设施管理业	教育	卫生和社会工作	文化、体育和娱乐业	公共管理、社会保障和社会组织
全省	21.36	164.40	94.70	11.89	150.64
珠三角	17.49	100.44	66.86	10.08	96.47
东翼	1.01	19.61	7.45	0.51	15.70
西翼	1.35	21.78	9.97	0.60	15.28
北部山区	1.51	22.57	10.41	0.70	23.19

数据来源：《广东统计年鉴》。

（二）区位熵

区位熵能够反映特定区域内某个行业的集聚情况以及该行业的相对优势。区位熵的计算公式为：$区位熵=\frac{某市某服务业的就业人数占该市全部服务业就业人数的比例}{某省某服务业就业人数占该省全部服务业就业人数的比例}$。当区位熵值大于1时，意味着该市的某服务业发展水平高于平均水平，具有比较优势；而当区位熵值小于1时，则表明发展水平低于平均水平，不具备比较优势。基于就业比例的数据基础，进一步梳理出2022年广东省21地市公共服务业的区位熵（见表7-4）。

表7-4　2022年广东省21地市公共服务业区位熵

城市	水利、环境和公共设施管理业	教育	卫生和社会工作	文化、体育和娱乐业	公共管理、社会保障和社会组织
全省	1.00	1.00	1.00	1.00	1.00
广州	1.42	0.89	1.20	1.51	0.90
深圳	1.29	0.82	1.03	1.64	1.09
珠海	2.03	0.81	1.07	2.93	0.86
汕头	0.55	1.30	1.02	0.70	0.75
佛山	1.00	1.01	0.95	0.77	1.04
韶关	1.18	0.98	0.89	0.46	1.11

续表

城市	水利、环境和公共设施管理业	教育	卫生和社会工作	文化、体育和娱乐业	公共管理、社会保障和社会组织
河源	0.35	1.15	0.82	0.37	1.10
梅州	0.62	0.96	1.06	0.38	1.12
惠州	0.44	0.92	0.90	0.80	1.24
汕尾	0.39	1.16	0.52	0.19	1.27
东莞	1.51	1.09	0.85	1.26	0.90
中山	1.23	0.98	1.06	0.75	0.97
江门	0.86	0.95	1.07	0.52	1.07
阳江	1.07	1.06	1.09	0.35	0.92
湛江	0.57	1.26	1.16	0.41	0.72
茂名	0.42	1.23	0.91	0.47	0.93
肇庆	0.65	1.03	1.00	0.52	1.05
清远	0.30	1.14	0.64	0.52	1.21
潮州	0.71	1.22	0.72	0.50	1.01
揭阳	0.43	1.17	0.76	0.28	1.10
云浮	0.30	1.05	0.93	0.27	1.15

数据来源：根据《广东统计年鉴》相关数据整理。

二、广东省公共服务业就业人口分布概况

从区域角度来看，珠三角公共服务业的在岗职工年末人数占比保持稳定增长，北部山区、西翼和东翼的就业人数占比却呈现不同程度的下降。从城市角度来看：2018—2022年广州公共服务业的在岗职工年末人数占比稳定在20%左右，位居首位；其次为深圳，每年呈现快速上升的趋势；再次为佛山和东莞，也基本保持上升的趋势；湛江、惠州和茂名3个城市则比较接近，但趋势上有所下降；阳江、云浮和潮州位居全省后3位，且呈现下降趋势（见表7–1）。

从公共服务业5大具体门类在岗职工年末人数来看，2022年，广东省在教育以及公共管理、社会保障和社会组织2大门类就业人数均突破150万人，其中教育突破160万人；文化、体育和娱乐业门类就业人数最少，不到12万人。从全省各区域和各地市的结构来看，也大致遵循这个规律。教育包括学前教育、义务教育、职业教育和高等教育等细分门类，作为公共服务业的根本，省市层面对于教育的投入最多（见表7–2、表7–3）。

各个城市拥有比较优势的情况有所不同。其中：深圳除了教育门类之外，拥有4个具有比较优势的公共服务业；广州等6个城市拥有3个具有比较优势的公共服务业；汕头等12个城市拥有2个具有比较优势的公共服务业；惠州和茂名仅拥有1个具有比较优势的公共服务业。具体来看，拥有教育以及公共管理、社会保障和社会组织2大具有比较优势的门类的城市最多，达到了13个城市；其次为卫生和社会工作门类，达到10个城市；文化、体育和娱乐业门类仅有4个城市（见表7–4）。

根据广东省统计局2022年数据，广东省城镇非私营单位公共服务业就业人员年平均工资为124916元。结合表7–5来看，文化、体育和娱乐业的年平均工资与全省平均水平较为接近；而水利、环境和公共设施管理业年平均工资为84782元，低于全省平均水平；教育，公共管理、社会保障和社会组织，卫生和社会工作则均高于全省平均水平。其中，卫生和社会工作的年平均工资接近19万元（国有单位超20万元）。公共服务业各门类之间的收入水平差异悬殊的原因复杂，包括市场化程度不同、政府财政补贴水平不同和投资回报率不同等。

表7–5　2022年广东省城镇非私营单位公共服务业就业人员年平均工资

单位：元

行业	年平均工资	国有单位	城镇集体单位	其他单位
水利、环境和公共设施管理业	84782	104058	68046	72288
教育	144300	167364	120892	95501

续表

行业	年平均工资	国有单位	城镇集体单位	其他单位
卫生和社会工作	189974	204362	161576	116226
文化、体育和娱乐业	127404	165990	91071	100022
公共管理、社会保障和社会组织	164092	164697	116143	124123

数据来源：《广东统计年鉴》。

三、广东省公共服务业就业人口分布特征总结

广东省各市的公共服务业就业人口与产业布局有密切的关系，同时也与各市经济社会发展水平有很强的关联性。例如，广州、深圳的公共服务业就业人口数量显著高于其他城市。广东省公共服务业就业人口在区域之间呈现分布不均衡、发达城市向欠发达城市辐射不足的现象。

（一）就业人口分布较为集中，主要集聚在珠三角城市

公共服务业作为服务业的一个类型，其发展布局和经济活动水平存在显著的关系。从广东省各市公共服务业在岗职工年末人数与城市地区生产总值的关系来看，同样存在这个显著规律。首先是广州、深圳集聚了大量的政府机关、国企总部、卫生教育机构等事业单位和社会组织，就业人数更是遥遥领先于其他城市；其次为珠三角的佛山和东莞两座万亿城市，两城的发展水平整体上比较接近；再次是珠三角其他城市和部分东翼、西翼城市，从区域整体来看，珠三角城市的整体水平高于东翼和西翼城市，而云浮等北部山区城市则存在明显的弱势。从2018—2022年的就业人口增长趋势来看，公共服务业的就业人口加快向珠三角，特别是广州、深圳两个一线城市集聚。

（二）广州和深圳整体优势显著，不同门类带动能力不同

广州和深圳两座城市在公共服务业的5大门类都有突出优势。其中，广州作为广东省重要的要素配置中心，规模以上服务业实现营业收入已接近2万亿元，公共服务业发展水平高于其他城市，拥有公共服务业中最多的就业人数。深圳则除了教育门类之外，在4个门类中均具有较强的比较优势，发展水

平整体高于全省平均水平。就2022年公共服务业就业人员的总数而言，广州市拥有89.78万名就业人员，占全省总量的1/5。2018—2022年，深圳市公共服务业发展迅猛，短短5年时间就业人口增长了65.5%，增量达到24.88万人，超过广州21.56万人的增量。具体来看：2022年，教育在全部公共服务业就业人口中的占比最高，超过37%，是公共服务业中吸纳就业人口最多、带动性最强的门类；其次为公共管理、社会保障和社会组织，占比约为34%，包括体制内各类财政供养人员；而文化、体育和娱乐业以及水利、环境和公共设施管理业占比最低，分别仅为2.68%和4.82%。

（三）产业集聚效应基本形成，城市差异仍然较为明显

从2022年广东省21地市公共服务业就业人口的占比来分，可划分为五类。其中：广州和深圳为一类，公共服务业就业人口合计占全省的比例超过35%；佛山和东莞为二类，合计占全省的比例超过14%；湛江、惠州和茂名为三类，合计占比超过13%；肇庆、梅州和清远为四类，占比均超过2%；阳江、云浮和潮州等为五类，占比均低于2%。无论是从总体发展还是从具体的门类来看，广东省公共服务业的集聚性都很强，呈现出“广州块头大，深圳势头猛”的趋势，相比其他19个城市，广州和深圳具有遥遥领先的优势。此外，部分东翼、西翼和北部山区城市在某些门类具有比较优势，但考虑到这些城市规模和经济发展水平的差异，并不能直接证明公共服务业已经存在集聚或合力。所以从全省整体来看，珠三角城市的集聚效应基本形成，对于省内非珠三角城市和省外城市产生较强的虹吸效应，公共服务业就业人口在全省的布局上基本上呈现出以珠三角为核心，逐步向东翼、西翼和北部山区分散的状态。

（四）核心城市辐射带动不够，区域发展协调水平不高

作为广东省的一线城市，广州和深圳是公共服务业发展的中心和主力城市，在就业比例和规模方面的指标远高于其他城市，但两个城市在各个公共服务业门类中均自成体系，对周边城市的带动效应和对外辐射效应并不强。例如，从都市圈和城市区层面来看，与广州相邻的城市如肇庆、清远和韶关，在公共服务业发展方面并未表现出强劲势头，也没有突出比较优势。在同一公共服务业门类中，存在2个以上的城市同时具备比较优势，但受限于地缘位置

的物理距离，也未能发挥集聚效应。例如珠海和东莞两市均在水利、环境和公共设施管理业以及文化、体育和娱乐业中具有显著优势，但由于地理上隔海相望，通行效率较低，还未能实现高效的要素流通和产业优势互补。

第三节　广东省公共服务业发展问题

广东省公共服务业要实现高质量发展，还存在区域布局不够协调、产品服务供给不足、市场化机制不完善和对政府财政依赖明显等问题。

一、区域布局不够协调

从2022年广东省公共服务业在岗职工年末人数来看，东翼、西翼和北部山区城市之间相对比较均衡，但与珠三角城市之间明显存在断档现象。其中：水利、环境和公共设施管理业，文化、体育和娱乐业两大门类，珠三角城市与东翼城市在岗职工年末人数上极值相差达到17～20倍；教育门类在岗职工年末人数珠三角城市约为省内其他区域的5倍；卫生和社会工作门类，珠三角城市与山区城市差距较小，与东翼城市差距较大；公共管理、社会保障和社会组织门类，各个区域之间差距相对较小。

二、产品服务供给不足

传统公共服务业在市场占据着相当大的比重，而公共安全保障、经济服务和社会服务等新兴公共服务业的产值还较低，增长缓慢，且尚未形成市场化规模。许多公共服务业领域还依赖政府支持，缺乏市场化的领军企业和知名产品的带动。广东省在医疗卫生、教育和文化等优势公共服务业领域与其他产业的融合程度不够深，未能有效地推动整个公共服务业的发展，导致在技术创新、产业集聚和产业链方面难以形成规模效应。公共服务业发展速度与广东省经济增长速度不符，供给质量和数量不能完全满足公众的现实需求，迫切需要进一步开放市场化供给渠道。

三、市场化机制不完善

公共服务业的市场化要求地方政府适当地转移监管、服务职能给社会中介组织。目前，广东省内虽然有大量的社会中介组织，但整体承担能力还不够强。主要问题体现在：社会中介组织发展缺乏体制机制方面的安排和法律制度方面的保障；非珠三角城市的社会中介组织发育水平还不够高，对于政府依赖程度偏高。珠三角城市社会中介组织虽然多元化，但经费较为短缺，收入来源不够稳定，影响到正常活动的开展。不少社会中介组织缺乏统筹创新管理能力，也不利于资源整合。因此，地方政府找不到合适的承接主体，不能将大量公共服务的职能剥离出去，影响了公共服务业市场化的发展进程。

四、对政府财政依赖明显

广东省内不少城市的公共服务业主要依赖政府投资和管理，市场化或多元化投资的路径还在持续探索中。这种较为单一的投资管理模式，容易造成产业挤出效应，不利于民间资本参与公共服务领域，公共服务业的发展也缺乏足够的资金支持。而政府投入过高、效率偏低的运行模式不仅会增加政府的财政负担及配置资源的成本，也会因为缺乏效率的管理，造成城市公共服务的供给难以满足社会需求。此外，在行政垄断的经营下，统筹协调困难，容易造成资金使用分散，无法形成整体优势。政府对新技术、新业态的把握不如市场主体灵敏，如果不能对变化中的信息作出及时、正确的应对，容易导致投资决策失误频发，致使“政府失灵”。

第四节　广东省公共服务业发展趋势研判

综合研判当前广东省公共服务业面临的机遇与挑战，并结合基于公共服务业发展特征的趋势分析，提出下一步广东省公共服务业发展的着力重点。

一、公共服务业发展的机遇挑战

当前，国际经济、政治、科技、文化和安全等领域正在发生深刻变化，各类不稳定因素和不确定性显著增加，国际合作与交流面临更多困难和挑战。从国内看，我国发展正迎来新一轮科技革命的机遇，仍处于重要的战略机遇期。广东省深入实施区域协调发展战略，加快构建“一核一带一区”的区域发展格局，人口和产业不断向更高能级城市集聚。根据第七次全国人口普查数据，广东省人口老龄化和少子化问题日益显著，人口流动呈现出珠三角人口净流入和东翼、西翼、北部山区人口净流出的特点。一方面，净流入城市对水利、生态、环保、教育、卫生、文化、养老、安全等公共基础设施和服务的需求不断增长，群众对于公共服务业提出了更高需求，高质量制度供给与现代化建设需求之间存在明显差距；另一方面，净流出城市优质资源总量不足，各类要素在城乡间的布局和产业发展存在不平衡和不充分的现象，县域范围内各类公共基础设施建设短板显著，生态环境欠账较多，较难进一步支持产业经济的可持续发展。

二、公共服务业发展的趋势分析

公共服务业的发展趋势受到多种因素的综合作用，其中既包括收入消费水平和需求层次变化，也包括政府干预程度，还包括公共支出增长等。

收入消费水平和需求层次变化的影响。根据马斯洛需求层次理论和恩格尔定律，随着经济的不断发展和收入水平的逐步提高，民众在基本生存需求得到满足后，就会开始产生安全、发展、尊重和自我实现等更高层次的需求，消费支出就会更多地用在追求安全、赢得尊重和自我实现等方面，而这些需求更多的是由医疗卫生、教育文化、体育旅游等公共服务业来满足。因此，需求结构的不断变化引导着生产结构的不断变化，并最终反映到产业结构的变化上，消费者需求层次的变化促进了公共服务业的发展水平。

政府干预程度的影响。政府作为公共服务的最大供给者，对于公共服务业的积极干预，必然推动公共服务业的发展，促使公共服务比重的上升。政府加强参与和干预市场发展，不仅可以推动公共服务比重增加，还能够加快形成高福利社会。特别是随着社会的不断发展和进步，公共服务需求也在不断增加，政府应该加大对公共服务业的投入和支持，以满足人民群众对公共服务的需求。一方面，政府可以通过政策和措施，引导和规范公共服务业的发展，提高公共服务的质量和效率；另一方面，政府可以通过投入更多的资金和资源，扶持和支持公共服务机构，提升公共服务的水平和覆盖范围。

公共支出增长的影响。瓦格纳定律认为，政府支出占国民收入的比重会随着人均收入水平的提高而提高。首先，工业化的实现与发展使市场体系不断扩充，呈现出市场主体的多元化和彼此间关系的复杂化。为了规范主体的市场活动，维持市场经济秩序，亟须政府拓展司法体系，增加管理制度。其次，城镇化的发展使人口越来越密集，外部性问题愈发突出，政府介入外部效应问题的解决，导致政府支出规模扩大，特别是对于那些私人不愿意或不能生产或经营的外部性很强的行业，仅能交给政府接管。最后，当国民经济发展导致人均收入增加时，政府用于公共设施、教育、文化、卫生和社会福利等方面的公共支出会增加得更快。政府财政支出的增加推动了公共服务业的快速发展并成为服务业快速增长的主要领域。其中，政府作为教育、医疗卫生等公共服务的主要提供者所导致的政府支出的增加成为服务业比重上升的一个重要因素。

三、公共服务业发展的着力重点

聚焦广东省公共服务业的发展趋势与前景，牢牢把握公共服务业高质量发展的着力点，加快完善“项目跟着规划走，要素跟着项目走”体制机制保障，探索公共服务业制度型开放的可行路径，优化产业空间布局，提升公共服务业数字化水平，全面保障公共服务业发展的人才、财政、技术等要素需求和资源供给。

（一）完善公共服务业发展制度保障

推动公共服务业的体制机制体系不断完善。一是优化公共服务业的营商环境。统筹规划、土地、税收、金融等支持政策，聚焦提升公共服务业的发展水平，有序放开市场准入，及时清理和废除妨碍公平竞争的各种规定和做法，简化审批程序，有序推进重点领域对外开放。二是强化公共服务业的市场监管。加快建立明确责任、多方参与、依法监督的服务质量治理和促进体系，完善市场化公共服务业监管，助力推动公共服务业发展。加强公共服务业的制度化建设，根据全省人口、产业和城市发展需要，加强规划和协调，扩大优质公共服务资源辐射覆盖范围，更好地发挥公共服务业在保障和改善民生、支撑经济社会发展方面的重要作用。三是建立法治保障体系。统筹结合经济社会发展水平，加强对公共服务业的政策法规研究，健全公共服务业高质量发展的开放体系，打造公共服务业创新发展链条、协同发展集群和开放发展生态。四是以更大范围、更高水平、更深层次扩大公共服务业开放为抓手，在服务业扩大开放综合试点及自贸试验区等平台建设中进一步明确促进公共服务业发展的目标，充分发挥不同试点平台政策的叠加效应。

（二）优化公共服务业空间布局

加快缩小公共服务业的城乡差距和空间布局差异。一是统筹城乡公共服务业发展规划的制定。持续推动珠三角与非珠三角区域公共服务业布局更加均等化。鼓励更多公共服务市场主体落地东翼、西翼和北部山区等地区，让“市场+政府”合理地配置公共服务资源，进一步缩小全省县域间、市域间公共服务业发展水平和供给水平的差距。二是深化省内跨地区合作。鼓励优质公共服务资源提供者跨地区参与服务供给，鼓励珠三角的优质公共服务企业跨区域辐射非珠三角城市，提高公共服务业的服务效能。三是保障公共服务业用地空间需求，加强卫生、教育等公共服务业专项规划与国土空间规划衔接，重点保障教育、医疗卫生、体育、养老、安居工程等公共服务业建设用地。鼓励社会资本利用低效存量用地实施营利性公共服务项目。

（三）加强公共服务业人才队伍建设

构建全方位的公共服务业人才培养体系。一是将公共服务业人才培养贯穿教育的全过程，在新生代中树立公共服务业就业观。加大在职在岗培训力度，加大急需紧缺型公共服务业专业人才的培育力度。二是支持职业院校加强环保、家政、托育、健康、养老、文化、体育、社工、社会组织管理等公共服务业领域的专业建设。优化现有资源配置机制，完善人员工资待遇、医疗保险及养老保障等激励政策，引导优秀服务业人才扎根社区，保障基层公共服务业的发展。三是完善职称专业设置，加快设置前沿技术、新业态、新职业等新型公共服务业领域的职称评价机制，建立分类分层的职称评价标准体系。

（四）提升公共服务业数字化水平

加大与公共服务业相关的新型基础设施建设，提升数字技术在公共服务业的广泛应用。一是统筹推动数字公共服务各领域的流程再造。专注提升托育、教育、文化、就业、居住、社保等领域的公共服务体验，加快数字生活、数字教育、数字养老、数字旅游、数字交通等场景化公共服务业的发展。二是加快推动公共文化的数字化建设。积极运用数字技术和互联网思维改进公共服务模式。打造协调联动的公共服务“智慧中枢”，促进公共服务数据资源跨区域、跨部门、跨行业的业务协同和信息共享。三是提升公共服务业与基本公共服务体系的协同性。支持龙头企业带头打造公共服务生态体系，支持公共服务业企业开展多业务协同和子场景梳理，制定系统集成清单和数据共享清单，绘制数据集成流程图和业务集成流程图，共同推动公共服务产品和服务的创新发展。

（五）拓宽公共服务产品获得渠道

加大财政对公共服务的购买力度，推动政府购买公共服务和产品。一是增加各级政府购买公共服务的数量和频次。促进公共服务业的高质量发展，推动实现由政府或公共部门直接提供公共服务向购买服务的模式转变。二是支持各市各级政府完善政府购买公共服务的目录。通过引入市场竞争机制，拓宽政府购买公共服务项目的范围。优化政府购买公共服务的定价机制、招投标机制、购买流程和购买服务评估机制，规范公开公共服务购买内容、服务要求、服务流程等，以创造公平、开放的公共服务业发展市场。三是积极发挥国有经济的引领作用，鼓励国有企业以收购、参股、合作、租赁等方式参与公共服务业的发展，落实国有企业参与公共服务的优惠和扶持政策，完善国有企业投融资体制，鼓励国有金融机构加强金融产品创新，促进公共服务业拓宽融资渠道。

第五节　广东省公共服务业发展对策建议

推动广东省公共服务业高质量发展，不仅要充分保障各类公共设施、教育、卫生、文化和民生等公共事业更加均衡化发展，还应在公共基础设施和服务体系更加完善的基础上，进一步推动公共事业与公共服务业的融合发展，促进一批农文旅体教康养融合项目高质量发展，吸引更多社会力量和资本投入到民生慈善项目建设上来。

一、构建公共基础设施体系，提升公共服务发展水平

广东省要以坚守绿色生态理念、推动水利系统治理等基础设施建设为抓手，促进水经济等绿色产业转型升级，更深层次激活经济发展的潜力和动能，推动产业结构优化转型，提升全省生态环境质量，为可持续发展打下坚实基础。

一是坚持水利系统治理，统筹水经济高质量发展。全面落实政策指引，积极争取公共财政对水利的投入，加快完善防洪排涝网、农业灌溉网、城乡供水网、水生态修复网、水利智慧网等水网体系基础设施建设。加强水污染防治工作，持续推动河湖长制和万里碧道建设工程，构建优质水经济生态发展条件。结合“百县千镇万村高质量发展工程”与绿美广东生态建设，加快在全省范围内推进水经济试点工作，大力培育水上运动中心、绿色水电、饮用水产业、水旅产业、涉水工业等绿色水经济新业态。不断深化水利投融资改革，加快创新投融资机制，不断拓宽水利建设资金渠道。坚持因地制宜、突出区域特色，用好用足各类水利设施，加快探索绿色水生态产品价值转换机制。加大科技研发投入，强化水利工程自身造血功能，统筹行洪、供水、航运等安全与水经济活动发展的平衡，坚守水生态环境保护红线。

二是坚守绿美广东生态，促进地区产业绿色升级。创新实施绿美广东生态建设的财政激励政策，扎实开展广州、深圳国家碳达峰城市试点建设。

不断提升资源能源利用效率，支持绿色产业示范基地、循环化产业园区、大宗固体废弃物综合利用等基地建设，全方位提升产业集群的绿色低碳发展质量。强化生态环境保护的政策引导，扶持绿色环保新兴企业，加快绿色技术溢出和共享，促进污染产业向清洁化、绿色化、低碳化可持续发展转型升级。深入打好蓝天、碧水、净土保卫战，系统化推进固体废物、近岸海域等污染防治工作，持续改善大气、水、土壤环境质量。深化大气污染联防联控，稳妥推进能耗双控逐步转向碳排放双控工作。推动产业、能源和交通的结构优化调整，鼓励发展海上风电、核电新能源产业，提升非化石能源消费占比。推进绿色金融创新，加快各类金融改革创新试验区建设，加快在绿色金融标准、绿色产业和企业投融资等维度有所突破。支持节能技术改造、循环经济发展，推广建筑节能。建立健全资源回收利用体系，促进循环利用产业发展。

三是加强基础设施建设，激活产业发展潜力动能。优化机场港口、桥梁公路、通信、水利及城市供水排水供气供电设施等全省基础设施体系，不断夯实公共服务业的发展根本。充分用好用足地方政府专项债券、REITs等政策工具，为交通、能源、教育卫生、农林水利、生态环保、社会保障等公共服务业的基础设施投融资开辟新空间。加快构建智慧公共设施体系，优化数字基础设施布局，全领域推进全省数字化转型。有序推进智慧校园、智慧医疗、智慧康养、智慧文旅、智慧社区、智慧电商、智慧生态环保、智慧应急等领域基础设施建设，推动城市建筑、道路桥梁、园林绿地、地下管廊、水利水务、燃气热力、环境卫生、城市微单元等公共设施数字化改造、智能化运营。

二、筑牢公共教育发展根基，推进专业教育内涵式发展

聚焦打造教育强省的目标，构建各级各类均衡发展的公共教育体系，促进产学研深度结合，发挥教育体系在产业创新体系中的支撑作用。持续鼓励社会力量兴办教育，激发教育创新的活力，推动教育资源的合理配置，满足多元化的市场需求。

一是构建均衡公共教育体系，助推“百千万工程”建设。加快推动基础教育扩优提质，促进学前教育体系优质化普惠化发展，构建完善覆盖城乡、整体布局合理的学前教育体系。适度提升学前教育生均经费最低标准，推进城乡学前教育共同体建设，不断提高学前教育普及普惠水平。优化全省教育资源配置，持续改善义务教育阶段办学条件，推进实现义务教育优质均衡发展。健全特殊教育的保障机制，促进特殊教育质量全面提升。推动实施全省教育质量提升工程，鼓励结合市场发展需求探索和实施多种办学模式。落实提升县域教师待遇水平，提升教师队伍素质和教育教学质量。加快完善城乡教育资源均衡配置机制，持续改善乡镇“三所学校”[①]办学条件和质量，不断缩小城乡教育差距，推进城乡教育一体化发展。持续深化课程教学改革，推动在全省范围内打造优质均衡的基本公共教育服务体系，支持东翼、西翼、北部山区地区打造城乡教育共同体。

二是加快推动教育强省工作，力促产学研深度结合。统筹推进教育强省、科技创新强省和人才强省建设工作，推动高等教育高质量发展，加快人才培育以服务科技产业发展。增强职业教育服务发展能力，构建服务县域经济社会发展的产教联合体。聚焦支持打造一批高水平优势特色职业专业，支持职业教育提质培优。推动提高职业学校的办学能力，增强职业教育与市场需求的适应性。支持高等教育创新发展，持续实施高等教育“冲一流、补短板、强特色”提升计划，推动国家“双一流”高校建设。调整优化优势特色鲜明的学科专业体系，使其与全省经济社会发展格局相匹配。提升高校科研创新能力，瞄准产业发展重点领域的攻关创新。加强高校哲学社会科学基础研究和应用研究，鼓励高校智库开展政策研究。完善高校科研创新平台体系，推进高校新型特色智库建设。以广东省高校服务乡村振兴共同体为依托，推动高校与县镇村和龙头企业合作，共建一批产学研合作平台。

三是鼓励社会力量兴办教育，满足多元化市场需求。完善民办学校的办学准入负面清单，落实民办学校的分类管理制度体系。鼓励社会力量与职业院校共同开设市场急需的专业门类，支持公办学校与民办学校相互购买管理

---

① 乡镇“三所学校”：指乡镇中心幼儿园、中心小学和公办寄宿制学校。

服务、教学资源和科研成果，加强互动与合作。加大对民办学校分类发展的支持力度，不断破解制约民办学校用地、基建、税费等制度性方面的障碍，构建差异化扶持政策体系。鼓励社会力量通过资金、土地、装备、技术、人才等要素参与教育基础设施建设和运营管理。支持有条件、有实力的民办学校培育一批有特色的学科、专业和课程，打造一批在全省乃至全国范围内具有影响力和竞争力的民办教育品牌。加强民办高等教育的规范管理，积淀形成彰显行业区域特色和特点的办学模式。积极开展职业技能培训服务，鼓励多种市场主体开展企业培训中心、产教融合实训基地、高技能人才实训基地等平台建设，助力职业培训产业发展。充分发挥社会培训机构在完善终身教育体系、构建学习型社会中的积极作用。

三、构建完善公共卫生体系，提升医养康养融合质量

紧紧围绕健康广东行动，推动优化医疗资源区域布局，提升医疗卫生服务水平，助力全省医疗卫生事业提档升级。提高公共卫生防控能力，并完善卫生应急管理体系，整体提升全省的公共卫生水平。加快培育壮大健康服务产业，为消费市场提供更多样化、个性化的健康服务。

一是优化医疗资源区域布局，提升医疗卫生服务水平。推动构建整合型医疗卫生服务体系，以促进优质医疗资源扩容提质，重塑全省医疗卫生资源新格局。对标国际医疗水平，实施医疗卫生建设高地工程，推进国家医学中心等重点平台建设。鼓励广州、深圳等中心城市三甲医院以集团化形式，向东翼、西翼、北部山区地区扩容发展。支持市级龙头医院补强短板专业，打造专科类市级区域医疗中心。完善县级中医院、妇幼保健机构和综合性医院中医等门类建设，形成多元化卫生医疗体系。完善基层医疗卫生服务一体化管理，加快达到国家基本标准。持续优化公共医疗卫生服务水平，加快建成省市县三级城乡区域全覆盖的急救服务体系。

二是提高公共卫生防控能力，完善卫生应急管理体系。构建防治结合的疾病预防控制体系，实施疾病预防控制机构能力提升工程。健全常态化卫生应急演练机制，推动紧急医学救援基地建设，构建全方位应急管理指挥体

系。加强危急重症救治体系建设，完善公共医疗设施“平急两用”改造。加大急性传染病、重大传染病、慢性病、精神心理卫生和地方病等综合防控防治工作力度，全面保障人民群众身体健康安全。

三是培育壮大健康服务产业，满足市场多元化健康需求。鼓励社会力量创办非营利性医疗机构，探索支持社会性医疗机构加入城市医疗集团、县域医共体或专科联盟。支持第三方专业医疗检测机构发展，培育竞争优势明显的专科医疗品牌。完善医养康养结合的健康养老服务体系，促进医疗卫生机构开展医养结合服务。加强对医疗与养老结合的信息化支持，增加智能健康养老产品的供应。鼓励引进国内外健康服务机构和品牌，积极推动体检、心理咨询、健康咨询、家庭医生等健康服务业态的发展。整合区域内具备优势的医疗资源、养生保健资源和绿色生态资源，促进各类大健康服务业的发展。支持知识产权药品、医疗器械、健康信息化服务产品的研发和应用，打造健康服务产业集聚区。

四、凝心聚力打造文化强省，丰富群众文化生活供给

广东省要在经济强省的基础上打造文化强省，通过不断健全公共文化服务体系，深度发掘各类“文化+”产业融合新业态、新模式和新产品，不断顺应消费市场对文化发展的期待。推动群众体育和体育产业发展，加强广电惠民工程建设，这些也是满足人民精神文化需求的重要组成部分。

一是健全公共文化服务体系，深度发掘文旅融合业态。加强文旅公共服务设施建设，建设一批体现广东特色的重大公共文化设施和新型文化空间。推动基层公共文化设施建设，缩小区域、城乡和群体间的公共文化服务差距。完善提升省市县三级基本公共文化服务实施标准，推动公共文化机构与社会力量共同构建文化资源流通共享机制。完善公共文化服务机制，推广多元高效供给方式。加快公共数字文化建设，提升公共数字文化服务效能。聚焦新业态新消费发展趋势，优化提升文化产业结构和文旅融合水平，推动文化与数字技术、农业、中医药、粤菜美食等领域融合发展。整合各类优质文化资源，培育一批文旅行业品牌。推动文旅消费扩容提质，丰富旅游公共服

务设施，打造新型文化和旅游消费集聚区。

二是提升群众体育发展质量，打造现代体育产业体系。聚焦全面建成社会主义现代化体育强省，加强全民健身基础设施建设，优化提升场地设施和空间资源配置水平，完善全省城乡15分钟健身圈。鼓励全省各市广泛开展全民健身活动，完善国民体质监测体系，推动提高青少年体质健康水平。促进全民健身公共服务体系标准化和智慧化发展，完善体育社会组织网络建设。统筹规划全省体育产业布局，支持各市结合当地实际发展特色体育产业。持续优化体育产业结构体系，实施“体育+”融合发展战略，培育休闲健身、表演竞技、场馆服务、体育培训和体育用品制造业等行业业态。培育一批有自主品牌的企业和赛事活动，推动公共体育和体育产业发展相得益彰。

三是推动广电惠民工程建设，满足人民视听需求期待。加快构建广播电视现代传播新体系，完善全省调频广播和地面数字电视覆盖网等公共服务设施建设，持续提升视听公共服务能力。将应急广播系统建设与“智慧广电+公共服务”相结合，加强覆盖各级的应急广播系统建设。发挥“智慧广电”资源优势，加速构建现代文化服务体系，向粤港澳大湾区提供优质的广电公共服务。完善体制机制建设，探索媒体深度融合发展新模式。聚力打造世界级超高清视频产业发展高地，引导广播电视和网络视听优质资源、产业和企业集约发展。完善行业监管体系，提升广电行业治理能力。推动区域视听产业带建设，加快培育广电新业态、新消费和新应用。健全智慧广电云服务体系，推动与新兴网络业态集成创新形成新增长点。

五、坚持改善民生凝聚民心，推动公共管理落到实处

广东省要加快完善社会保障体系，为广大劳动者创造更多的就业机会。推动实施就业优先战略，为全省高质量发展培育更多高水平产业人才。同时，要不断完善民生兜底保障建设，巩固发展社会民生事业，让更多困难群众也能享受到经济社会发展的成果。

一是织密扎牢民生兜底保障，助力民政事业稳健发展。统筹推进城乡社会救助制度，完善大救助体系化建设，实现精准的社会高效救助体系。丰

富优质养老服务供给，提升专业性和医养结合能力。开展康养联合体建设试点，推进全省智慧康养设施建设，建设一批高水平的养老产业园和养老社区。夯实妇幼健康服务体系，提升婴幼儿健康管理水平。构建普惠型儿童福利体系，统筹城乡儿童福利设施建设。加强托育服务规范化建设，加强家庭育儿师资队伍建设，培育一批婴幼儿照护标杆单位。持续培育慈善主体，不断激活社会慈善参与热情。健全志愿者体系，打造特色化志愿服务品牌项目和组织。

二是加快完善社会保障体系，推动实施就业优先战略。加快构建多层次社会保障体系，实施资助重点救助对象参保缴费政策，持续扩大养老、失业和工伤等社会保险的覆盖范围。建立包括基本养老保险、企业年金和个人储蓄等在内的多层次、多支柱的养老保险体系，建立多层次医疗救助体系，完善失业保险制度以扩大保障范围。探索建立新业态就业人员职业伤害保障制度，加快形成多层次工伤保障制度体系。促进社保基金保值增值，拓宽筹资渠道并强化资金监管效能。统筹城乡就业政策体系，推动就业政策与经济社会发展规划相衔接。特别关注高校毕业生、异地务工人员、妇女、退役军人和残疾人等重点群体的就业工作。积极鼓励灵活就业和创业，以促进就业增长。深入推进“粤菜师傅”“广东技工”“南粤家政”三项工程，推动稳定就业、保障民生和促进经济发展。

三是深入推进人才强省战略，扩大产业人才高效供给。持续加大高层次技术人才引进和培养力度，并深化人才发展体制机制改革。健全科技人才评价体系，建立健全职称评审监管和评价机制。持续推进职业技能培训工作和职业等级体系建设，完善高技能人才引培机制和评价激励机制，持续扩大高水平人才的有效供给。健全人力资源服务业政策体系，加强人力资源市场管理服务队伍建设，建成省市县一体联动监管服务体系。加快人力资源服务业的产业化进程，高水平建设一批人力资源服务产业园，探索打造人力资源服务交易中心。提升人力资源服务效能，培育一批具有全国乃至全球竞争力的人力资源服务业企业，构建智慧型人力资源服务生态系统。畅通跨部门跨区域人才流动渠道，促进产业人才供需双方的有效对接。

第八章
广东省现代服务业与先进制造业融合发展研究

产业融合是推动经济增长和夯实产业竞争力的重要途径。党中央、国务院高度重视推动现代服务业与先进制造业深度融合（简称“两业融合”）发展，“十四五”规划明确提出“促进先进制造业和现代服务业深度融合”，党的二十大报告再次明确提出，“推动现代服务业同先进制造业、现代农业深度融合”，全面彰显了两业融合在构建现代化产业体系和实现高质量发展中的重要性。先进制造业代表了更高的增值能力、创新活力、生产效率以及未来制造业发展的方向，而现代服务业则以高人力资本含量、高技术含量和高附加值为特征。两者融合指的是通过相互嵌入、衍生、转化、合成和赋能等方式打破传统产业边界，共同创造更高效率、更高价值的新产品、新模式和新业态。当前，两业融合既是外部环境变化的客观要求，也是产业内生发展的主动变革，已经成为增强制造业核心竞争力、优化产业结构、转变发展方式、转换增长动力和实现高质量发展的有力支撑。

广东省以其经济总量之巨、开放程度之高以及创新能力之强受到中国乃至全球瞩目。在全国范围内，广东省发挥先锋引领作用，有着举足轻重的战略地位。广东省“十四五”规划中将先进制造业与现代服务业融合发展作为重点内容进行规划，明确要加快先进制造业和现代服务业深度融合发展，打造具有国际竞争力的现代化产业体系。本章对现代服务业和先进制造业的研究对象主要基于广东省统计年鉴中现代服务业和先进制造业的分类部门。其中，现代服务业重点研究7个部门中的22个子部门[①]，先进制造业重点研究5个部门中的23个子部门[②]。

第一节　广东省现代服务业与先进制造业融合发展现状

当前，广东省的现代服务业和先进制造业两个领域都处于蓬勃发展和长足发展时期，进而推动两业融合发展水平日新月异。制造业企业开展智能化改造，服务业企业扩大对制造业价值链的覆盖，互融共生形成了良性循环。

一、广东省现代服务业发展现状

现代服务业不仅包括随着技术发展而兴起的新型服务形态，还包括运用现代技术对传统服务业进行升级改造的业态，并具有高技术密集、低能耗、低物耗和低污染等共性特征。

近年来，广东省现代服务业呈现增速快、空间集中度高等特点，行业平均增加值整体高于同期地区生产总值的平均增速。2023年，广东省第三产业增加值7.57万亿元，占全省地区生产总值的比重为55.6%，其中现代服务业增

---

① 7个部门中的22个子部门：范围包括批发零售（批发、零售2个子部门），交通运输（铁路运输，道路运输，水上运输，航空运输，管道运输，其他运输、装卸搬运和仓储，邮政7个子部门），住宿餐饮（住宿、餐饮2个子部门），信息服务（电信、广播电视和卫星传输服务，互联网和相关服务，软件和信息技术服务3个子部门），金融服务（货币金融和其他金融服务、资本市场服务、保险3个子部门），商务服务（租赁、商务服务2个子部门），科学技术（研究和试验发展、专业技术服务、科技推广和应用服务3个子部门）。

② 5个部门中的23个子部门：范围包括通用和专用设备（专用设备，采矿、冶金、建筑专用设备，化工、木材、非金属加工专用设备，农、林、牧、渔专用机械，其他专用设备5个子部门），交通运输设备（汽车整车、汽车零部件及配件、铁路运输和城市轨道交通设备、船舶及相关装置、其他交通运输设备5个子部门），电气机械和器材（电机，输配电及控制设备，电线、电缆、光缆及电工器材，电池，家用器具，其他电气机械和器材6个子部门），通信设备（通信设备、广播电视设备和雷达及配套设备、仪器仪表3个子部门），计算机和其他电子设备（计算机、视听设备、电子元器件、其他电子设备4个子部门）。

加值接近5万亿元，占服务业的比重达65%。规模以上服务业实现营业收入突破5万亿元，其中，信息传输、软件和信息技术服务业，租赁和商务服务业，交通运输、仓储和邮政业等门类的增长都表现不俗。批发和零售业、金融业的增加值均突破1.2万亿元，交通运输、仓储和邮政业以及住宿和餐饮业的增加值均实现了两位数增长。全省服务业法人单位数量超过300万家。广州、深圳和佛山的第三产业增加值和现代服务业增加值均位居前三，广州、深圳分别突破2万亿元。

（一）全省成熟完善的综合立体交通体系：筑牢现代服务业发展根本

广东省综合交通运输体系通过多年建设，已经形成了较为成熟的交通运输组织模式，能够有效适应和支撑两业融合发展的新格局。一是综合交通网络布局完善。高速公路、城市轨道交通里程排名全国前列，其中，广东省铁路总里程已超过5000千米，高速铁路接近3000千米。全省21个地级以上城市均已实现“市市通高铁”。广州、深圳、佛山、东莞等城市均有轨道交通线路运营。高速公路通车里程突破1万千米，连续多年保持全国第一。二是运输服务承载能力显著。广东省年度货运量接近40亿吨，年度客运量承载力已突破8亿人，客货运输量位居全国第二。广州港、深圳港的货物吞吐量、港口集装箱吞吐量均位列全国、全球前列。广东省作为我国民航第一大省，广州白云国际机场、深圳宝安国际机场的旅客和货邮吞吐量均排在全国前五。

（二）深圳前海深港现代服务业合作区：联动粤港澳现代服务业发展

中共中央、国务院和国家发展改革委先后发布《全面深化前海深港现代服务业合作区改革开放方案》和《前海深港现代服务业合作区总体发展规划》，高位推动深圳前海联动香港共同发展现代服务业。2023年，前海的地区生产总值突破2400亿元，服务业在地区生产总值中的比重超过七成。前海已初步形成高端引领、集约发展和辐射示范的现代服务业体系，打造了一批风投创投、融资租赁、跨境电商、天然气贸易和涉税服务等领域的集聚区。通过实施“前海全球服务商计划”，引进并落地150余家全球领先的服务商。同时，前海深港国际金融城已签约入驻金融机构超过360家，其中港资和外资机构约占30%。前海集聚科技企业9000余家，在大模型和算法创新服务、低空经济产业公共服务等领域打造多个全国首个中心，建成企业工程中心、工程实验室、技术中心等创新载体。前海综合保税区物畅其流，妈湾港货如轮转，跨境贸易物流推动前海全球物流枢纽加快成型。自前海“扩区”以来，跨境电商产业规模翻了3.7倍，处理跨境电商货量约占全市的95%。

（三）广州国家服务业扩大开放综合试点：推动现代服务业深化改革

自广州市获批为服务业扩大开放综合试点城市以来，现代服务业实现高质量发展。例如，规模以上服务业取得显著成就，2023年实现营业收入接近1.9万亿元，规模以上服务业企业实现利润总额增长超过30%，占广州全市地区生产总值的比重超70%，助力现代服务业与生产性服务业的增加值均突破万亿元。批发和零售业，房地产业，金融业，信息传输、软件和信息技术服务业，交通运输、仓储和邮政业，租赁和商务服务业，科学研究和技术服务业等7个服务行业的增加值已超千亿元。在商贸服务方面，广州的社会消费品零售总额和商品进出口总值均已超过万亿元，直播电商、跨境电商零售进口等多项指标连续多年稳居全国第一。已建成的广交会展馆四期项目，助力广州打造全球规模最大的会展综合体，并在展览数量和面积等方面位居全国第一。在科技服务方面，“广深港”科技集群多年来一直位居全球创新指数排名第二，获得了国家知识产权强市建设示范城市和国家商标战略实施示范城市等荣誉。在金融服务方面，广州期货交易所成为全国首个混合所有制交易所，碳排放权交易中心的碳配额现货交易量位居全国第一。在信息服务方面，2022年，广州市软件和信息技术服务业收入规模位列全国第六，实现利润总额接近千亿元，营收超百亿元的企业达到10家，从业人员总数超过50万人。

二、广东省先进制造业发展现状

先进制造业与传统制造业在技术、管理和模式等方面存在差异，先进制造业在模式上采用先进技术和设备、现代管理手段等，将信息、人才、资本和管理等资源要素综合应用于制造的全环节和全过程，形成具有产业、技术、模式和组织等方面先进性的制造业形态。广东省提出以实体经济为本，坚持制造业当家，打造制造强省的口号。作为我国工业发展的排头兵，广东省制造业增加值连续多年占据工业增加值的90%以上。2023年，广东省规模以上工业增加值突破4万亿元，占全省地区生产总值的比重超过三成。规模以上工业企业和高新技术企业均超过7万家，均居全国首位。“十四五”以来，广东省加快做大做强制造业，先进制造业、高技术制造业投资提速明显，占规模以上工业增加值的比重突破五成。计算机、通信和其他电子设备制造业，电气机械和器材制造业，汽车制造业已经成为广东省先进制造业的三大支柱产业。

根据工业和信息化部旗下平台发布的《2023先进制造业百强市研究报告》，广东省先进制造业集群的数量位居全国首位，其中高新技术企业累计达6.9万家，研发人员数量、发明专利有效量等指标也都名列全国前列。深圳、广州、佛山、东莞、珠海、惠州、中山、江门、肇庆、汕头等10个城市入选先进制造业百强市，覆盖新一代信息技术、高端装备、新材料、生物医药、高端医疗器械等多个先进制造领域。此外，广东省共有7个中小企业特色产业集群上榜2023年工业和信息化部全国100个中小企业特色产业集群，“广深港”科技集群在全球创新指数中连续多年排名全球第二。

深圳、广州位居全省先进制造业的第一梯队。深广两市均拥有突出的经济实力、扎实的创新技术、成熟的资源配套机制、包容的人才环境和健全的产业发展体系。深圳市制造业具有整体实力强、体量大和技术新的典型特征。2023年，深圳市地区生产总值突破3.4万亿元，其中第二产业增加值达到1.3万亿元，规模以上工业总产值、工业增加值均为全国城市首位。深圳市先进制造业企业数量已经突破1万家，也是广东省先进制造业企业最集聚的城市。深圳市以重点打造“20+8”重点产业集群为主攻方向，拥有创新载体3000余家，构建起国家、省、市三级创新中心的梯队培育体系，全社会研发投入占地区生产总值的比重逼近6%，通信、材料、医疗器械、智能装备等产业集群入选工业和信息化部国家先进制造业集群。早在2015年广州就提出要推动制造业和服务业“双轮驱动”，并先后提出“实施制造强市战略”和“产业第一、制造业立市”等方向和目标。广州第二产业增加值突破7700亿元，发展优势不断得到夯实。其中，先进制造业增加值占规模以上工业增加值的比重超过六成，已经形成6个产值超千亿元的先进制造业产业集群。广州市拥有智能制造装备、工业4.0、工业机器人等先进制造业企业超3000家。其中，以超高清视频和新型显示产业为重点代表的智能制造装备表现亮眼，显示模组、4K板卡年出货量连续多年居全球第一位。

佛山、东莞位居全省先进制造业的第二梯队。佛山、东莞两市均拥有多条成熟的产业链，部分先进制造领域在市场的占有率全国领先。佛山作为珠江西岸唯一的GDP万亿级城市，工业总产值在全国位列第五，拥有“有家就有佛山造”的知名制造IP。佛山全市呈现“4+‘2+2+4+N’+2”的布局体系①，拥有8个超千亿的产业集群，机器人、新能源、电子信息、生物医药等领域快速发展，在智能制造装备、工业机器人等先进制造业领域拥有超2000家企业。其中，机器人全产业链营收超250亿元，工业机器人产量约占全国的8%。东莞制造业产业体系齐全，是全球最大的制造业基地之一。全市规模以上工业增加值超过5000亿元，先进制造业增加值占规模以上工业增加值的比重超过五成。东莞围绕打造“粤港澳大湾区先进制造业中心”的目标，以全生态链的方式推动智能制造发展。智能移动终端、智能装备和泛家居3个产业集群入选先进制造业集群“国家队”，先进制造业企业的数量仅次于深圳，位居全省第二。东莞的电子信息产业集群达万亿规模，约占广东全省的四分之一，拥有华为、OPPO、vivo、小天才科技、宇瞳光学等知名先进制造业企业，工业机器人产量占全国产量的比重超过四成。

珠海、惠州、中山等城市大致位居全省先进制造业的第三梯队。以上城市在地缘上毗邻广州、深圳、佛山和东莞等头部工业城市，一定程度上接受产业辐射和要素溢出的优势更为显著。与此同时，在营商环境、产业基础和产业基础设施等方面，也具有更显著的潜力。珠海本土制造业企业实力

① 佛山“4+‘2+2+4+N’+2”产业布局体系：第一个“4”指的是四大农业产业；“2+2+4”指2个超万亿产业集群、2个冲5000亿产业集群和4个冲3000亿产业集群，“N”指的是战略性支柱产业和战略性新兴产业；最后一个“2”指的是生产性服务业和生活性服务业。

强大，科技创新引领的特质显著。珠海规模以上工业总产值已经突破6000亿元，规模以上工业增加值超过1500亿元，近年来增长速度喜人。全市“4+3”产业集群[①]全年产值接近4500亿元，其中新能源、集成电路和智能家电等领域均保持两位数增长。全市先进制造业增加值接近1000亿元，占规模以上工业增加值的六成。惠州坚持以“3+7”工业园区[②]为平台集约化、集群化发展。惠州规模以上工业增加值突破2500亿元。在“2+1”现代产业集群中，电子信息、石化能源新材料、生命健康制造业均实现稳健增长。先进制造业增加值约占全市规模以上工业增加值的65%。中山作为传统制造业大市，正在加快向先进制造业转型升级，第二产业增加值接近2000亿元，规模以上工业增加值突破1500亿元，其中，先进制造业增长迅速，占规模以上工业增加值的比重突破五成。智能家居产业、新一代信息技术产业、先进装备制造产业和健康医药产业等先进制造业推动制造业服务化，现代物流、电子商务、研发与技术服务和检验检测等领域推动服务业制造化。

江门、肇庆、汕头等城市位居全省先进制造业的第四梯队。以上城市均拥有一定的传统制造业基础，并在部分产业领域崭露头角，近年来通过加快布局基本形成较为完整的产业链，有条件孵化一批先进制造业产业集群。江门依托广东省内“老牌”工业城市的品牌和完整工业体系等发展基础，全力打造“5+N”产业集群[③]，在全市规模以上工业增加值中占比已超过五成。其中，现代化农业与食品、现代轻工纺织和先进材料等三大超千亿产业集群蓬勃发展。肇庆工业投资和产业结构等加快向新型工业化迈进，聚力发展新能

---

① 珠海“4+3”产业集群：珠海新一代信息技术、新能源、集成电路、生物医药与健康四大主导产业与智能家电、装备制造、精细化工三大优势产业。

② 惠州“3+7”工业园区：“3”指大亚湾经济技术开发区、仲恺高新技术产业开发区和中韩（惠州）产业园3个国家级园区；“7”指惠城区高新科技产业园（东江湾千亿产业园）、惠阳（象岭）智慧科技产业园、惠州新材料产业园、博罗智能装备产业园、龙门大健康产业园、大亚湾新兴产业园、广东（仲恺）人工智能产业园等7个千亿级工业园区。

③“5+N”产业集群：“5”是指新材料、大健康、新一代信息技术、高端装备制造、新能源汽车及零部件五大新兴产业集群；“N”是指金属制品、造纸和印刷、纺织服装、家电、摩托车等传统优势产业集群。

源汽车、新型储能两大产业集群，基本形成新能源汽车生产基地、动力和储能电池制造基地。汕头构建“三新两特一大”产业发展格局[①]，加快积聚先进制造业资源要素，先进制造业增加值和投资均稳健增长，特别是计算机通信和其他电子设备制造业、医药制造业发展最快。

三、广东省两业融合的发展现状

两业融合通过技术创新、市场演进和制度变革的协同驱动，突破原有的产业边界，孵化孕育新业态和新模式。广东省两业融合的质量情况可以通过工业互联网增加值摸清发展规模，通过投入产出数据分析发展程度，以及通过新的业态模式梳理融合的主要类型。

（一）工业互联网增加值：广东省两业融合的产业规模

在现有的数据统计体系下，难以直接获取广东省两业融合规模的数据，但可以通过工业互联网的增加值基本了解两业融合的规模。中国工业互联网研究院发布的《中国工业互联网产业经济发展白皮书（2023年）》显示，2022年，全国工业互联网核心产业的增加值达到1.26万亿元，带动渗透产业增加值超过3.20万亿元，工业互联网产业的总增加值规模达到4.46万亿元，占国内生产总值的比重为3.69%。广东省作为工业互联网产业头部省份的规模优势突出。一是从工业互联网产业发展情况来看，2022年广东省工业互联网产业增加值规模约为5600亿元，连续多年排名位居全国首位，其中，深圳、广州突破1000亿元，佛山、东莞达到500亿～700亿元的规模，整体呈现“优”“稳”“强”的态势。二是从工业互联网核心产业发展情况来看，广东省工业互联网核心产业增加值规模已突破2000亿元，特别是电子信息制造、通信、软件和信息技术服务等与工业互联网核心产业相关的行业，具有发展基础好、产业规模大等明显优势。三是从工业互联网渗透产业来看，广东省作为制造业大省，工业互联网渗透产业增加值达到3500亿元，位居全国第一。广东省在软件和信息技术服务、系统研发技术向实体行业融合应用方

① “三新两特一大”产业集群：“三新”，即新能源、新材料、新一代电子信息产业；“两特”，即纺织服装、玩具创意特色传统产业；“一大”，即大健康产业。

面，具有场景丰富、渗透程度较深、数字化转型成效显著的特点。

（二）投入产出数据测算：广东省两业融合的发展程度

投入产出数据作为衡量国民经济各部门关系强弱的指标，可以用来分析广东省各行业之间的融合程度。本章参考黄汉权和胡霞等的研究成果，并结合广东省近年来投入产出的数据，分析广东省两业融合的发展程度。得到的研究结论包括：一是现代服务业整体对先进制造业的依赖程度大于先进制造业整体对现代服务业的依赖程度。现代服务业需要先进制造业提供的高端设备和技术支持，例如金融行业需要先进的计算机和通信设备，医疗行业需要先进的医疗设备等。同时，制造业行业服务化水平在提升，特别是交通运输设备、通用和专用设备、计算机和其他电子设备等行业最为明显。二是现代服务业对先进制造业的融合度变化呈现先增后减的趋势。自党的十八大以来，国家在政策上不断加大对现代服务业发展的支持，与此同时，制造业在转型升级过程中遇到了增长瓶颈，导致现代服务业总产出的增长速度超过现代服务业中先进制造业的中间投入增长速度。因此，在2010年之前产业融合度逐渐提升，而2010年之后产业融合度却出现了下降趋势。三是不同部门的现代服务业对先进制造业的依赖程度差异较大。交通运输、商务服务和信息服务对先进制造业依赖程度较高，而科学技术、金融服务等则对先进制造业的整体依赖程度较低。其中：金融服务对先进制造业的依赖性最小；科学技术对不同先进制造业门类的依赖程度不同；交通运输设备等技术水平高、研发投入大和产业链较长的先进制造业部门对现代服务业的需求最大，相反则需求越小。

（三）新业态新模式分析：广东省两业融合的特征类别

两业深度融合打破了现有先进制造业和现代服务业的产业边界，使得智能化工厂生产、工业互联网应用、柔性化定制、共享工厂、服务型制造、工业文化旅游等新业态新模式产生。基于广东省制造业大省的优势，这些新业态新模式正在不断焕发生机，加快成长为广东省产业经济结构中的重要组成部分。

智能化工厂生产作为新一代信息技术与先进制造业融合形成的新型制造

模式，通过智能决策、人机交互、虚拟仿真等功能，可以实现端到端的自动化交付流水线，同时集成企业的全价值链。例如，库卡中国在顺德打造的智能工厂通过实时智能化决策，管理复杂的生产过程，实现了动态自主生产，基本实现了“机器人制造机器人”的目标。

工业互联网应用通过实现人、机、物等全面互联互通，能够实现全要素、全产业链和全价值链的连接，逐步成为支撑先进制造业发展的信息基础设施。广东省工业互联网应用领域已经涵盖了家电家居、设备制造等多个领域，覆盖了生产、运营、物流、服务等各个环节。南方日报联合广州大学发布的“广东工业互联网创新指数”报告显示，在广东省21个城市中，珠三角的9城拥有超过1.2万家企业涉及工业互联网，占全省的比例达到97%，其中深圳、广州、珠海等城市位列榜首。创新水平靠前的代表性企业包括华为技术、中兴通讯、珠海联云、研祥智能、广州鲁邦通、珠海格力等。

柔性化定制是顺应大规模定制需求而产生的新型生产模式。制造业企业通过在线下单、实时传输和智能制造等流程再造，实现大规模定制服务。以广州尚品宅配为例，通过深度整合信息技术，实现了产品和生产流程的重组，解决了大规模低成本生产与个性化定制之间的矛盾，使得差异化、非标准定制家具能够量产，并满足消费者对低成本、多品类和高质量定制家具及服务的需求。

共享工厂是一种以产能分享为特征的新型模式，可以将两个行业融合在一起，也是共享经济在生产制造领域的创新应用。共享工厂使得制造业企业可以将生产能力共享出去，以租赁的方式向外部分享自身的产能。智能共享工厂可以帮助中小企业降低采购设备的庞大成本和减少环境污染。例如，广东省高度重视挥发性有机物（VOCs）排放集中治理工作，《广东省打好污染防治攻坚战三年行动计划（2018—2020年）》要求具有行业污染的工艺使用“共性工厂”或“共享喷涂中心”，实现同类企业污染物集中处理。佛山、东莞和深圳等城市以共享工厂的形式，建成多家汽修、家具等领域的集中喷涂中心。

服务型制造又称为服务衍生制造，主要指零售企业或品牌运营商向上游生产环节延伸，发展制造业的两业融合新模式。服务型制造以产需互动为导向，以品牌授权等方式嵌入制造业企业，推动价值链由以制造为中心向以服务为中心转变。截至2023年末，工业和信息化部服务型制造示范名单累计发布五批，广东省累计有22家企业、20个平台、11个项目上榜，广州、深圳、东莞和佛山先后获批国家服务型制造示范城市，广东省也印发了《广东省服务型制造示范行动工作方案》，在省域范围内开展广东省服务型制造示范企业评选。

工业文化旅游是随着人们对旅游资源理念的扩展而兴起的一种新概念和产品形式。通过文化旅游与制造业深度融合，推动文化旅游向制造环节延伸产业链条，提升制造业的品牌影响力和产品附加值。越来越多的广东省制造业企业开始注重工业文化旅游，通过品牌合作、授权运营等方式，推进文化、动漫、电影等衍生品和旅游商品的生产制造。例如美的集团、佛山海天等制造业企业相继向游客开放，既丰富了旅游产品门类，满足了旅客需求，也提升了工业品牌美誉度。

第二节　广东省现代服务业与先进制造业融合发展先进经验

经过多年的孕育发展，广东省在省域和重点城市市域层面均积累了一些两业融合发展的先进经验，这些经验对引领推动全省更大范围的两业融合发展具有重要的借鉴价值。

一、省域层面

广东省在省域层面扎实推动现代服务业与先进制造业深度融合，发挥现代服务业对先进制造业发展的提升作用，把两业融合作为建设现代化产业体系的重要抓手，助力广东省的经济结构持续优化，推动“广东制造”向“广东智造”转型升级。从融合质量来看，已取得一定成效。

一是强化规划和政策体系引领。广东省“十四五”规划纲要明确提出加快先进制造业和现代服务业深度融合发展。《广东省制造业高质量发展促进条例》规定，县级以上人民政府应当结合实际推动现代服务业与先进制造业融合发展，促进生产性服务业发展，推动生产性服务业平台建设。《中共广东省委 广东省人民政府关于高质量建设制造强省的意见》提出大力发展研发设计服务、现代物流与供应链管理、数字贸易、软件和信息技术服务等生产性服务业。《广东省工业企业上云上平台服务券奖补工作方案（试行）》对符合条件的企业在完成“上云上平台”后给予奖励。《广东省服务型制造示范行动工作方案》在全省组织开展服务型制造示范行动，通过示范引领培育发展服务型制造新业态与新模式。《广东省扩大内需战略实施方案》提出支持创建服务型制造示范城市；支持平台型企业、龙头骨干企业等开展工业设计、系统集成、全生命周期管理、供应链管理等专业化服务，培育一批服务型制造示范企业和平台。

二是引领培育两业融合的创新模式。促进现代服务业和先进制造业不同领域之间的合作与交流，推动产业发展的跨界融合。一是在生产模式上推动消费需求与柔性生产的协调。例如，珠江啤酒以柔性高端生产适配市场多样化需求，填补了酒类行业中高端产品的空白，助力珠江啤酒企业正式迈进中高端快消品牌行列，率先形成并发布中国啤酒业柔性生产制造方案。二是在管理模式上通过数据赋能实现管理变革。例如，腾讯会议等网络平台使以往会务沟通效率低下和程序冗杂的状况得到极大的改善。金山办公与“数字广东”深度合作，协助广东省各级政府打造一体化政务协同办公平台，改变了政企办公模式。三是在创新模式上实现流程创新与跨界融合。例如，广东富华铸锻有限公司的铸造生产线通过高度自动化设计，已经实现从原料到成品的全流程自动化生产，可以保障所有铸造件的质量。在广州广汽埃安生产车间内，用户可通过线上定制个性化服务，参与汽车设计与生产环节，真正实现了每辆汽车都“独一无二”。

三是高水平打造融合发展试点区域。佛山市南海区是广东省唯一被国家发展改革委列入先进制造业和现代服务业融合发展试点名单的区域。南海区按照“1+2+N”政策思路①，加强两业融合发展的土地、资本、人才、数据、技术等要素保障政策。实施“千企智造”工程，引导各类主体选取行业转型试验田，形成产业集群数智化转型升级路径。通过政府支持和产业联盟的引导，南海泛家居产业作为两业融合的试验基地，旨在提高自主创新能力和制造业竞争力，实现智能制造、配送和服务，打造符合工业4.0原则的制造业。

二、城域层面

在广东省两业融合发展的城域层面，深圳市精准推动工业与生产性服务业融合发展，推动产业整体升级。广州市则致力于培育“四化”平台，丰富两业融合发展的技术供给。佛山市则发挥制造业的先天优势，以发展数字经济推动两业融合发展。

（一）深圳市：精准推动工业升级，扶持生产性服务业发展

深圳市“十四五”规划纲要提出推动现代服务业和先进制造业耦合共生、协同发展，打造具有全球影响力的服务经济中心城市。在一系列政策的支持下，深圳市的两业之间已经建立起相互支持、相互协同和相互促进的共生关系，加速形成了“基于制造的服务”和“面向服务的制造”相互融合的格局。

集中发展先进制造、智能制造、绿色制造和服务型制造等。培育产业主导型龙头企业，推动关键核心技术领域加快实现重大突破，打造国家级、省级先进制造业园区和世界级示范工厂，持续加强网络与通信、软件和信息技术服务、新能源、超高清视频显示、智能终端、海洋产业等增值产业集群，扩大半导体及集成电路、智能传感器、工业母机等潜力产业集群规模，聚焦发展智能网联汽车、新材料、生物医药、数字创意等增长产业集群。

瞄准研发、设计、运营和品牌等高附加值环节精准施策。深圳市级和区级层面发布了《深圳经济特区城市更新条例》《深圳市关于新形势下加快工业企业技术改造升级的若干措施》《宝安区关于促进先进制造业和现代服务

---

① “1+2+N”政策思路：指构建“1份试点方案+2份实施方案+N个部门政策”的政策体系。

业高质量发展的若干措施》等法规政策，推动后海中心区总部等6大总部基地、宝安中心区等18座城市重点片区等多个项目落地建设，并通过优质空间集聚新型研发、工业设计、品牌营销、工业互联网等产业，推动制造服务业高质量发展。

大力扶持计量检测、标准验证、知识产权、质量评价等生产性服务业公共服务平台发展。深圳发布公共服务平台发展扶持计划，对符合条件的生产性服务业公共服务平台项目给予资助，鼓励有条件的制造业企业参与检验检测公共服务平台建设，发挥平台的产业辐射作用，不断提升生产性服务业的竞争力和辐射力。

（二）广州市：创新促进两业融合，加快培育“四化”平台

广州市“十四五”规划纲要提出要加快建设先进制造业强市、现代服务业强市，推动现代服务业同先进制造业深度融合，加快服务业数字化。作为国务院批复开展的服务业扩大开放综合试点，广州市对工业设计、工业软件和工业互联网等服务型制造提出了一系列创新举措，具体体现在以下三个方面。

营造两业融合发展良好环境。创新土地供给模式，探索混合用地模式以满足研发、创意、设计、中试和生产等多个产业环节的需求，促进两业融合发展。鼓励金融机构创新两业融合金融产品，为符合条件的制造业企业提供多样化的资金支持。加快建设产学研用一体化平台、共性技术研发平台和大数据公共服务平台，加强对智能制造、工业设计、工业互联网等领域的技术人员的培训。推进知识产权运营服务中心建设，加强知识产权服务品牌机构培育。推进专利申请案件开展快速审查，为两业融合在知识产权保护方面提供高质量服务。

创新两业融合发展有效路径。支持制造业企业分离科技研发、物流仓储和贸易营销等部门，并对制造业企业独立出来的服务型制造子公司给予过渡期政策优惠。支持新一代信息技术与工业软件、工业互联网的融合发展，支持生物医药、新能源汽车产业制造流程与管理、物流、金融等现代服务业环节的数据互联互通和高效协同。鼓励设立工业设计中心，建设开放创新交互

公共平台、检验检测公共技术服务平台和工业互联网应用标杆园区等。

培育“四化”平台助力两业融合。广州市印发《广州市工业和信息化局推进“四化”平台赋能企业实施方案》，探索推动数字化服务平台成为千行百业转型发展的“利器”。全国首创的“四化”赋能专项行动，极大程度推动了数字化转型、网络化协同、智能化改造、绿色化提升的平台发展，助力定制家居、纺织服装、美妆日化、食品饮料、珠宝首饰、箱包皮具等广州传统优势制造业实现转型升级。广州以“链长+链主”推进强链、补链、延链，培育更多“小巨人”、专精特新、隐形冠军企业。

（三）佛山市：数字经济赋能产业，跨界共创助力两业共赢

佛山市“十四五”规划纲要提出，要培育具有核心竞争优势和示范引领作用的世界级先进制造业集群，推动先进制造业与现代服务业深度融合，全力打造南海区国家先进制造业和现代服务业融合发展试点，全面深化广佛先进制造业和现代服务业协调发展，加强佛山市先进制造业和深圳市优质高效的现代服务业对接，助推佛山市制造业转型升级、产业结构的完善，提升佛山市整体竞争力。具体举措体现在以下三个方面。

以“跨界共创”破题传统制造业转型。《佛山市推进制造业数字化智能化转型发展若干措施》指出，要提升中小企业数字化率，支持企业数字化转型。佛山市不仅专门设立了制造业转型发展基金，并且在全国首创“数字贷”等新型融资产品，还独创了产业集群式数字化转型模式。依托产业集聚度较高的纺织印染等特色园区，佛山市搭建了行业级工业互联网平台，打造“政府+服务商+企业”跨界共创的模式，推动企业“组团式”数字化转型。突出链主带动和促进集群联合，强化标杆示范，这也是佛山市精准推进企业数字化改造和制造业城市数字化转型的典型经验。

以制造业企业为主体拓展现代服务领域。佛山市作为全国唯一的制造业转型升级综合改革试点城市，规模以上工业总产值已突破3万亿元，是名副其实的工业强市。制造业企业经历了从简单生产加工到提供完整售后服务，到今天逐步形成“产品+技术+解决方案”的制造业发展模式，制造业企业提供服务的产值迅速提升，已经成为拓展现代服务业领域的主力。《佛山市服务

业发展五年规划（2021—2025年）》提出，依托佛山市制造业优势，推动两业融合发展。

以数字经济赋能两业融合。数字经济推动信息技术与制造业深度融合，加速了现代服务业与先进制造业的融合。佛山市人民政府印发《佛山市推动数字经济发展实施方案》，并加大对新型基础建设的投入，推动产业数字化转型和先进制造业发展。美的集团、箭牌等企业纷纷建立了数字化“灯塔工厂”，推动了工业互联网平台发展，有效地将数据采集、数据传输、数据分析、应用开发等现代服务业与制造业相融合，逐步成为佛山市两业融合的特色模式。

第三节　广东省现代服务业与先进制造业融合发展难点障碍

广东省两业融合正在呈现不断深化和持续增强的趋势，但受限于体制机制的约束，以及市场形成的路径依赖和分工格局难以在短期内改变，两业融合发展的进一步推进仍然面临一些挑战。

一、广东省两业融合面临的主要难点

受限于全省现代服务业发展质量不足，企业之间的互嵌程度不深入，产业和企业之间的协同程度不够，产业链价值环节还需进一步深挖等方面，广东省两业融合发展还面临着诸如两业融合潜力未能充分激活、两业融合范围不够广泛、两业融合效益释放不足、两业融合仍然存在梗阻等难点。

一是现代服务业发展质量不足，两业融合潜力未能充分激活。现代服务业是构建现代化产业体系的重要支撑，广东省虽然是全国第一制造业大省、经济大省，但距离制造业强省还有一定差距。制造业创新能力不强、质量效益不高，重要原因就是以生产性服务业为主的现代服务业发展不充分。以2023年为例，广东省第三产业的增加值对地区生产总值增长的贡献率约为

56%，现代服务业增加值约占第三产业的65%，相较于发达国家“两个70%”[①]的标准还存在明显差距。

二是企业之间的互嵌程度不深入，两业融合范围不够广泛。尽管广东省部分行业龙头企业在两业融合上取得一定成果，但大量的中小企业还未实现两业融合的结构性突破。从行业领域来看，装备制造、家居制造等领域的两业融合起步较早、经验较为成熟，而其他领域相对滞后。就两业融合的程度而言，一些制造业领军企业基本上能够在产业链的上下游开展设计、采购、系统集成等业务，但是这些企业存在一些瓶颈，如核心技术不足、品牌影响力弱、服务增值业务占比不高等问题，导致它们尚不能提供系统化的高质量解决方案。从融合水平看，不少产业部门的两业融合还是以模仿发达国家和跨国企业的成熟模式为主，自身在创新性、灵活性和本土适应性等方面水平还不够，难以适应新时代市场的需求变化。

三是产业和企业之间的协同程度不够，两业融合效益释放不足。广东省内仍有许多中小型制造业企业，生产经营广泛涉及多个行业领域。然而，这些企业普遍缺乏增强核心竞争力的意识，无论是出于主观意愿还是客观因素，都未将非核心、非关键的业务环节进行转包。这使得企业的整体资源投入分散，专业化程度不高，在与服务业企业建立有效分工关系时仍面临不少困难。

四是产业链价值环节还需细挖，两业融合仍然存在梗阻。企业对于两业融合的潜能和增值空间还缺乏深挖细挖。一方面，一部分制造业企业没有意识去选择外购生产性服务，或者仅仅将外购服务作为生产过程投入中的一类要素支撑，还未能认识到服务业也是制造业不可或缺的组成部分；另一方面，也有一部分制造业企业不够重视客户的需求体验与服务保障，没有充分意识到在随着客户对产品要求越来越高的趋势下，消费产品中其实还需要大量的消费服务。例如，企业对于新产品和新技术的研发设计需求，要依托多个不同领域专家和团队的配合，将研发活动内置化会导致投入成本明显增

① “两个70%”：指服务业占国内生产总值的70%，生产性服务业占服务业的70%。

加，相比之下，服务外包成本较低。因此，如何创造有效的市场化体制机制，建立高效快捷的资源配置平台和有效的监管体系，在畅通企业内部决策流程的基础上，进一步降低外部沟通成本，是当前迫切需要解决的难题。

二、广东省两业融合面临的关键问题

广东省在两业融合方面仍存在一些问题，包括区域发展不平衡、业态间融合方式单一、产业链融合深度不够、价值链融合环节较少、企业主体之间战略对接不足，以及政策环境、体制机制难以完全适应发展进程等挑战。例如，在工业和信息化部公布的第五批服务型制造示范名单中，广东省“示范企业”数量远低于浙江、上海和江苏等省市，仅列居全国第八，“示范平台”和“示范城市”分别只有4个和1个。

一是两业融合基础有待夯实。从整体上看，广东省服务业对制造业高质量发展的支持作用还不够突出。制造业中高端服务活动（如研发和管理）的比重偏低，导致服务活动所贡献的价值相对较少。同时，制造业整体的服务化水平尚未达到较高水平，高智能服务如研发、技术和数据等在总体比重中仍有待提升。不同现代服务业的就业门类在吸纳劳动力就业上存在较大差别。例如，信息服务、科学研究和教育等人力资本投入增速较快的现代服务业，存在整体产值占比较低和吸纳就业岗位有限等问题，难以大规模成为就业“蓄水池”。货物运输、仓储、住宿餐饮等传统生产性服务行业产值占比虽然较高，吸纳的就业人口更多，但是整体行业增速相对缓慢，不能在薪酬待遇上满足劳动者的心理预期。

二是两业融合程度整体偏低。尽管广东省在两业融合方面具有巨大的体量规模，但相较于发达国家和地区，两业融合水平仍然偏低。根据德勤公司《基于全球服务业和零件管理调研》，在装备制造企业中，大约80%的企业的服务收入占总营业收入的比重不到10%，仅有6%的企业的服务收入占总营业收入的比重超过20%，制造业企业中服务增值所占的比重较低。相比之下，全球领先的制造业公司平均服务收入占总销售收入的比例接近30%，平均服务净利润贡献率接近50%。

制造业企业对服务化转型的重要性和实施路径认识不够，一些制造业企业内部的服务活动比例较低，因此来自服务活动的价值贡献较少；另外，广东省中小制造业企业在整体上偏向低端服务化，例如研发、商务、物流、品牌和营销等现代服务的比重较低。

三是两业融合区域差距较大。广东省在两业融合效率上整体呈向好趋势，空间上呈现核心城市融合效率最高，珠三角非核心城市融合效率次之，而粤东粤西粤北山区城市的两业融合效率最低的特点。例如，深圳、广州已经基本实现两大产业良性互促，但是大部分粤东粤西粤北山区城市由于生产性服务业支撑效率滞后于先进制造业转型带动效率，产业间功能、结构匹配度不高制约了两业融合效率的提升。这种发展不平衡、不充分的格局，难以在短期内实现快速突破。

四是两业融合生态尚未成型。两业融合发展生态体系的问题主要体现在区域不平衡、产业间协同性不足，以及政策体制机制不畅通等方面。从监管的角度来看，现有的市场监管体系也为两业融合带来了一些梗阻。例如，在当前的国民经济统计框架下，监管部门尚不能准确地了解两个行业融合的真实规模，难以获得可靠的数据。同时，对于制造业或服务业企业而言，适应两业融合的新产业发展模式仍需要持续探索和试错。

三、广东省两业融合面临的制度障碍

随着先进制造业与现代服务业融合范围不断扩大、程度不断加深，两业融合在市场规则、信息壁垒、行业标准和监管政策等方面也面临一些制度障碍。

一是财政税收政策存在偏向。广东省作为制造业大省，现行的财税制度对于制造业更为有利。“营改增”政策实施后，以“轻资产”为主的现代服务业面临成本和进项难以充分抵扣的问题，造成综合成本增加，使得现代服务业难以从普惠性减税政策中获益。尽管财政部等部委曾出台《关于深化增值税改革有关政策的公告》，但会计法律、租赁保理、研发设计、信息服务等“轻资产”的服务业部门从中获得的利好有限。在技术先进型服务企业的认定方面，延期纳税、投资抵免、提取投资准备金等优惠政策被设置了多个条件，标准和门槛偏高，致使大批服务业企业被排除在优惠政策之外。

二是土地供给政策指示不清。当前，我国在城市建设用地标准中还未有针对生产性服务业的专门规定。在国家层面，生产性服务业的详细概念界定和用地类型划分缺乏明确依据，土地受让标准、土地出让价格测算等方面也缺少明确指引。在实际场景中，生产性服务业建设项目的用地类型一般情况下会被确定为商服用地，然而，商服用地的土地价格远高于工业用地。若生产性服务业建设项目采用商服用地，就会导致服务行业的土地成本大幅增加，进而影响企业的盈利水平。通过工业用地获取的生产性服务业建设项目土地又往往受限于设计规范，难以满足服务业发展的实际需求。

三是融资信贷政策评估困难。相较于制造业领域，现代服务业的中小企业更缺乏融资手段，存在融资方式有限和金融产品不足等问题。从企业自身能力来看，多数现代服务业企业规模较小，具有典型的“轻资产”特征，这使得其缺乏长期融资所需的担保品抗风险能力较弱，难以满足商业银行信贷标准。此外，商业银行和其他金融机构在对服务业企业，尤其是智力密集型服务业企业开展无形资产价值评估时，创新力度不大，尚缺乏合理的价值评估体系，进而导致适配的金融产品和服务相对较少。

第四节　广东省现代服务业与先进制造业融合发展趋势研判

随着技术创新的不断推动，两业融合的趋势必然日益显著。在数字化、智能化改造的推动下，先进制造业与现代服务业将展开更紧密的合作，共同推动产业升级。现代服务业也在扩大对制造业价值链的覆盖范围，为制造业产业链各环节提供支持。

一、广东省两业融合的发展环境

在新一轮科技革命和产业变革的推动下，两业融合是未来一段时间里我国乃至全球经济增长的重要支撑。从国际挑战来看，当前正处于百年未有之大变局，一部分先进制造业企业为分散风险将产业转移至东南亚国家和地区，会在一定程度上出现核心技术受制于人的风险。广东省正面临着产业、科技、规则、供应链等方面的新挑战。国际市场需求的不确定性风险日益复杂，广东省作为改革开放的前沿阵地和经济大省，影响最大，受到市场需求减少、供给冲击和预期减弱等外部挑战。从国内环境看，我国正在加快构建新发展格局，广东省正处于重塑产业竞争优势、推进产业升级以及提高产业发展质量和效益的关键时期。同时，国内其他城市逐步采取更大力度的优惠政策和优化营商环境的措施，积极吸引国内先进制造业和现代服务业企业。从自身情况来看，广东省高端生产性服务业投资占比仍然偏低，具有国际竞争力的大企业集团不多，对于全球知名先进制造业和现代服务业品牌的吸引力有待进一步提升。广东省拥有自主核心技术的制造业企业队伍还不够强大，部分关键技术和零部件还依赖国外进口，在重点行业的关键领域、基础材料和核心技术还有待突破。“卡脖子”技术领域的自主研发能力受限制较大、成效不够突出，产业链上形成了“下游庞大、中游分散、上游缺乏”的问题。两业融合中既懂技术又懂制造业和国外市场开拓的专业复合型人才整体较少。

二、广东省两业融合的路径方向

在两业融合的过程中，不少新业态和新模式仍然在探索之中，这要求广东省顺应产业发展规律和坚持科技产业创新，聚焦提升要素结构、用户价值、制造效能和服务质量等，并结合市场竞争和市场需求持续验证，最终形成成熟、可靠的路径。

一是两业融合要遵循产业发展和演进规律。制造业与服务业两大领域的融合最早源自工业革命，然而，不同国家和地区在不同发展阶段受技术条件、市场需求和发展程度等因素影响，呈现出不同的融合规模和特征。融合从早期被动的浅层次结合逐渐升级为主动的深层次融合。因此，现代服务业与先进制造业的发展融合要结合彼此各个门类的特征、属性、功能和意义，并且要充分认识形势，发挥整体效能。广东省在两业融合方面完成了局部场景的单点试水，有条件在此基础上加快扩张放大，逐步形成范围更广、规模更大、层次更深的智能制造全产业链升级变革，但是，仍然要顺应生产多样化和需求定制化的市场发展趋势，主动借鉴发达国家和地区的经验，遵循新一轮消费升级和产业变革的市场规律。例如，强化研发设计创新服务，提升智能运维服务水平，增强先进制造业的综合价值，健全检验检测认证体系，完善产品质量管理，升级物流供应链体系，优化产业资源配置，升级节能环保服务，发展工业文化旅游等。

二是两业融合要以科技创新和产业创新为驱动。注重新一代信息技术等战略性新兴产业培育，构建两业融合的技术来源、应用场景和产业阵地，率先在重点或成熟的现代服务业与先进制造业行业领域推动形成实践案例成果，培育一批两业融合的龙头企业。通过技术研发和科技创新等手段，助力现代服务业企业和先进制造业企业实现自我补链和自主强链。例如，提升先进制造业的研发效率、设计水平和供应链效率，推动服务型制造发展，降低生产成本和提高盈利水平。大力提升生产性服务业对传统制造业转型升级的支撑作用，打造一批两业融合的特色业态模式。主动瞄准未来产业竞争高地，推动两业融合孕育更多新产业和新业态。

三是两业融合要以推动龙头企业为引领。通过不断深化改革和扩大开放，加快建立有利于产业融合的政策环境。推动两业企业精准定位和深化合作，加快实现不同产业门类之间的多维度、多层次和多环节融合。通过发挥龙头企业的引领作用，打造若干产业集群，吸引优质产业链上下游企业在产业园内形成集聚，推动企业集群式发展将创新示范引领到更高水平。发挥龙头企业在新技术、新产品、新模式等方面的“火车头”作用，助推两业融合不断破局、多点开花。发挥产业政策的引导作用，着力化解制造业企业与服务业企业协同不足、衔接不畅、模式滞后和缺乏统筹等问题，推动服务型制造业向高端化、网络化、智能化、绿色化和体系化发展。

三、广东省两业融合的趋势探索

基于广东省制造业体系的完整性和服务业类型的丰富性，以及区域发展水平层次不一等现状，广东省在推进两业融合的实施路径中必然存在复杂性、试验性和多样性等特征，可选择从创新链、价值链、产业链和技术链等维度，推动两业相融相长和耦合共生，加快探索两业融合的新模式。

一是推动创新链跃升，发展延伸式融合发展模式。通过突破关键核心技术，先进制造业企业采用延伸式融合发展模式，向上游延伸至研发设计、专利产权和检验检测等服务，向下游延伸至工业旅游、节能环保和品牌质量等服务，以推动实现向"微笑曲线"的高端跃升。例如，深圳市大疆创新科技有限公司作为首批国家发展改革委两业融合发展试点名单入选企业，通过建立监测系统、应答中心、追溯体系等方式，提供远程运维、状态预警、故障诊断等在线服务，优化完善全球服务网络，提供快修快换、行业无忧和农业保全等多元创新方案，加强研发、生产、流通和消费等环节的关联，强化对产品的全生命周期管理，实现制造精准高效、服务优质丰富、流程灵活高效、模式多元互惠的目标，推动价值链的跃升。

二是加快价值链重塑，打造系统式融合发展业态。通过对技术、信息、业务和市场等价值链环节进行分解和重组，制造业企业能够与现代服务业在最佳融合点相匹配，从而形成全生命周期管理、柔性化定制等新型业态，实现从单一的产品制造商向整体解决方案的提供商的转型。例如，佛山维尚家具制造有限公司打造的"C2B和O2O（先销售后生产）+SM（购物中心）"全屋家居定制服务模式。在消费端，通过数字营销，引导消费者在线看方案、攻略和DIY体验，进而对接设计师一对一提供设计方案。在生产端，打造HOMKOO整装云平台，提升行业效率，重构家装行业。"维意定制"和"尚品宅配"两大品牌的一体化服务体系已经延伸到"一带一路"国家和地区，打造出数字化家居共生生态体系。

三是深化产业链合作，构建支撑型融合发展体系。交通运输、信息服务、金融服务、商务服务和科学研究等现代服务业企业可以将专业优势融入先进制造业产业链的各个环节，实现与生产过程中的技术资源和生产资源的最优配置，推动优化全供应链或衍生多种类型的服务制造新业态。在现代物流和先进制造业融合、技术研发和先进制造业融合、专利设计和先进制造业融合、金融服务和先进制造业融合等新路径中展开更多新的探索。位于佛山西站枢纽新城的腾讯工业互联网粤港澳大湾区基地，汇聚了工业互联网领域生态的优质企业及资源，有利于带动区域工业产业链实现跨越式发展。例如，在泛家具产业领域，从设计、菜单、生产、仓储再到物流，聚拢专业的产业生态合作伙伴，强化产业集聚效应，赋能泛家居产业数智化转型。

四是围绕技术链赋能，探索渗透型融合发展路径。随着新一代信息技术的快速应用，从产业的研发设计、生产制造到物流仓储，再到售后服务和资源回收等各个环节，数据资源正在加速实现互联互通。共性技术研发平台、共享生产平台、工业互联网创新应用以及智能工厂等正快速推进有形生产资源和无形数据资源的高效融合，以提升生产效率、产品质量和附加值。探索制造业服务业与互联网融合发展、新能源生产和制造业绿色融合、重点消费服务领域与制造业创新融合等重点行业融合发展路径。例如，广州希音国际进出口有限公司是一家从国内服装制造产业链上长出来的跨境电商龙头企业，以其独特的按需生产柔性供应链模式，为中国时尚跨越发展提供动力。通过技术工具赋能制造业企业进行全流程的信息化改造，将国内的服装工厂整合成为全链条数字化的数字化工厂，推动服装产业在开发、生产、仓储、物流等各环节进行全链路的信息化升级，提高信息流转、匹配和协同的效率性与精准度，全程通过数字化技术实现实时调度、匹配和规划，从而带来了整体效率的提升。

第五节　广东省现代服务业与先进制造业融合发展对策建议

在工业经济时代向数字智能时代转换的大背景下，现代服务业与先进制造业正在加快走向融合和协同发展。广东省应坚持系统观念，加强两业之间内在的产业关联，聚焦服务制造化、制造服务化，完善产业之间的协同机制，整体提升广东省制造业竞争力和企业的国际价值链地位。

一、持续深化体制机制改革，完善两业融合的制度保障

重点加强顶层设计，编制两业融合发展规划，出台相关政策措施，优化行业管理的机构改革。完善市场准入制度，以更加包容审慎的监管态度支持新业态的发展。一是要加快推动“放管服”改革。自上而下推动各级政府加快转变职能，优化行政审判流程，持续营造公平竞争的环境，加大市场开放力度，吸引生产和服务要素自由流动。推动减少结构性政策，推行增加普惠性政策，打造有利于两业融合的政策工具箱。加快政策融通，鼓励不同产业和行业之间的交叉和延伸发展，逐步弥合用地、税收、金融和要素价格等方面的政策差异。二是要不断扫清制约两业融合发展的体制机制障碍。突破行政性垄断和区域壁垒，及时清理并废除那些阻碍两业融合的规定与做法。打破条块分割式管理体制，推动具有垄断地位的服务业综合配套改革。补齐市场监管短板，推进商事制度改革，纠正各种限制和排斥竞争的行政行为，构建审慎包容的治理新模式。三是要尽快健全两业融合统计制度。构建服务衍生制造、服务型制造等两业融合的分类、核算标准和统计指标体系，加大对两业融合经济结构的统计监测，甄别和分析有效的信息，减少制造业和服务业领域信息数据被重复统计的错误。充分应用统计数据及新技术，构建与经济发展相匹配的监测评价体系和统计方法。

二、加快健全技术创新体系，助力两业融合的提质增效

加快构建完善的科技创新支撑体系，筑牢关键核心技术和知识产权的“护城河”。加快实现要素共享流通，持续提升全要素生产率，不断提升广东省在全球、全国产业链、供应链和价值链中的话语权。一是要培育有利于两业融合的创新生态。发挥广东省在数字经济领域的优势，推动资源整合促进产业规模化发展，提升生产效率。鼓励商业模式创新，加快形成一批服务型制造、网络化协同、规模化定制等智能制造新模式、新业态。二是要促进

数字技术的发展，激活数据生产要素的价值。完善政策激励机制，鼓励有基础的企业持续深化数字技术对传统产业链和供应链的智能化改造，打造全产业链的平台赋能体系，推动全省制造业数字化、网络化、智能化与制造业服务化融合发展。牢牢抓住数字化的“牛鼻子”，推动政府部门和公共数据开放共享和交易。三是要增强制造业企业的自主创新发展能力。鼓励省内龙头制造业企业强化引领作用，带动上下游产业链上中小企业发展。加大对广东省专精特新企业的扶持与培育力度，积极探索智能制造、柔性生产和产品全生命周期管理等多元业态模式。

三、聚焦健全要素保障机制，巩固两业融合的“四梁八柱”

建立健全人才、资金、土地等要素保障机制，强化资源投入的“硬”支撑，为巩固两业融合发展成果做好保障。一是要完善融合人才体系建设，壮大人才资本规模。坚持以市场化为导向，健全多层次人才培养体系，加大对高层次、复合型两业融合人才的引入力度。鼓励先进制造业和现代服务业企业加强与高校、科研机构的合作，以产学研融合等形式培育一批两业融合发展的紧缺人才。支持广东省各级政府根据自身产业发展需求，优化人才发展制度，完善科技人才引进政策，吸引更多的国内外高技能人才。二是要提升土地空间供给，完善发展平台载体保障。持续优化行政管理机制，探索通过创新工业土地供给方式、提高用地集约化水平和盘活存量用地等方式，满足产业集群和工业园区用地需求。不断提高区域内制造业与服务业的协同和配套服务水平，在全省打造若干两业融合发展的高水平载体。三是要用好用足金融工具，引导社会资本广泛参与。加强有效的金融引导，发挥金融服务的杠杆效应，通过选择产业引导基金和风险补偿基金投向两业融合的重点产业领域。探索对符合条件的两业融合项目给予贷款贴息支持，激发两业融合领域社会投资活力。

四、强化区域开放联动发展，提升两业融合的适配水平

广东省要加强统筹规划，协调好各市之间的发展关系，积极化解珠三角

城市与粤东粤西粤北城市在发展基础、质量和程度上参差不齐，各地恶意竞争的问题。一是要加快建立开放合作平台。鼓励省内龙头企业建立面向全球的开放式制造服务网络，从研发、生产、物流、营销等维度参与国际分工。引导制造业企业和服务业企业提高竞争力，通过取得国际认可资质，积极承揽国际项目。二是要因地制宜发挥区域禀赋优势。鼓励深圳、广州等城市持续优化服务主导型发展模式，不断增强服务业支撑能力。支持佛山、东莞等城市突出制造业转型带动能力强的特征，探索制造主导型两业融合模式。发挥粤东粤西粤北等城市在制造业或服务业方面的比较优势，尽快聚焦单点突破，通过动能转换实现追赶效应。三是要以推动分工协作提升区域整体实力。强化深圳、广州等中心城市在要素集聚、资源整合和功能辐射等方面的优势，打造一批共性技术研发平台、公共服务平台和大数据平台，助推两业融合发展。完善帮扶机制，打破地理距离限制，促进珠三角城市与粤东粤西粤北城市区域间资源要素的交流合作，缓解信息、资源不对称的问题，进而实现强弱联合发展。

参考文献

[1] 陆萍，解彬.借鉴国际经验推动天津服务业高质量发展的思考［J］.天津经济，2022（9）：3-11.

[2] 张少华，于军胜，张兆芹，等.纽约生产服务业的发展经验及启示［J］.现代商贸工业，2019，40（26）：51-52.

[3] 田正，江飞涛.新冠肺炎疫情冲击下日本中小企业政策及其启示［J］.经济社会体制比较，2023（2）：165-176.

[4] 浙江省发展和改革委员会.杭州着力打造两业融合“数智”城市样板［EB/OL］.（2021-11-18）［2024-12-20］.https://fzggw.zj.gov.cn/art/2021/11/18/art_1229533716_58932372.html.

[5] 张占斌.构建双循环新发展格局应把握好的几个关键问题［J］.国家治理，2020（31）：9-15.

[6] 李俊.探索服务业制度型开放的现实路径［N］.经济日报，2023-07-26（10）.

[7] 李俊.探索服务业高水平制度型开放的现实路径［J］.人民论坛，2023（19）：58-63.

[8] 王跃婷.新发展理念下服务业高质量发展研究[EB/OL].（2021-12-14)[2025-06-10].https://www.toutiao.com/article/7041511539781829151/?upstream_biz=toutiao_pc&source=m_redirect&wid=1753761207019.

[9] 中卫市发展和改革委员会. 谋长远 打基础 以集聚区培育为抓手，提高服务业发展水平[EB/OL].(2022-09-19) [2025-06-10].https://www.nxzw.gov.cn/zwgk/bmxxgkml/sfzhggwyh/fdzdgknr_49196/bmxx_49231/202210/t20221028_3819339.html.

[10] 李君安，廖雅欣.现代服务业和先进制造业深度融合的城市经验及启示［J］.江南论坛，2023（7）：45–49.

[11] 王冠凤.数字经济助推上海高端服务业高质量发展研究［J］.生产力研究，2023（10）：1–6，161.

[12] 姜长云，张晓敏.服务业集聚发展的机理和国际经验［J］.经济研究参考，2014（42）：5–10.

[13] 刘平.日本促进服务业发展的政策特点及启示［J］.上海经济，2011（8）：55–57.

[14] 蒋永康，梅强，李文远.关于科技服务业内涵和外延的界定［J］.商业时代，2010（6）：111–112.

[15] 厉无畏，王慧敏.世界产业服务化与发展上海现代服务业的战略思考［J］.世界经济研究，2005（1）：54–60.

[16] 尚永胜.我国现代服务业的发展现状、问题及对策［J］.山西师大学报（社会科学版），2005（5）：25–28.

[17] 刘有章，肖腊珍.湖北现代服务业的发展现状及对策研究［J］.中南财经政法大学学报，2004（3）：33–38.

[18] 刘志彪.为什么我国发达地区的服务业比重反而较低?：兼论我国现代服务业发展的新思路［J］.南京大学学报（哲学·人文科学·社会科学版），2011，48（3）：13–19，158.

[19] 徐冠华.徐冠华：加快我国现代服务业发展的思考和建议［J］.中国科学院院刊，2006（1）：3–4.

[20] 李春雨，贾琳琳，尹海儒，等.国内外生产性服务业现状分析与发展建议［J］.机械工业标准化与质量，2023（6）：12–15.

[21] 董驰，梁源源，王超.数字经济赋能生产性服务业和制造业高质量融合发展研究［J］.南都学坛，2023，43（6）：109–117.

[22] 祝艳春.江苏现代服务业高质量发展的基本思路和策略［J］.商场现代

化，2023（13）：1-4.

［23］王卫一，傅利芳.苏州生产性服务业与国内主要城市比较分析［J］.统计科学与实践，2022（10）：51-54.

［24］阮晨.数字经济对中国生产性服务业全球价值链升级的影响研究［J］.全国流通经济，2022（28）：133-136.

［25］段杰，阎小培.粤港生产性服务业合作发展研究［J］.地域研究与开发，2003（3）：26-30.

［26］"十一五"规划：加快发展服务业［EB/OL］.（2006-03-06）［2024-12-30］.https://www.gov.cn/ztzl/2006-03/06/content_219534.htm.

［27］徐伟.发展居民消费性服务业对策分析［C］//郑新立.中国与世界年中经济分析与展望（2010）.北京：社会科学文献出版社，2010.

［28］梁华峰.消费性服务业研究综述［J］.中国人口·资源与环境，2014，24（增刊2）：467-472.

［29］魏翔，王莹.新中国消费性服务业研究70年：演进历程与趋势展望：基于中国知网文献的分析［J］.北京工商大学学报（社会科学版），2019，34（6）：116-124.

［30］伏天媛.黑龙江省服务型消费市场需求调研情况分析及对策研究［J］.黑龙江金融，2023（8）：22-25.

［31］王一乔.河南省生活性服务业高质量发展对策研究［J］.黄河科技学院学报，2022，24（9）：64-69.

［32］周蓉蓉.释放消费金融潜能 助力促消费扩内需［J］.中国物流与采购，2024（6）：55-56.

［33］黄为彬.共同富裕背景下消费性服务业高质量发展策略研究［J］.经济研究导刊，2023（23）：31-33.

［34］李勇坚.以数字化推动扩大服务消费［J］.中国发展观察，2023（7）：

18−22.

［35］刘尧飞，管志杰.双循环新发展格局下国内消费扩容升级研究［J］.当代经济管理，2021，43（7）：1−9.

［36］彭泗清.促进服务消费高质量增长：难点与对策［J］.国家治理，2023（4），43−47.

［37］吴新玲.提振服务消费促进“双循环”的机理与策略研究［J］.商业经济研究，2023（5）：10−15.

［38］崔宏桥.城镇化进程中吉林省服务业结构演进与协同发展评价研究［D］.吉林大学，2014.

［39］徐国祥，常宁.现代服务业统计标准的设计［J］.统计研究，2004（12）：10−12.

［40］代文，秦远建.基于产业集群的现代服务业发展模式研究［J］.科技进步与对策，2006（3）：123−125.

［41］周晔.先进制造业与现代服务业的融合发展及其启示［J］.开发研究，2010（6）：118−121.

［42］彭本红.现代物流业与先进制造业的协同演化研究［J］.中国软科学，2009（S1）：149−153，192.

［43］黄汉权，洪群联.推动先进制造业和现代服务业深度融合研究［M］.北京：经济科学出版社，2021：10−12.

［44］胡霞，古钰.广东服务业与制造业互动融合对制造业转型升级的促进研究［J］.广东行政学院学报，2021，33（3）：89−96.

［45］邓培伟，朱星谕.广东先进制造业和现代服务业融合发展的挑战及对策选择［J］.财会学习，2019（34）：25−26.

［46］王佳元.先进制造业和现代服务业深度融合的制度障碍与政策建议［J］.全球化，2019（11）：96−105，135.

［47］姜汐珉. 安徽省地级市公共服务业与制造业发展协调性研究［D］.江西财经大学，2022.

［48］周勇键.公共服务业发展对城乡居民收入差距的影响研究［D］.广东外语外贸大学，2022.

［49］冯蕊，史秦川，杨伦庆.广东省海洋公共服务业发展探讨［J］.合作经济与科技，2020（16）：162–165.

［50］张国华. 都市圈发展驶入快车道需抓住公共服务业这个“牛鼻子”［EB/OL］.（2019–05–09）［2024–12–20］. https://www.chinajsb.cn/html/201905/09/2791.html.

［51］曾佳，叶圆圆，钟志水.基于POI大数据的公共服务业态空间布局均等化研究［J］.皖西学院学报，2018，34（3）：72–75.

［52］成思宁.社会公共服务业与从业人数关联度分析：基于上海市数据的实证研究［J］.美与时代（城市），2017（4）：106–107.

［53］李冠艺，冷佳璇.新型经济发展方式下的公共服务业与生活服务业研究［J］.新经济，2016（3）：10–11.

［54］迟福林.以政府购买服务为重点加快公共服务业市场开放［J］.学会，2015（9）：28，64.

［55］朱芬华.城镇化与我国公共服务业发展关系的实证分析［J］.通化师范学院学报，2014，35（1）：93–96.

［56］刘素姣.发达国家公共服务业的演变趋势及启示［J］.经济问题，2013（7）：96–99.

［57］穆方圆. 黑龙江省公共服务业多元化发展研究［D］.哈尔滨商业大学，2012.

Postscript
后记

构建优质高效的服务业新体系是我国构建现代化产业体系、推动经济高质量发展的重要举措。党的十八大以来，以习近平同志为核心的党中央高度重视现代服务业的发展，先后出台《国务院关于加快发展服务业的若干意见》《国务院办公厅关于加快发展生活性服务业促进消费结构升级的指导意见》等一系列政策措施，瞄准融合化、高端化、数字化发展方向，鼓励、支持和培育现代服务业新模式、新业态。广东省把发展现代服务业作为促进经济转型升级和公共服务体系建设的重要抓手，大力开辟创新服务新赛道，积极推动服务业综合改革试点。现代物流、产业融合、信息服务、电子商务、现代金融、文化创意等重点服务领域呈现稳步扩张的良好态势，现代服务业增加值占服务业的比重稳步提升，创新主体活力迸发，逐步成为支撑和拉动经济发展、带动产业转型升级和协调发展的主动力。

当前，国际环境日益复杂，全球经济增长放缓，国内复苏动能减弱，广东省正处于经济由量变到质变的关键时期，迫切需要变革创新模式和路径。基于此，本书从理论逻辑、宏观战略、区域实践等多方面对广东省现代服务业各领域的发展作了全面、深入、系统的研究，基于服务业现代化进程中的障碍和困境，提出构建优质高效的现代服务业新体系的理论体系框架，梳理总结发展路径，为广东省构建优质高效的服务业新体系提供了重要参考，为制定现代服务业相关政策提供了有益借鉴。优质高效的现代服务业新体系建设将是一个长期的探索与实践，当前研究还存在一定的不足，实证性的研究分析比较少，对新理论、新观点的研究还不够深入、不够系统，研究视野和现代服务业前沿发展方向有待进一步拓展。在今后的动态性、持续性研究过程中，将立足中国式现代化新要求，以更为开阔的视野谋划现代服务业体系建设，对于一时难以解决的问题持续跟踪研究，不断积累经验，突破瓶颈。

本书由顾乃华教授设定编写框架和统稿定稿。每章具体编写分工如下：第一、第二章由叶俊龙编写，第三、第六章由谢方梅编写，第四、第五章由卢梦姝编写，第七、第八章由陈新宇编写。在成稿过程中，我们借鉴了现代服务业领域诸多专家和众多学者的研究成果，在此表示由衷的感谢。本书的出版更离不开广东经济出版社编辑们的严谨编辑、校对与审核。希望本书能够起到抛砖引玉的作用，吸引更多的专家学者对现代服务业进行跨学科、跨领域研究，也希望相关专家学者及各界人士在百忙中给予批评指正！

编　者